Fashion &
Milano Story

밀라노,
이곳에서
나는
영원히
시작이다

Fashion &
Milano Story

밀라노, 이곳에서 나는 영원히 시작이다

패션 디자이너 이정민의
멈추지 않는 도전과 열정

이정민 지음

예담

Prologue

어렸을 때부터 작가나 디자이너가 되고 싶었다.
다른 것은 전혀 생각해보지도 않고 오직 작가나 디자이너만이 나의 꿈이었다. 그리고 결국은 디자이너로서 살고 있으니, 어릴 적부터 하고 싶은 일을 하며 살고 있는 나는 행복한 사람인 셈이다. 또한 작가가 되지는 못했지만 이렇게 책을 내게 되었으니, 작가의 꿈도 조금은 이루었다고 생각한다.

올해는 내가 이탈리아에 온 지 19년이 되는 해이다.

이탈리아 패션계에서 오랫동안 일하고 이제 절반은 밀라네제(밀라노 사람)가 되었다. 밀라노에서 살면서 언젠가는 이 땅의 사람과 문화, 패션과 디자인에 대한 글을 꼭 쓰고 싶었다. 겉만 훑거나 뜬구름 잡는 듯한 이야기가 아닌, 실제의 일과 실제의 사람들과 실제의 생활에 대해서 말이다. 하지만 쓰고 싶은 마음만 있었지 나는 늘 시간이 부족했다. 그러다가 어느 날 생각했다.

언제나 바쁘고 시간이 없는 나의 지난 인생과 현재의 시간들로 미루어볼 때, 시간이 남아돌아 '아, 이제 글도 써도 되겠구나!' 하는 날은 영원히 오지 않을 거라고. 뭐 오더라도 가까운 미래는 절대 아닐 거라고 말이다. 그래서 쓰기 시작했다.

  지난 1년간 없는 시간을 쪼개 틈틈이 글을 쓰면서 나의 지난날들을 더듬어볼 수 있어서 행복하고 보람 있는 시간들이었다. 지금까지 내가 밀라노에 살면서 보았던 것, 느꼈던 것, 만났던 사람들에 대해 세세하게, 하지만 무겁지 않고 재미있게 쓰려고 노력했다.

  이 글을 읽는 누군가도 그런 느낌으로 읽었으면 좋겠다.

  모르는 사람의 글을 읽는 것이 아니라, 마치 잘 아는 사람과 따뜻한 에스프레소를 마시며 이야기를 나누는 듯한 느낌으로 이 책을 읽는다면…… 이 책을 덮을 때 마치 나와 둘이 앉아서 길고 긴 이야기를 한 듯한 기분이 느껴진다면…….

  그래서 나 또한 어떤 한 사람한테 이야기하는 듯한 친밀한 느낌으로 이 글을 썼다. 불특정 다수의 사람에게 쓰는 글이 아니라 특정인인 당신에게 이야기하는 느낌으로 말이다. 처음 공부하러 이탈리아로 떠나온 때부터 밀라노에서 열심히 공부하고 일하며 내가 본 것들, 내가 느낀 것들, 내가 만난 사람들, 그 많은 이야기를 오랜 친구에게 이야기하듯이 당신에게 이야기한다.

  긴 이야기 재미있게 들어준 당신, 참 고맙고 감사하다.

  책을 만드느라 애써주신 위즈덤하우스의 모든 분께, 아끼는 친구들과 가족, 특히 세상에서 가장 존경하는 아빠와 나의 영원한 안식처 엄마에게 깊은 사랑과 감사의 마음을 전한다.

밀라노에서 이정민

Contents

Prologue 4

1. Dream Story
나는 꿈에서도 디자인한다

스물다섯에 출발하기 12
새로운 출발에 '너무 늦은 나이'란 없다 19
밀라노에서 시작한 유학 생활 24
패션의 본고장에서 패션 디자이너가 되다 28
또 다른 선택, 삼성의 최연소 여성 임원이 되다 37
밀라노 런웨이에 펼쳐진 꿈의 결실들 43

2.
Fashion Story

패션,
지구에서 가장
역동적인 이름

패션쇼 리얼 메이킹 스토리 58
패션 모델, 자유롭고 사랑스러운 그녀들 77
다울, 아름답고도 아픈 이름 87
스타일리스트, 패션쇼를 쥐락펴락하는 종합 설계사 93
패션계에서 게이가 인정받는 이유 104
디자이너들은 모두 사이코? 114
돌체앤가바나의 통쾌한 반격 125

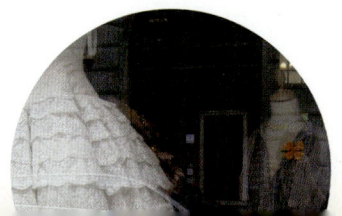

3. Milano Story
사랑해, 밀라노

음식을 향한 그들의 상상 초월 자존심 **136**
숨은 매력이 많은 도시 밀라노, 그리고 밀라네제 **150**
'디자인 천국'으로 변하는 밀라노의 4월 **162**
멋을 알고 즐길 줄 아는 사람들 **174**
낭만적이고 잊지 못할 이벤트, 그들만의 결혼식 **187**
인생은 바칸차! **203**
이보다 더 인간적인 곳은 없다 **213**

4. Mentor Story
끝없는 자극을 주는 나의 멘토들

감성 마케팅의 대가, 암펠리오 부치 **224**
당찬 의지가 매력적인 그녀, 알리체 젠틸루치 **232**
영원한 동심을 간직한 디자이너, 엘리오 피오루치 **243**
지치지 않는 영혼의 소유자, 크리스티나 모로치 **254**
영원한 보헤미안, 알레시아 글라비아노 **264**

5.
For your Dreams

한국의 젊은 그대들에게

후회 없는 유학 생활하기 276
인턴에서 정식 디자이너 되기 290
한국의 젊은이들에게 말하고 싶은 몇 가지 302
밀라노 패션의 세계에서 내게 맞는 일 찾기 312

Epilogue 디자이너로 산다는 것 324

Dream
Story

1.

나는
꿈에서도
디자인한다

Dream Story _ 001

스물다섯에
출발하기

스물다섯 살, 처음 유학을 떠날 때의 내 결심은 대단했다. 원래는 약혼자(현재의 남편)도 함께 갈 예정이었지만, 대학원 학기가 끝나지 않았던 터라 일단 나 혼자 이탈리아 행 비행기에 오르기로 했다.

당시에도 공부하러 외국에 나가는 사람들이 제법 많을 때이긴 했지만, 당연히 멀고 먼 이국땅으로 떠나는 나를 배웅하기 위해 가족은 물론 친구들까지 우르르 공항에 나와 시끌벅적한 이별의 풍경을 연출했다.

그날 나는 아이보리색 필라 트레이닝복 바지에 아쿠아 그린 컬러의 반팔 라운드 티셔츠를 입고 아이보리색 나이키 운동화에 긴 생머리는 하나로 올려 묶었다. 그리고 내 덩치의 두 배는 되는 배낭을 메고 내 키만 한 이민 가방을 화물로 부쳤다.

무슨 짐이 그렇게 많았을까. 지금 돌이켜보면 픽, 하고 웃음이 나올 정도다. 어깨에 멘 배낭은 또 얼마나 무거웠는지, 비행기 짐칸에 올리는데 키가 190센티미터는 되는 스튜어드가 끙끙대며 간신히 올려주었다(이탈리아에 도착한 다음 날, 어깨를 들어올릴 때마다 심하게 아파서 거울로 비춰봤더니 가로 6센티미터가량의 크기로 시커먼 피멍이 들어 있었다).

그동안 나는 보수적인 아빠 때문에 설악산도 못 가봤을 정도로 집을 떠나 제대로 된 여행을 가본 적이 없었다. 그런 내가 6개월 먼저 유학 간 친구 E 외에는 연고도 없는 이탈리아로 가기 위해 혼자 비행기에 오른 것이다.

비행기가 서서히 이륙을 준비하는가 싶더니 금세 하늘 높이 떠올랐다. 바로 그때, 유학을 준비하는 기간 내내 한 번도 느껴본 적이 없는 이상한 감정이 밀려오기 시작했다.

'나는 지금 이탈리아로 떠나고 있다. 앞으로 얼마가 될지 모르는 긴 시간 동안 사랑하는 가족과 친구들 누구도 볼 수 없다. 이제 한국으로 돌아가기 전까지는 아무리 보고 싶어도 볼 수 없는 거야…….'

그러자 갑자기 패닉 상태에 빠진 듯한 이상한 느낌이 온몸을 휘감았다. 나는 지나가는 스튜어디스에게 제발 나를 내려달라고 소리치고 싶은 마음을 억누르느라 눈을 감고 숫자를 세며 마인드컨트롤을 해야 했다.

밤늦게 도착한 로마 공항에서 그 무거운 배낭을 카트 위에 올려놓고 이민 가방이 나오기를 기다리는데, 엄청나게 뚱뚱하고 커다란 이민 가방이 가운데가 뚝 부러진 채 컨베이어 벨트에서 나오고 있었다. 가방의 부러진 중간쯤에 얼핏 아이보리색 하이힐 한 짝이 보였다. 공항에서 이민 가방을 화물로 부치려고 하는데 추가 요금이 너무 많이 나왔다. 할 수 없이 대합실 한 켠에 가방을 펼쳐놓고 그나마 덜 중요한 것들을 꺼내서 엄마에게 보냈는데도 불구하고 너무 많은 짐에 눌려 가방이 제 본분을 망각해버린 것이다. 하이힐은 분명히 꺼내서 엄마에게 준 것 같은데 어쩌다가 한 짝이 이민 가방 안에 남아 있었는지…….

창피한 마음에 얼굴이 홍당무처럼 빨갛게 달아오르면서 온몸에 열이 확 올랐다. 순간 어디서 나온 괴력인지 나도 모르게 그 엄청난 무게의 이민 가방을, 그것도 반으로 쪼개져 내용물이 줄줄 쏟아지는 가방을 번쩍 들어 카트에 실은 채 거의 도망가다시피 출구로 빠져나갔다.

공항 대합실에는 친구 E가 미리 나와 기다리고 있었다. E를 보면서도 나는 한국을 떠나 이탈리아에 와 있다는 게 좀처럼 실감 나지 않았다. 그저 모든 것이 비현실적으로만 느껴졌다. 언어 공부를 위해 살게 될 페루지아Perugia로 가는 도중 고속도로 휴게실을 들렀다. 각종 껌과 사탕, 잡지 등이 진열되어 있는 잡화점 앞을 지나는 순간, 익숙한 한글 대신 생소해 보이는 알파벳 단어들이 눈앞에 어른거리자 그제야 '아, 여긴 한국이 아니구나!' 하는 실감이 나기 시작했다.

내가 살게 될 집은 E가 미리 구해놓았지만, 이탈리아 생활에 적응하기 위해 처음 며칠은 E의 원룸에서 함께 지내기로 했다. 이탈리아어도 제대로 할 줄 모르는 반벙어리에, 가족과 약혼자와 뚝 떨어져 페루지아라는 이탈리아 시골 동네에 와 있는 스물다섯 살의 나…….

대학에서 의상을 전공했던 나는 국제패션디자인연구원을 다녔는데, 졸업도 하기 전에 이미 모 브랜드의 디자인실에 막내 디자이너로 취직을 했다. 새로 배우는 디자인실의 일들은 하나같이 신기했고 재미도 있었다. 하지만 그 자리에 안주하기엔, 푸르디푸른 스물세 살의 나는 호기심이 너무 많았다. 막연히 '더 넓은 곳에서 더 많이 공부하고 싶다.'라는 생각이 늘 나를 지배하고 있었다. 그러던 중 유럽으로 패션 연수를 갔다 올 일이 있었는데, 그때 파리도 아닌 밀라노에 한눈에 반해버렸다. 밀라노를 돌아보며 나는 드디어 내가 가야 할 길을 찾은 느낌이었다.

나는 밑으로 남동생만 둘인 외동딸이었다. 처음 외국으로 유학을 가겠다고 했을 때, 공부라면 무엇을 선택하든 무조건적인 지지를 보내는 아빠와는 달리 엄마는 그리 달가워하지 않으셨다. 하나밖에 없는 딸을 오랜 시간 외국에 보낸다는 사실이 엄마를 외롭게도 하고 걱정스럽게도 했으리라.

아무 연고도 없는 이탈리아 유학을 결정하고 준비하면서도 나에겐 두려움이 없었다. 오히려 가보지 않은 미래에 대한 설렘만 가득했다.

때로는 외롭고 힘들기도 했지만, 페루지아 생활은
신기하면서도 즐거움으로 가득 차 있었다.
전공 공부를 위해 가게 될 밀라노에 대한 기대로 내 눈은
늘 반짝반짝했고 발걸음은 풍선을 달아놓은 듯 가벼웠다.

무엇이든 다 해낼 수 있을 것 같은 스물 몇 살이란 나이 때문이기도 했겠지만, 따지고 보면 그건 근본적으로 낙천적인 내 성격 덕분이었을 것이다.

나는 신경이 예민해 자잘한 걱정거리를 늘 달고 사는 엄마와 달리 아무 걱정 없이 '세상 모든 사람이 나처럼 착한 사람들이겠거니' 하는 낙천적인 아빠의 성격을 꼭 빼닮아 모든 일을 긍정적으로 생각하는 성향을 타고났다.

흔하게 비유되는 예로, 반 컵 남은 물을 볼 때 '이런, 이제 반 컵밖에 안 남았네.' 하는 사람이 아니고 '아, 아직 반 컵이나 남아 있구나.' 하고 생각하는 사람이 바로 나였다. 이런 긍정적인 성향은 때로는 너무 좋은 쪽으로만 생각하다 보니 최악의 경우에 대한 대비가 부족하다는 점에서 안 좋은 면도 있지만, 유학 문제와 같이 인생을 결정짓는 모험을 할 때는 오히려 큰 강점으로 작용한다.

어떤 상황에 몰렸을 때, 나는 뒤를 돌아보며 아쉬워하는 대신 내 직관과 결정을 믿고 그 상황을 벗어나기 위해 최선을 다한다. 그 상황의 어려운 면만 찾아내어 안 된다고 단정하지 않고 어떻게 해서든 긍정적인 면을 찾아낸다. 최선의 해결책을 찾아내고 끝까지 포기하지 않는다. 그런 타고난 기질 때문에 말도 안 통하고 아는 사람도 없는 이탈리아 행 비행기를 타면서도 마음은 새털처럼 가볍고 호기심과 기대만이 가득했던 것이다.

Dream Story _ 002

새로운 출발에 '너무 늦은 나이'란 없다

E가 구해둔 내 거처는 오래된 고동색 서까래에 하얀 회벽칠을 한 작디작은 집 2층이었다. 한국에서는 흔해빠진 TV도 전화도 없는 그 방에서 나는 6개월을 살았다. 학교에 가고, 슈퍼마켓에 가고, 편지를 부치러 또는 한국에서 온 소포를 찾으러 우체국에 가고, 가끔 외국 친구들과 바에 가고, 친구 E의 집에 놀러가는 것이 생활의 전부였다.

전화도 TV도 없었으니, 집에서는 공부하고 책을 읽고 편지를 쓰는 것 외에 달리 할 일이 없었다. 그때만 해도 휴대전화는 당연히 없었고 인터넷도 없었다. E와 나는 서로가 보고 싶으면 그냥 상대방 집으로 찾아갔다. 내 방은 2층이었는데, 일요일 날 창문을 열어놓고 있으면 "정민아!" 하고 부르는 E의 소리가 들리곤 했다.

아무리 그래도 1990년대인데 어떻게 전화도 없었을까 하겠지만,

페루지아는 전공 공부를 하기 전 이탈리아어를 배우려는 외국 학생들을 위한 어학 코스로 유명한 도시였다. 주로 이탈리아어를 배우는 도시이니만큼 몇 개월만 머무는 경우가 대부분이라 따로 전화를 놓고 사는 학생들은 거의 없었다. 물론 이탈리아인 가정에서 방 하나를 세 얻어 살면 그 집 전화를 쓸 수도 있지만, E나 나처럼 원룸을 빌려 사는 경우는 그럴 수가 없었다.

지금 생각해보면 유학 초기엔 참 얌전하게 생활했던 것 같다. '학교 수업은 절대 빼먹지 말 것', '무조건 단어 많이 외우기' 이 두 가지 철칙은 무슨 일이 있어도 어기지 않았다. 그렇게 매일 시간이 넘쳐나다 보니 지금의 남편인 약혼자에게 수백 통의 편지를 썼다.

가끔은 생활비를 아껴 시내 서점에서 패션 복식사나 영화 의상 등의 두꺼운 책을 사면서 행복해하기도 하고, 같은 반 폴란드 친구를 집에 불러서는, 지금 생각하면 정말 낯 뜨거울 만큼 형편없는 솜씨로 불고기를 만들어 먹기도 하며 그해 여름과 가을을 보냈다.

때로는 외롭고 힘들기도 했지만, 페루지아 생활은 신기하면서도 즐거움으로 가득 차 있었다. 전공 공부를 위해 가게 될 밀라노에 대한 기대로 내 눈은 늘 반짝반짝했고 발걸음은 풍선을 달아놓은 듯 가벼웠다.

스물다섯.

지금 생각하면 솜털이 보송보송 느껴지는 푸릇한 나이지만 그때는 왜 그런 생각을 못했을까. 그 나이에 나는 눈이 보석처럼 빛나던 내 젊은 시절은 다 지나갔다고 생각했다. 그때의 나에겐 열아홉, 스물, 이런 나이만이 푸른 청춘이어서, 그 시절의 방황과 아픔을 다 겪어낸 스물다섯이란 나이는 내게 더 이상 빛나는 나이가 아니었다. '이미' 스물다섯이라는,
어중간하면서도 익숙하지 않은 나이였을 뿐이다. 한편으로 내게 스물다섯은, 무언가 새로 시작하기 위해 떠나기에는 아주 적합한 나이였다. 아니, 오히려 너무 늦은 것이 아닐까 하는 걱정도 들 만큼 마음이 급한 나이이기도 했다.

유학 생활 초 페루지아에서

 더 이상은 젊지 않은 나이(지금은 우습지만 그때 생각으로는), 지금 출발하지 않으면 다시는 기회가 오지 않으리라는 다급함, 청춘의 막바지에 아슬아슬 걸쳐 있는 듯 지금 떠나지 않으면 절대 다시 출발할 수 없으리라는 절박감, 그런 느낌들이 미래를 알 수 없는 그곳으로 나를 떠나게 만들었다.

 물론 지금도 그때의 결정에 후회가 없고, 그때 출발한 것은 정말 잘한 일이라고 생각한다. 하지만 한 가지, 스물다섯을 넘기면 절대 출발할 수 없으리라 조급해했던 것만은 백 퍼센트 잘못된 생각이었

다는 것을 지금은 너무도 잘 안다.

스물다섯에 이탈리아 행 비행기를 탄 후 지금까지 나는 인생에서 몇 번의 큰 결정을 해야 했다. 그 순간마다 나를 절박하게 내몬 건 지금이 아니면 늦을 거라는, 지금이 아니면 다시는 출발하지 못할 거라는 스물다섯 살에 가졌던 그 느낌이었다.

도무스 아카데미Domus Academy 밀라노에 있는 1년 과정의 디자인 전문 대학원에서 마스터 과정을 시작한 것이 스물아홉 살이었다. 대학원 공부를 하기에는 너무 늦은 것이 아닐까 수없이 망설이기도 했지만, 돌이켜보면 내 인생에서 더없이 중요했던 새로운 출발점이었다.

디자이너가 되어 밀라노에서 눈코 뜰 새 없이 일하다가 삼성의 제의를 받고 '데렐쿠니'를 론칭하며 새로운 모험을 감행했던 것이 서른다섯 살 때의 일이다.

지금이 아니면 영원히 시도조차 못 해볼 것 같아 뒤늦게 엄마가 된 마흔 살. 그때 낳은 아들 유진을 볼 때마다 "눈에 넣어도 아프지 않다."는 엽기적인(?) 말을 이해했고 무조건 긍정하게 되었다. 이렇게 오로지 사랑스럽기만 한 존재가 이 세상에 있었던가. 너무 늦었다고 포기했으면 어쩔 뻔했을까.

그리고 2010년, 내 나이 마흔둘에 나는 또다시 중요한 결정을 하게 되었다. 나의 브랜드 'Mina J Lee'를 론칭하고 새로 아동복 편집숍까지, 두 가지 사업을 함께 시작한 것이다.

두 가지 사업을 계획하며 수많은 고민을 했다. 하지만 결국 나는 결정했다. 지금 출발해야 하므로, 지금 출발하지 않으면 너무 늦을 수도 있으므로. 아니, 어쩌면 다시는 출발하지 못할 수도 있으니까…….

스물다섯 살, 스물아홉 살, 서른다섯 살 그리고 마흔 살에 나는 내 인생에서 중요한 결정을 했고 새로운 출발을 감행했다. 마흔두 살 때도 나는 결정을 했고 출발을 했다. 그리고 이제 생각한다. 너무 늦은 나이란 없다고. 어떤 길을 정말로 가고 싶은데 이제 새로운 길을 가기엔 내가 너무 나이가 많고 그래서 너무 늦었다고 생각한다면, 아주 포기해버리기 전에 한 번만 이렇게 생각해보자.
이 길이 정말로 내가 가고 싶은 길인가? 지금 시도조차 하지 않고 포기한다면 5년 후의 나는 어떤 모습일까? 그때 그 길을 갔어야 했는데 왜 그때 가지 않았을까, 5년만 젊었어도 그 길을 가볼 텐데, 하고 후회하지는 않을까?
"가장 늦었다고 생각할 때가 가장 빠른 때"라는 말이 이젠 진부하게 들릴지 모르지만, 그건 삶의 비밀이자 진리이다.
스물다섯 살에 출발할 때와 똑같은 절실함으로 마흔두 살에 새로이 출발한 것처럼, 나는 마흔아홉 살쯤 또 다른 모험을 할 수도 있고 예순 살 즈음에도 또 다른 출발을 할 수 있을 것이다. 그때도 언제나 스물다섯 살 그때의 간절함과 열정으로 출발할 수 있기를, 언제나 스물다섯 살의 호기심과 설렘을 가득 안고 출발할 수 있기를…….

Dream Story _ 003

밀라노에서 시작한
유학 생활

처음 유학을 왔을 때 나는 아직 철부지였다. 모험심과 호기심, 미래에 대한 열정은 가득했지만 사실 '디자인'이라는 것에 대해서는 개념조차 제대로 서 있지 않았다. 의상을 전공했지만 아직은 시야가 좁았다. 단순하게 나는 패션 디자인을 하는 사람이니까 패션 디자인만 열심히 공부하면 되는 줄 알았다.

  페루지아에서 언어 공부를 마치고 나는 밀라노의 에우로페오 디자인 대학Instituto Europeo di Design 3학년에 편입했다. 그리고 2년간 학교를 다니며 나름대로 열심히 공부했지만, 지금 생각하니 디자인에 대해 감도 잡지 못한 채 학교를 다녔던 것 같다.

  학교를 마친 뒤에는 디자인 컨설팅 일을 했다. 이때는 무언가 부족한 듯한 느낌은 드는데 그것이 무엇인지를 몰라 머릿속이 안개처럼 늘 찌뿌둥했다.

당시 남편은 아직 공부 중이었다. 이런저런 고민 끝에 나는 도무스 아카데미에서 공부를 더 하기로 결심했다. 뭔가 늘 부족한 듯한 답답함을 풀어줄 수 있는 것이 무엇인지 여전히 알 수 없었고, 과연 공부를 더 한다고 해결될 것인지도 확신이 없었지만, 어쨌든 나는 공부를 선택했고, 결론적으로 그때 나의 선택은 최고였다. 도무스 아카데미에서 나는 패션뿐 아니라 디자인이라는 커다란 개념을 익히며 아트와 패션, 건축과 디자인에 대한 새로운 눈을 뜨게 되었다. 드디어 무언가 감을 잡기 시작한 것이다.

에우로페오 디자인 대학은 졸업하면 누구나 고만고만하게 일정 정도 수준의 지식과 눈높이를 갖출 수 있는 (한국의 대학처럼 말이다) 학교였다. 그에 비해 대학원 과정인 도무스 아카데미는 나처럼 너무나 많은 것을 갖고 나올 수도 있지만, 여차하면 허송세월하듯 아무것도 가지고 나올 수 없는 그런 학교였다.

모든 커리큘럼은 자유롭게 진행됐다. 프로젝트도 꼭 어떤 식의 결과가 나와야 한다는 룰이 전혀 없었기 때문에 모든 것이 절대적으로 본인 하기에 달려 있었다. 디자인과 건축, 패션과 철학의 영역을 넘나들며 프로젝트마다 초빙되던 다양한 교수진은 연구만 하는 교수들이 아니라 실제로 현직에서 일하는 프로들이었다.

도무스 아카데미에서 나는 논문을 마케팅 쪽으로 썼는데, 디자인뿐 아니라 마케팅이나 PR^{Public Relations 홍보 활동} 분야도 재미있어서 언젠가는 꼭 한 번 해보고 싶을 정도로 상당한 흥미를 느꼈다.

도무스 아카데미를 다니던 때가 1997년이었다. 그해 12월 졸업 예정이었고 남편도 1998년 여름에 졸업할 예정이어서, 우리는 다음 해 여름이 끝나면 5년간의 유학 생활을 마치고 한국으로 돌아갈 계획이었다.

그런데 한국에서 생각지도 못한 IMF 외환위기가 터졌다. 환율이 미친 듯이 떨어지더니 한국에서 받는 돈이 거의 반토막이 났다. 다달이 유학 비용을 송금받던 우리를 포함한 모든 유학생은 졸지에 절반으로 줄어든 돈으로 생활을 감당해야 했다. 그 돈에서 집세를 내고 나면 금세 빈털터리가 되었다. 한 달간 오로지 간장에 밥만 비벼 먹었다는 유학생까지 있을 정도로 상황은 심각했다.

한국에서는 구조 조정이라는, 그때까지 한 번도 들어보지 못했던 무서운 단어가 등장하더니, 멀쩡히 직장 잘 다니던 사람들이 실업자로 전락하는 사태가 벌어지고 있었다. 한국으로 돌아가기에는 시기가 너무 좋지 않았다. 가뜩이나 한국에서는 경력도 별로 없는데다 서른 살인 나를 IMF 시대에 어느 곳에서 받아주겠는가.

졸업을 앞둔 시점에 터진 IMF 외환위기 사태는, 결국 한국이 아닌 이탈리아에서 일자리를 찾아보자는 선택을 하게 만들었다. 선택의 여지가 있어서 이탈리아에 남은 것이 아니라, 필사적으로 이곳에 남아서 살 궁리를 해야 하는 상황이 벌어진 것이다.

My Work

© Karel Losenicky

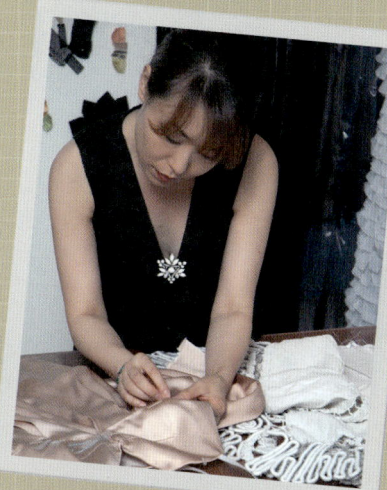
© Karel Losenicky

© Karel Losenicky

© 신선해

Dream Story _ 004

패션의 본고장에서
패션 디자이너가 되다

졸업을 하면서 이력서를 50군데나 보냈지만 어디에서도 연락이 없었다. 물론 정규직도 아닌 인턴사원에 대한 지원이었다.

이젠 정말 어떻게 하나, 막막한 상황에 절망할 즈음 페레Ferre 지안프랑코 페레가 1978년에 론칭한 이탈리아 브랜드의 액세서리 파트(가방)에서 인턴 제의가 들어왔다. 동시에 루이자 베카리아Luisa Beccaria 유럽 귀족들 패션을 주로 디자인하는 곳으로 유명한 이탈리아 브랜드에서도 인턴 면접을 보러오라는 연락이 왔다.

브랜드만 본다면 페레가 훨씬 매력적이었다. 하지만 너무 큰 회사라는 것과 가방 파트 인턴이라는 것이 마음에 걸렸다. 수많은 다른 인턴들과 함께 앉으나 서나 가방만 디자인하고 있을 나를 생각하니 가슴이 답답해졌다.

결국 페레에는 답을 보류해놓은 채 나는 루이자 베카리아에 면접을 보러 가기로 마음먹었다. 매니저와의 면접 약속에 맞추어 나는 학교 다닐 때 만들어두었던 포트폴리오들을 한 아름 안고 루이자 베카리아를 찾아갔다.

매니저인 가브리엘라는 시원시원한 성격에 활달한 사람이었다. 그런데 그녀와 이야기를 시작한 지 10분도 못 되어 말로만 듣던 그 유명한 디자이너 루이자 베카리아가 나타났다. 드레스 같은 벨벳 코트를 입은 키가 크고 마른 여인이었는데, 한눈에 압도당할 만큼 온몸에서 범상치 않은 카리스마가 넘쳐흘렀다.

새하얀 얼굴에 검은 머리, 사람을 꿰뚫는 듯한 파란 눈의 웃음기 없는 그녀는 가브리엘라와 면접을 보며 편안하게 앉아 있던 나를 순식간에 얼어붙게 만들었다. 가브리엘라 또한 목소리 톤과 앉은 자세가 확 달라졌다.

나중에 들었는데, 평소 루이자가 인턴사원을 면접하는 일은 없었다고 한다. 그런데 웬일인지 그날, 그녀는 우리가 면접 중이던 테이블 옆 의자에 가방을 내려놓으며 앉더니 매니저가 들고 있던 내 작업 파일들을 휙 낚아채서는 별 관심 없다는 듯 슬슬 살펴보기 시작했다.

여성복 디자인을 몇 장 넘기던 그녀가 혼잣말처럼 "이 디자인들은 모두 어깨가 굉장히 넓네. 나는 아주 좁은 어깨를 좋아하는데……." 하고 중얼거렸다. 그때까지 나한테 '부온 조르노Buon giorno 안녕하세요?'라든가 하는 인사말 한 마디 없었음은 물론이다.

난 할 말도 없고 해서 그냥 뻘쭘한 상태로 앉아 있었다. 그녀가 어느새 다음 작업들을 뒤적였다. 다음 작업은 텍스타일 디자인에 대한 것으로, 테마는 엄마와 아기였다. 난 클림트의 작업과 색감에서 영감을 얻은 텍스타일 프로젝트라고 간단히 설명했다. 그 순간 너무 파란 나머지 이 세상 사람의 눈이 아닌 것 같던 그녀의 눈이 부드러운 빛을 띠더니 심지어 얼굴에 미소까지 어리는 게 아닌가. 나중에 알고 보니 그녀는 네 아이의 엄마였다(몇 년 후 막내가 태어나 다섯 아이의 엄마가 되지만). 하지만 그것도 잠시, 그녀는 금세 차가운 백작 부인 스타일의 얼굴로 돌아가 있었다.

별다른 질문이나 오가는 말도 없던 이상한 면접인지라 (루이자가 나타나 내 포트폴리오를 보기 시작하자 가브리엘라는 어느 순간 일어서서 슬그머니 사라져버렸다) 나는 주위에 걸려 있는 컬렉션들을 아무 생각 없이 둘러보았다. 마치 루이자 그녀를 보는 듯한 컬렉션들이었다. 바로 그 순간, 여기서 꼭 일을 해야만 할 것 같은 갈증 같기도 하고 욕망 같기도 한 것이 머릿속에서 마구 솟구치기 시작했다.

왜였을까? 신기하게도 페레의 액세서리 디자인실보다는, 내가 지금 앉아 있는 이 독특한 아틀리에에서 이상한 매력을 갖고 있는 그녀와 일해보고 싶다는 생각이 꿈틀댔다.

작업에 대해 설명을 하던 나는 용기를 내어 그녀에게 말했다. 크게 심호흡을 한 번 한 후.

"저를 채용하시면 절대 후회하지 않을 겁니다!"

포트폴리오를 넘기던 그녀가 아무 표정 없이 "그래?" 하며 나를 한 번 쳐다보더니 다시 내 작품들에 시선을 고정시켰다. 잠시 후 그녀가 내 눈을 바라보며 말했다. "그럼 언제부터 일해볼래?"

몇 년 후 함께 코모Como에 가는 차 안에서 루이자가 당시 이야기를 꺼냈다. 나야 당연히 기억하는 멘트지만 그녀가 그걸 기억하고 있다는 게 신기하면서도 기분이 좋았다. 내가 큰소리로 웃으며 "아니, 그걸 여태 기억하고 있었어요?" 했더니, "그걸 어떻게 잊니? 자기를 고용하면 절대 후회하지 않을 거라고 날 똑바로 보면서 얘기하는 이상한 애를." 하며 그녀도 따라 웃었다.

그렇게 나의 인턴 생활은 시작되었다. 겨우 차비와 점심값만 받는 조건이었지만 디자인실에서 일하게 되었다는 것만으로 한없이 기뻤다. 물론 그 환상이 깨지는 데는 단 하루면 충분했지만.

온갖 자질구레한 일거리들이 모두 인턴사원인 내 차지였다. 나는 디자인실 어시스턴트의 어시스턴트였고, 프로덕션 매니저의 어시스턴트였으며, 재봉 팀의 어시스턴트에다 동시에 부자재실의 어시스턴트이기도 했다.

하지만 힘들다는 생각은 하지 않았다. 그때 내게는 3개월간의 시험에서 어떻게든 살아남아 정식 입사를 하겠다는 목표가 분명하게 서 있었기 때문에 내게 주어진 일은 그게 어떤 일이든, 아무리 허접해 보이더라도 최선을 다했다.

한 번은 컬렉션의 세일즈 캠페인을 앞두고 오더를 받기 위한 컬러 카드(바이어들에게 오더를 받기 위해 필요한 원단 견본 카드) 만드는 일이 주어졌다. 매니저가 지난 시즌에 사용했던 컬러 카드를 주면서 이대로 만들면 된다고 했다. 그런데 그 컬러 카드는 종이도 예쁘지 않고, 원단 샘플도 일반 가위로 잘라 제각각인데다, 삐뚤게 잘라 붙여놓아 영 마음에 들지 않았다.

나는 일단 브레라 거리의 화방에서 시크한 컬러의 종이와 핑킹가위를 샀다. 그러고는 원단 샘플들을 가로 5센티미터, 세로 5센티미터 크기로 반듯하게 잘랐다. 컬러 카드 한 권에 120장 정도의 샘플이 필요했으니, 두 권을 만들려면 240여 개를 잘라야 했다.

일요일인 다음 날 오전 10시까지 컬러 카드를 만들어야 했기 때문에 집에까지 가져왔지만 결국 못 끝내고 잠이 들었다(세일즈 캠페인 기간은 일요일도 없이 일을 한다). 아침 일찍 동네 버스 정류장에서 트램Tram 노면 전차을 기다리며 벤치에 앉아 쉴 새 없이 가위질을 했다. 급기야 손가락이 벌겋게 부어올라 가위가 스치기만 해도 온몸을 관통하는 듯한 통증이 느껴졌다.

출근해서 두 권의 컬러 카드를 내밀자 매니저가 "와우, 이 걸작은 뭐야?" 하면서 폭포수처럼 칭찬을 늘어놓았다. 오후에 나타나 컬러 카드를 본 루이자도 "드디어 쇼룸에 기분 좋게 놓을 수 있는 컬러 카드를 보는군. 왜 진작에 이렇게 못했지?" 하는 한 마디로 나를 기쁘게 했다.

그즈음 디자인 어시스턴트가 갑자기 그만두면서 루이자 베카리아

5년이 넘는 기간 동안 나는 루이자 베카리아와
일하며 회사에서 유례를 찾기 힘들 정도로 고속
승진을 거듭했다. 급기야 루이자 베카리아의
오른팔이자 회사의 2인자로서 디자인실과
컬렉션뿐 아니라 프로덕션 팀까지 총괄하게 되었다.

와 접촉하는 일도 조금씩 생겼다. 그러다 보니 지금까지의 잡다한 일에서 벗어나 차츰 더 복잡하고 어려운 일들이 주어지기 시작했다.

3개월의 인턴 생활이 다시 3개월 연장되었다. 그런데 루이자와 직접 부딪치며 일하다 보니 생각지 못한 어려운 고비를 또 맞게 되었다. 바로 언어의 문제였다. 나는 그때 이미 이탈리아어를 상당히 잘하는 외국인에 속했지만, 전문적인 용어를 많이 사용하는 패션 디자인의 세계에서 그 뜻을 파악하지 못해 난감한 상황에 처하는 일이 많았던 것이다.

게다가 루이자는, 본인은 머릿속으로 다 생각하고 결론을 낸 후 밑도 끝도 없이 몇 마디 말로 일을 시키는 스타일이었다. 그 때문에 이탈리아인 스태프들도 애를 먹는데, 이탈리아에 온 지 고작 4년밖에 되지 않은 나는 오죽 힘들었겠는가.

루이자가 나를 부른다.

무언가를 지시한다.

그 문장의 단어들은 빠짐없이 알아듣는다.

그런데 무슨 뜻인지는 모르겠다.

말은 알아들었는데 말귀는 못 알아듣는 나. 정말 미칠 것 같고 머릿속이 하얘지며 당황해하던 기억이 지금도 생생하다.

힘들고 괴로운 시간들이었지만 그때마다 '나는 해낼 수 있다'고 무조건 나를 세뇌시켰다. 그리고 단어는 들리는 대로 기억했다가 나중에 다시 메모하고, 이탈리아 스태프들에게 물어보며 하나하나 내 것으로 만들어갔다.

한 번은 루이자 베카리아의 경쟁 브랜드라고 할 만했던 블루마린 Blumarine과 알베르타 페레티 Alberta Ferretti의 가격과 마케팅 전략 등을 조사한 후, 우리 제품과 비교 분석해서 부족한 점과 개선점 등을 첨부한 보고서를 만든 적이 있었다.

그걸 본 루이자는 무척 기분 나빠 했다. 시키지도 않았던 일이었거니와, 들어온 지 몇 달 되지도 않은 네가 얼마나 안다고 문제점과 개선책 등을 만들어왔냐는 식이었다. 하지만 그날 저녁, 직원들이 거의 퇴근한 시간에 그녀는 두툼한 나의 보고서를 펼쳐놓고 한참을 들여다보고 있었다.

또 한 번은 우리 매장의 비주얼을 이런 식으로 시도하면 좋겠다는 보고서를 포토숍으로 열심히 작업해서 들고 갔다. 다행히 그건 루이자가 아주 좋아하며 직접 숍마스터와 여러 사람에게 보여주었다. 급기야 현재의 매장 분위기가 너무 올드한 아틀리에 느낌이라는 것을 인정하고, 외부 업체에 의뢰해 대대적으로 비주얼을 바꾸는 작업에 들어가기도 했다.

이리 뛰고 저리 뛰며 6개월이 지난 뒤 나는 루이자 베카리아의 정식 어시스턴트로 계약을 하게 되었다.

드디어, 드디어 내가 디자이너가 된 것이다!

패션의 본고장이라는 밀라노에서, 한국인은 정식 디자이너는커녕 인턴도 찾기 힘들던 그때, IMF 외환위기 때문에 한순간 빈민 비숫하게 전락했고, 한국에서도 힘들고 고통스러운 소식만 들려오던 1998년이었다.

그 후 5년이 넘는 기간 동안 나는 루이자 베카리아와 일하며 회사에서 유례를 찾기 힘들 정도로 고속 승진을 거듭했다. 급기야 루이자 베카리아의 오른팔이자 회사의 2인자로서 디자인실과 컬렉션뿐 아니라 프로덕션 팀까지 총괄하게 되었다.

당시 나는 서른이 넘은 나이임에도 현지인에 비해서 동안이라 20대로 보였다. 나보다 나이가 많은 재봉 팀과 모델리스트 등 많은 사람에게 지시를 내려야 하는 입장이었기 때문에 안하무인이 되지 않으려 그들과의 관계에 많은 신경을 기울였다. 쉰 살이 넘은 프로덕트 매니저를 면접하는 자리에서 "저는 미세스 미나와 약속이 있습니다만……." 하는 사람에게 "네, 그 사람이 바로 접니다." 했을 때 당황스러워하던 그의 표정을 떠올리면 지금도 웃음이 난다.

남들이 10년 넘게 걸려야만 이룰 수 있었던 일을 난 5년도 되기 전에 이룰 만큼 나 자신에게 혹독했다. 다시 돌아봐도 그보다 더는 열심히 살 수 없을 정도로 후회 없이 일에 매진했던 시간들……. 디자이너가 되겠다던 어릴 때의 꿈을 결국은 밀라노에서 이루었던, 젊은 날의 나의 이야기이다.

Dream Story _ 005

또 다른 선택,
삼성의 최연소 여성 임원이 되다

　루이자 베카리아에서 앞만 보며 열심히 뛰다 보니 어느새 5년이란 세월이 지나 있었다. 밀라노의 디자이너들 중에서도 까다롭고 성격 나쁘기로 유명했던 루이자 베카리아와도 싸우고 화해하며 어느새 미운 정 고운 정이 다 들었고, 입사 당시 몇 안 되던 클라이언트 리스트는 그 동안 엄청나게 불어나 미국의 버그도프 굿맨이나 삭스, 홍콩의 조이스 등에 입점하는 등 승승장구하고 있었다. 줄리아 로버츠와 할 베리 등 할리우드 스타들도 주요 고객일 정도로 브랜드의 지명도도 높았다.

　스태프들에게 차갑기로 유명했던 루이자도 나를 정말 아껴주었고 노력한 만큼 브랜드도 점점 커져가는데, 이상하게 나는 처음처럼 행복하지 않았다.

입사 후 1년은 처음 부딪치는 이탈리아 패션계의 모든 일을 온몸으로 배우는 시기였다. 그다음부터는 성장하는 브랜드와 함께 점점 더 나아지는 내 자신에 대한 기쁨과 대견함에 워커홀릭처럼 일했다. 하지만 5년이 지날 무렵, 나는 무언가 새로운 변화가 필요함을 느끼고 있었다.

'정말 미친 듯이 일했고 많은 것을 얻었다. 하지만 이제는 또 다른 모험과 새로운 시도를 해보고 싶다…….'

어떤 변화를 원하는지 구체적으로는 알 수 없었지만, 이제 무언가 다른 프로젝트를 하거나 새로운 출발을 시도해보고 싶다는 마음이 불쑥불쑥 고개를 들었다.

결국 다른 곳으로 옮겨볼까 하는 고민까지 들 무렵, 갑자기 한국의 제일모직에서 스카우트 제의가 들어왔다.

당시 삼성은 그룹 차원에서 해외 인재 발굴에 공을 들이고 있었다. 제일모직 역시 당시 원대연 사장님과 부장이었던 현재 제일모직 이서현 부사장님이 주축이 되어 유럽과 미국에서 활동하는 한국인들을 조사하고 있었다. 그 무렵 한국 잡지에 '밀라노에서 활동하는 한국인'이라는 제목으로 나에 대한 기사가 실리자, 그 기사를 본 제일모직에서 밀라노 지사를 통해 내게 연락을 해왔던 것이다.

밀라노에서 활동하는 한국 디자이너를 격려하기 위해 저녁식사나 하자는 것으로 알고 아무 부담 없이 약속 장소에 나가보니, 사장님을 포함해 밀라노 지사장과 한국에서 건너온 인사팀장 등 10여 명의 사람들이 나를 기다리고 있어 매우 당황했다.

저녁을 먹으면서 이런저런 이야기를 나누는데, 그 자리에서 원대연 사장님이 함께 일해보자는 제안을 했다. 원대연 사장님은 패션 회사의 CEO로서 여성복에 대한 많은 애정을 갖고 있었고, 여성복을 더욱 키우고 싶다는 의지가 확고했다.

삼성의 제안을 받고 돌아와 많은 고민을 했다. 이탈리아에서 경력을 쌓아온 만큼 한국 시장에 대해서는 잘 몰랐을 뿐만 아니라, 당시로서는 이탈리아 생활을 접고 한국으로 들어갈 생각은 전혀 없었기 때문이다. 다른 회사를 알아보려는 것도 이탈리아 현지 브랜드만 생각했을 뿐 한국 회사는 생각해보지도 않았다.

결국 제일모직의 제의를 수락한 가장 큰 이유는, 이제는 밀라노에서도 한국 브랜드나 한국인 디자이너가 나와야 한다는 생각 때문이었다. 수많은 한국 유학생이 패션을 공부하러 이탈리아 행 비행기에 몸을 싣지만, 파리나 뉴욕에 비해 한국인은커녕 일본인 디자이너도 볼 수 없는 곳이 밀라노였다.

밀라노에서 오래 일해온 한국인 디자이너로서 오기가 발동했다고 나 할까. 한편으로는, 삼성 정도의 회사라면 밀라노 현지에서 브랜드를 론칭할 수도 있지 않을까 하는 생각에 첫날 저녁식사를 하는 자리에서도 거침없이 그런 이야기를 했는데, 현지에서의 론칭이란 말에는 다들 깜짝 놀라는 분위기였다. 밀라노에서의 브랜드 론칭이라니,

과연 우리가 할 수 있을까 하는 표정들. 그 순간 내가 너무 엄청난 발언을 했나 싶어 당황할 정도였다.

수많은 생각 끝에 결정을 내린 것은 2002년 겨울이었다. 제일모직에서는 2003년 1월부터 일을 시작하기를 바랐지만, 나는 한 컬렉션을 책임지는 사람이었고 2월 말에 패션쇼가 예정되어 있었다. 다행히 회사에서도 이해를 해주어 3월까지는 루이자 베카리아의 시즌을 마무리하고 4월부터 일하는 것으로 결정이 났다.

그러던 어느 날, 내 직위가 임원(그 당시 상무보)으로 내부 결정이 되었다는 인사부장의 전화를 받았다. 한국 기업에서 일해본 적이 없었기 때문에 삼성의 임원이 된다는 게 어떤 건지도 몰랐고, 이탈리아는 직위에 연연하는 분위기도 아니어서 난 그저 알겠다고만 대답하고 전화를 끊었다. 지금 생각하니 너무 덤덤했던 내 대답에 인사부장이 황당해했을 것도 같은데, 사실 그때는 정말 그랬다. 1월의 삼성그룹 임원 인사 때 발표가 나면 신문에도 나올 것이라는 인사부장의 말에도 나는 놀라지 않은 채 그저 "알겠다."고만 했다.

당시 내게는 삼성의 임원이 된다는 게 문제가 아니라 현재 준비 중인 마지막 컬렉션을 최고로 잘 마치고 싶다는 욕심밖에 없었다. 또 어떻게 하면 루이자의 반발(?) 없이 회사를 그만둘 수 있을까가 최대의 관심사였다.

내가 컬렉션 준비로 정신없이 일하고 있던 1월 한국에서는 삼성그룹 임원 인사 발표가 났다. 삼성의 최연소 여성 임원(당시 내 나이 만

서른네 살이었다)이란 타이틀로 많은 저널에서 기사가 쏟아져 나왔지만, 정작 나는 한국의 가족을 통해 소식을 전해 듣고 몇몇 기사는 인터넷으로 보는 정도여서 크게 실감을 하지 못했다.

2월 말 루이자 베카리아 쇼가 끝난 후 백스테이지에서 나는 처음으로 눈물을 흘렸다. 끝까지 잘 마무리했다는 안도감과 함께 그동안의 밀라노 생활에 대한 여러 가지 복잡한 감정에 나도 모르게 눈물이 북받쳤던 것이다. 당시 루이자와 꼭 끌어안고 사진을 찍었는데, 나중에 사진을 보니 그녀도 눈물이 글썽한 상태였다.

ⓒ 신선혜

이제는 밀라노에서도
한국 브랜드나 한국인
디자이너가 나와야 한다는
생각으로 밀어붙인
브랜드 데렐쿠니

니만 마커스의 카탈로그.
이 드레스는 니만 마커스 온라인에서
한 달 만에 완판되었다.

Dream Story _ 006

밀라노 런웨이에 펼쳐진 꿈의 결실들

이런저런 정리를 하고 한국에 도착한 것은 3월 말이었다. 일은 4월 1일부터 시작했다. 나는 어디까지나 밀라노에 적을 두고 있었기 때문에 한국으로 출장을 간 형식이었다. 그로부터 5월 말까지 한국에 있었으니 두 달간의 길고 긴 출장을 갔던 셈이다.

두 달의 시간은 한국의 시장 조사와 밀라노에서의 사업을 어떤 식으로 전개할까 계획하는 시기였는데, 당시 이탈리아와는 너무도 다른 한국 회사의 분위기에 많이 어리둥절하기도 했다.

제일모직에 입사해 가장 먼저 시작한 프로젝트가 밀라노 현지 법인을 만드는 것이었다. 여러 가지 진통 끝에 밀라노 현지에서 브랜드를 론칭하기로 결정했고, 드디어 데렉쿠니 DERERCUNY가 탄생했다.

삼성이 만들고 크리에이티브 디렉터가 한국인이었지만 그 외의 모든 스태프는 이탈리아 현지인들이었다. 당연히 '메이드 인 이탈리아'의 이탈리아 브랜드였다.

2004년 9월의 밀라노 컬렉션 기간.

데렐쿠니의 첫 번째 컬렉션은 밀라노 대학에서 예술사를 가르치는 미술 교수의 오래된 저택을 빌려 프레젠테이션을 했다.

대대로 물려 내려오는 몇백 년 된 가구와 그림들이 있는 저택에서 마치 데렐쿠니가 실제로 살고 있는 듯 여기저기 옷과 액세서리를 걸고 침대나 소파에 걸쳐놓기도 했다. 그 독특한 분위기로 인해, 삼성이라면 휴대전화를 비롯한 전자 제품만 만드는 회사라고 생각하던 이탈리아 현지 언론의 많은 관심을 받았다.

뜨거운 관심을 받으며 밀라노에서 데뷔를 했지만, 역시 밀라노는 만만한 곳이 아니었다. 뉴욕이나 파리에서는 상대적으로 신진 디자이너들이 많이 활동하는 것에 비해 밀라노는 신진들의 활동이 정말 미미했다. 수많은 빅 브랜드들이 차고 넘치는 곳이라 외국인뿐 아니라 자국인도 신진으로 명함을 내밀 만한 틈이 없었던 것이다.

구찌, 프라다, 아르마니, 베르사체, 페레, 펜디, 마르니, 블루마린, 발렌티노, 돌체앤가바나, 로베르토 카발리 등의 빅 브랜드들이 높은 벽처럼 버티고 서 있어서, 각 나라에서 취재를 오는 에디터들도 중요한 쇼들을 뛰어다니다 보면 신진 디자이너들의 쇼나 프레젠테이션은 들러볼 틈도 없다고 불만을 터트릴 만큼 밀라노 컬렉션 기간은 매우 타이트한 일정으로 진행된다.

그에 반해 마크 제이콥스와 랄프 로렌 빼면 뭐 특별한 게 있나 하고 무시하던 뉴욕에서는 데렉 램Derek Lam, 프로엔자 스쿨러Proenza Schouler 등 개성 있는 신진들이 대거 등장하고 있었다. 게다가 패션의 메카는 파리가 아닌 밀라노라고 자부하던 1990년대를 지나 2000년대 중반으로 들어서며 랑방과 발렌시아가의 파리로부터 추격을 당하며 이탈리아 패션계는 한층 더 위기감을 느끼기 시작했다.

결국 밀라노를 이끌어갈 신진 디자이너의 양성이 너무 부족했다는 자성의 목소리가 여기저기서 나왔고, 2005년 프랑카 소차니Franca Sozzani가 이끄는 『보그 이탈리아』가 'Whos on next', 'Vogue Spotlight' 등의 이벤트로 신진 디자이너들을 선정해 소개하기 시작했다.

데렐쿠니는 네 번째 시즌인 2006년 가을/겨울 컬렉션으로 『보그 이탈리아』에 선정되었다. 나 역시 '밀라노의 주목할 만한 신진 디자이너'로 6267, 알비노 등과 함께 각국에 소개되기 시작했다. 그리하여 몇 시즌 동안 프레젠테이션만을 하던 데렐쿠니는 2007년 가을/겨울 컬렉션으로 드디어 첫 패션쇼를 하게 되었다.

패션쇼는 밤 9시라는 늦은 시간에 트루사르디의 이벤트와 미쏘니의 파티 등과 겹치는 악조건에도 스탠딩(패션쇼에서 지정된 자리 외에 서서 보는 자리)까지 빈틈없이 꽉 찼다. 맨 앞줄에 앉아 있던 프랑카 소차니는 백스테이지까지 방문해 PR홍보 담당과 스태프들을 환호하게 만들었다. 그 폐쇄적인 밀라노에서 한국의 디자이너가 소개되고 인정받는 순간이었다.

RIVISITAZIONE DI ANTICHE FORME, REPÊCHAGES CULTURALI ED ESTETICI, RESI ATTUALI DA UN TOCCO DI LEGGEREZZA NEI VOLUMI E NEI PESI DEI TESSUTI. POI RICAMATI E TRATTATI COME LA TELA DI UN PITTORE

2006년 밀라노의 주목할 만한 신진 디자이너로 프랑카 소차니의 『보그 이탈리아』에 선정되었다.

이탈리아 유명 저널리스트 주시 페레와 함께

패션쇼 마지막에 무대에 나가 피날레 인사를 한 후 돌아서는 순간, 지난 시간들이 한순간에 머릿속을 스치며 수만 가지 생각이 교차했다.

무언가 한 고비를 넘긴 것 같던 그 순간은, 하지만 어찌 보면 또다시 새로운 시작을 알리는 순간이기도 했다. 지금까지가 브랜드를 만들어낸 과정이었다면 이제부터는 그 브랜드를 키워가야 했다. 명품 브랜드가 하루아침에 탄생하는 것이 아닌 것처럼, 이제 우리 앞에는 세계의 수많은 브랜드들과 치열하게 경쟁해야 하는 새로운 과정이 기다리고 있었다. 물론 그 길은 지금까지보다 훨씬 험난하리란 건 너무나 당연했다.

그후 데렐쿠니는 런던의 셀프리지와 도버 스트리트 마켓, 미국의 니만 마커스와 삭스, 일본의 비아 버스 스톱, 두바이의 빌라모다 등 전 세계 17개국 고급 백화점과 부티크에 입점하는 브랜드로 성장했다. 「월 스트리트 저널」에서는, 밀라노에서 핫하게 뜨고 있는 브랜드가 알고 보니 한국 브랜드였다는 기사를 싣기도 했다.

밀라노 런웨이(패션쇼 무대)의 유일한 동양 디자이너로 주목을 받으며 한 계단 한 계단 성장하던 데렐쿠니는, 하지만 아쉽게도 2008년 금융위기가 닥치면서 2009년 봄/여름 컬렉션을 끝으로 프로젝트를 중단하게 된다.

당시 나는 프로젝트를 마무리하면서, 지금까지 노력한 것이 허무하게 끝난다는 생각으로 괴로운 시간들을 보냈다. 하지만 요즘은 조금 다른 생각을 하게 되었다. 밀라노의 많은 저널리스트와 바이어들이 아직도 나를 만나면 데렐쿠니를 기억하고 그때의 아쉬움을 이야기한다. 그런 사람들과 이야기를 나눌 때마다 '그래, 데렐쿠니 프로젝트는 아무 의미 없이 끝난 게 아니야.'라는 생각을 하게 되는 것이다.

삼성에 입사하자마자 우리도 이제는 우리 브랜드를 현지에서 론칭해야 한다고, 호랑이를 잡으려면 호랑이굴로 들어가야 한다고 경영진을 설득하던 나. 하지만 '우리도 이탈리아 현지에서 명품들과 겨룰 만한 브랜드를 론칭할 수 있다'라는 것을 경영진 누구도 쉽게 수긍해주지 않았다. 시도조차 겁내던 분위기를 업고 나와 스태프들이 출산의 고통에 비유했을 만큼 힘들게 밀라노 런웨이에 탄생시킨 브랜드가 바로 데렐쿠니였다.

사실, 그때 우리가 가보지 않았던 길을 개척하며 현지 브랜드를 탄생시키고 당당히 밀라노 런웨이에 설 수 있었던 것은, 글로벌한 마인드로 나를 믿어주고 프로젝트를 후원해준 제일모직 이서현 부사장님의 신념이 없었다면 불가능했을 것이다.

휴대전화와 LCD만 만드는 회사가 삼성인 줄 알던 이탈리아 패션피플들이 한국에도 패션 파워가 있다는 걸 알게 된 계기가 데렐쿠니였다. 삼성의 입장에서도 가보지 않아서 엄두가 안 나던 길을 개척함으로써 우리도 현지에서 패션 브랜드를 론칭할 수 있다는 자신감을 가질 수 있었고, 무엇보다 그 첫발을 내딛었다는 데 큰 의미가 있었다고 생각한다.

데렐쿠니 프로젝트를 끝낼 무렵, 나는 내 인생에서 아주 중대한 변화를 겪었다. 결혼한 지 15년 만에 아기를 갖게 되었던 것이다.

아이에 별 관심도 없고 심지어는 별로 좋아하지도 않았던 남편과 나는 아이 없이 둘이서 재미있게 사는 삶을 더 선호했다. 가고 싶으면 언제든 여행을 떠날 수 있고, 둘이 밤새 이야기도 하고, 우리 둘과 일만 생각하면 되는 삶. 거기엔 아무 부족한 것이 없었다.

그런데 서른아홉 살이 되자 갑자기 아기를 낳고 싶다는 생각이 들었다. 하지만 15년이 넘도록 갖지 않던 아기가 '아, 이제 낳아야지.' 한다고 기다렸다는 듯이 와주는 것은 아니지 않는가. 하지만 우리 유진Eugene은 금세 우리에게로 와주었다. 마치 기다리고 있었다는 듯.

데렐쿠니를 클로즈할 때의 아쉬움은 이루 말할 수 없이 컸지만, 바꾸어 생각하면 언제나 워커홀릭처럼 살던 내가 갑자기 많아진 시간으로 인해 유진의 가장 예뻤던 순간을 놓치지 않고 함께할 수 있었으니, 인생에서 아주 나쁘기만 한 일은 없는 것 같다.

유진이 태어난 후 나는 그 동안 친구들로부터 숱하게 들어왔던, 세상에 태어나서 가장 잘한 일이 아기를 낳은 일이었다는 이야기가 절대 거짓이나 과장이 아니었음을 느끼며 내 인생에서 가장 행복한 시기를 보냈다.

그리고 예전에는 관심도 없던 아동복에 특별한 관심이 생겼다. 밀라노에는 왜 독특하고 모던한 아동복 매장이 없을까를 고민하다 급기야는 비슷한 시기에 엄마가 된 이탈리아 친구와 밀라노에 아동복 편집숍을 오픈했다. 한국과 덴마크, 스웨덴, 영국, 프랑스, 스페인 등의 브랜드로 구성된 편집숍으로, 『보그 이탈리아』 등의 주요 저널에서도 밀라노에 새로 오픈한 쿨한 아동복 숍으로 우리 매장을 소개했다. 나에게는 아주 새로운 세계였는데, 기회가 되면 아동복 컬렉션도 해보고 싶을 정도로 그 매력에 푹 빠져버렸다.

2010년에는 이탈리아 파트너들과 함께 내 이름을 건 브랜드 'Mina J Lee'를 론칭하고 첫 컬렉션을 선보였다. 아직은 아주 작은 컬렉션에 불과하지만, 이미 이탈리아와 유럽의 고급 편집숍과 부티크에서 오더를 해 2011년 가을/겨울 컬렉션부터 입점이 시작됐다. 이탈리아 저널에서는 'Mina Lee가 밀라노 컬렉션 무대로 다시 돌아왔다'는 기사들을 쏟아내는 등, 분위기는 내가 기대했던 것보다 우호적이다.

예전 대기업의 크리에이티브 디렉터로서 패션쇼를 하던 브랜드를 진행할 때에 비하면 여러 가지 다르고 힘든 점도 많지만, 어려운 상황들을 겪어내면서 나는 또 그만큼 내 자신이 성장하고 있다는 것을 느낀다.

이제 막 첫발을 내딛은 Mina J Lee와 아동복 프로젝트.

스물다섯 살 첫 출발을 할 때의 나로 돌아간 듯, 또다시 터질 듯한 열정과 설렘으로 나는 하루하루를 살고 있다. 아직 가보지 못한 새로운 길로 들어섰지만, 나는 언제나 그랬듯 뒤돌아보지 않고 앞만 보고 나의 길을 갈 것이다. 오로지 나의 선택과 용기만을 믿으면서.

밀라노에는 왜 독특하고 모던한 아동복 매장이 없을까를 고민하다 급기야는 비슷한 시기에 엄마가 된 이탈리아 친구와 밀라노에 아동복 편집숍 by BE를 오픈했다.

내가 디자인한
드레스를 입은
샤를로트 갱스부르와
데렐쿠니 드레스를 입은
『보그 이탈리아』 표지

Mina J Lee collection

© Karel Losenicky

2.

패션,
지구에서
가장
역동적인
이름

Fashion Story _ 001

패션쇼 리얼
메이킹 스토리

A라는 디자이너 브랜드가 있다.

밀라노 컬렉션(밀라노 패션쇼 기간)은 토요일인 오늘 시작되고, A의 패션쇼는 3일 후인 화요일 저녁 6시로 예정되어 있다.

200여 피스의 컬렉션 중 아직까지 들어오지 않은 것이 30여 피스나 된다. 오늘밤까지는 무슨 일이 있어도 들어와야 한다며 프로덕트 매니저가 아침부터 전화로 공장 관계자를 달달 볶고 있다.

오늘은 모델들을 캐스팅하는 날이다. 모델들이 들고 온 포트폴리오를 보고 캐스팅을 하는데, 밀라노 컬렉션 기간에는 아침부터 저녁까지 여러 패션쇼가 진행되고 있어서, 오늘 패션쇼에 참가하는 모델들은 그 시간을 피해 또 다른 브랜드의 캐스팅과도 겹치지 않아야 하는, 그야말로 절묘한 신의 한 수가 필요하다. 그러니 모델을 섭외하는 캐스팅 매니저는 하루 종일 아예 휴대전화기를 귀에 붙이고 모델 에이전시들과 통화를 하며, 원하는 모델들에게 옵션을 걸고(쉽게 말해 찜을 해놓는다는 뜻), 컨펌을 하고, 캐스팅 시간을 조정해야 한다.

아침 10시부터 시작된 캐스팅은 마지막 모델이 나간 시간인 일요일 새벽 2시에야 끝이 났다. 그 와중에 공장에서도 마지막 남은 30피스를 완성해 새벽 1시쯤 입고를 시켰다.

다음 날인 일요일은 아침 9시부터 스타일리스트와 패션쇼 룩을 만드는 날. 쇼에 필요한 룩은 약 40룩. 이 40여 룩의 코디네이션을 위해 200여 벌의 옷들이 스탠드에 빼곡히 걸려 있고, 벨트와 주얼리, 모자 등 룩을 완성시킬 많은 액세서리들이 커다란 테이블 위에 가득하다. 한쪽 구석에는 커피와 생수 등이 준비되어 있고, 폴라로이드를 위한 커다란 보드도 세워져 있다.

그리고 코너 의자에는 40여 룩을 만들기 위해 오늘 하루 고용된 모델이 살색 T팬티에 가운만 걸친 채 앉아 있다. 스타일리스트와 디자이너는 수없이 많은 옷을 이 모델에게 입혀보고 액세서리를 바꿔보며 최종적으로 룩을 완성한다. 그러면 어시스턴트가 재빨리 폴라로이드를 찍어 보드에 붙이고 다음 룩으로 넘어간다.

두 명의 어시스턴트는 스타일리스트와 디자이너가 지시하는 옷과 액세서리들을 모델에게 입혀주고 신겨주고 다시 벗기고 또다시 다른 룩으로 갈아입히느라 단 1분도 쉴 틈 없이 땀을 뻘뻘 흘리며 움직이

고 있다.

디자이너와 어시스턴트들, 프로덕트 매니저, 스타일리스트와 그 어시스턴트, 캐스팅 매니저 등등 많은 스태프들이 저마다의 일에 매달려 있다. 중간 중간 어제 시간을 맞출 수 없어 못 왔던 3~4명의 모델들에 대한 캐스팅 작업도 진행한다.

쇼에 나가는 슈즈를 컬러 별로 한 켤레씩만 겨우 완성한 슈즈 디자이너가 슈즈를 싸들고 밀라노에서 두 시간이나 떨어진 파도바 ^{Padova}에서 달려왔다. 일단 한 켤레씩 샘플이 왔으니 룩은 볼 수 있는 셈이다.

1시쯤, 어제 디자인실 어시스턴트가 미리 주문해놓은 샌드위치가 도착한다. 하지만 디자이너와 스타일리스트는 룩에 정신이 팔려 샌드위치 같은 것은 거들떠보지도 않는다. 배가 고프긴 하지만 어시스턴트들은 분위기를 파악하고 샌드위치에는 절대 눈길을 주지 않으려고 노력한다.

2시가 넘어서야 지친 기색의 모델 얼굴을 보고 디자이너가 점심 휴식을 제안한다. 디자이너와 스타일리스트, 모델, 어시스턴트 등 일을 하던 사람들이 한자리에 모여 연어와 참치, 프로슈토$^{Prosciutto\ 이탈리아를\ 대표하는\ 생햄의\ 한\ 종류}$, 아티초크$^{Artichoke\ 꽃봉오리를\ 식용하는\ 열대\ 채소}$ 등 여러 가지 맛의 샌드위치를 골라 들고 즐겁게 수다를 떨며 점심을 먹는다.

샌드위치를 먹고 커피까지 한 잔씩 마시고 나면 곧바로 다시 스타일링이 시작된다. 점심 먹기 전까지 완성된 것은 16룩. 아직 24룩이

나 남아 있다. 하지만 오전 작업으로 어느 정도 감이 잡힌지라 스타일리스트의 작업이 속도를 내기 시작한다.

룩을 만들고 폴라로이드를 찍고 그 룩에 필요한 모든 액세서리(구두와 주얼리뿐 아니라 스타킹, 비치는 옷의 경우 살색 T팬티까지)를 꼼꼼히 메모한다. 혹시 모자라는 품목이 있으면 어시스턴트 중 하나가 쏜살같이 달려나가 사오고, 중간중간 화내고 중간중간 웃으며 작업하니 어느새 저녁 시간, 15룩을 더 완성해 이제 9룩만이 남았다.

저녁 8시에는 헤어와 메이크업 리허설이 잡혀 있다. 헤어와 메이크업 아티스트들이 도착하면 모델 한 명을 거울 앞에 앉히고 디자이너와 스타일리스트가 요구하는 콘셉트로 작업을 시작한다. 그 무렵 미리 주문해둔 피자도 도착하지만 아무도 눈길조차 줄 수 없을 만큼 모든 사람이 각자 맡은 일을 처리하느라 바쁘다.

밤 10시 30분쯤 디자이너와 스타일리스트가 원하는 헤어와 메이크업이 어느 정도 완성되었다는 OK 사인이 나자, 모두들 지친 표정으로 식어빠진 피자를 집어든다.

최종 OK 사인이 나면 그 모습을 정면과 측면에서 폴라로이드로 찍어 완성된 룩들을 붙여놓은 보드 위에 함께 붙여놓는다. 40룩을 슈즈와 보석, 스타킹, 장갑, 모자까지 코디해서 완성한 후 사진을 찍고, 각 룩별로 한데 묶어 행거에 걸면서 시계를 보니 어느새 월요일 새벽 3시.

월요일은 피팅(가봉)이 있다. 스태프 모두 퀭한 눈으로 서로를 격

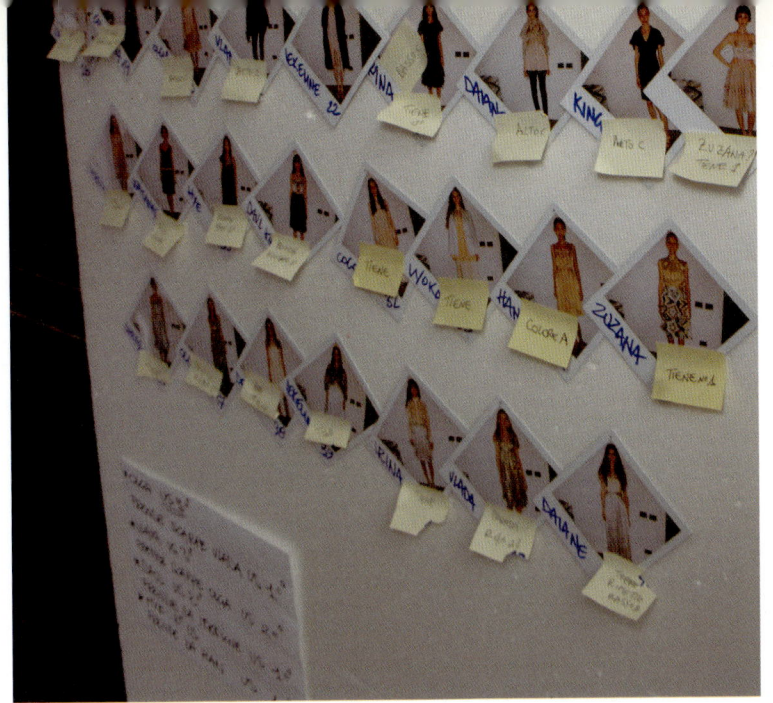

려하듯 손을 흔들며, 몇 시간 후 보자며 서둘러 집으로 돌아간다.

쇼 전날인 월요일.

아침 9시부터 피팅이다. 3~4시간 눈을 붙이고 다시 모인 스태프들은 몇 시간 전과 달리 어느새 다시 펄펄 살아 있다.

컨펌받은 모델들이 한 명씩 도착하면 스타일리스트와 디자이너는 그녀에게 어떤 룩을 입힐지, 어제 만들어놓은 40룩 중에서 결정해야 한다.

대개의 경우 한 번의 패션쇼에 한 모델이 소화하는 룩은 2~3룩.

이 모델이 어떤 룩을 소화할 것인지는 대략 스타일리스트의 머릿속에 그려져 있지만, 의외로 입혀보면 이건 좀 아니다 싶은 경우도 있기 마련이다. 또한 막상 옷을 입은 모델의 분위기에 맞게 옷의 일부가 수정되는 경우도 있으므로, 피팅은 성공적인 패션쇼를 위한 가장 중요한 부분이라 할 수 있다.

룩이 한 번에 기가 막히게 잘 맞는 경우도 있지만 그렇지 않을 경우 여러 번 다른 옷을 입혀봐야 하는데, 대부분 스파게티 면처럼 마른 모델들의 몸에 맞게 가봉해서 줄이고 자르는 작업을 하기 위해 재봉 팀들이 밤을 새우며 작업을 한다.

나이가 지긋한 재봉 팀장은 모델이 도착해 룩을 입어보고 결정할 때마다 불려 나와, 모델의 잘록한 허리와 빼빼 마른 다리에 맞게 열심히 핀을 꽂으며 디자이너와 스타일리스트의 요구에 맞게 옷을 수정한다.

모델들은 자신들이 오늘 나가는 패션쇼와 다른 캐스팅 및 피팅 일정을 피해 피팅에 오게 되므로 시간을 가늠하기가 어렵다. 그래서 피팅 역시 그다음 날 새벽 2~3시에 끝나는 것이 보통이다.

우리가 원했지만 우리보다 먼저 옵션을 걸어둔 브랜드가 있어 컨펌이 안 되었던 모델들까지 모두 결정되었다. 최후까지 컨펌이 안 된 모델이 두 명 있지만 그건 이제 더 이상 어쩔 수 없는 일이다.

패션쇼를 할 때마다 기가 막히게 스태프들을 고생시키는 슈즈 역시 이번에도 역시 끝까지 애를 끓이더니, 나머지 슈즈들은 내일, 그러니까 패션쇼 당일 아침 나절 도착한다는 연락이 왔다. 물론 절대로 DHL이나 UPS를 이용하지 않고 누군가가 직접 들고 올 것이다. 슈즈는 정말 무슨 머피의 법칙처럼 언제나 가장 마지막까지 스태프들을 괴롭히는 아이템이다.

슈즈는 최종으로 디자인을 채택한 후 패션쇼에 필요한 모델의 수, 예를 들어 패션쇼에 오를 모델이 20명이라면 그 20명의 발 사이즈를 대략 맞춰 오더를 넣는다.

옷의 경우 제일 작은 38사이즈에 팔·다리 길이만 길게 제작하면 대개는 비슷하게 맞고, 피팅을 하며 각 모델에 맞게 줄이고 자르며 수선하면 별 문제가 없다. 하지만 슈즈는 옷처럼 하나의 사이즈가 아닌 작게는 37부터 크게는 41까지 다양하다 보니, 언제나 어둠 속에서 주문하듯 오더를 내릴 수밖에 없다(앞에서 보듯 모델 캐스팅은 패션쇼를 바로 코앞에 두고 완료되므로 슈즈 오더를 넣는 시점에서는 모델들의 발 사이즈를 알 수 없다). 더군다나 옷처럼 그 자리에서 수선을 할 수도 없는 아이템이어서 항상 사이즈 때문에 애를 먹는다.

39와 40사이즈를 메인으로 하고, 작은 사이즈인 38과 대형 사이즈인 41을 두어 켤레 주문한 시즌에는 무슨 도둑발만 모인 듯 40과 41 사이즈를 가진 모델들만 캐스팅되어 쇼 내내 슈즈 돌리기(슈즈 사이즈가 모자랄 경우 1번 모델이 신었던 신발을 7번 모델이 받아 신고 다시 백스테이지로 돌아오자마자 다음 룩을 입고 기다리는 1번 모델에게 허겁지겁 벗어주는 식)를 하느라 혼이 쏙 빠지기도 한다.

패션의
완성이라는 슈즈는
패션쇼를 할 때마다
머피의 법칙을
떠올리게 하며
스태프들을 긴장시키는
아이템이다.

'요즘 아이들은 정말 발도 크다니까' 하는 생각에 아예 38과 39사이즈는 몇 켤레만 준비하고 40과 41사이즈를 메인으로 오더한 시즌에는, 모델들 중에서는 찾아보기도 힘든 37사이즈의 가녀린 발을 가진 혜박 같은 모델이 캐스팅되어, 이번에는 솜을 뭉쳐 넣어 큰 신발을 작은 발에 맞추느라 진땀을 흘리게 하는 것이 바로 슈즈이다.

내일 오전 10시까지 슈즈가 도착하지 않으면 살인이 날 수도 있다고 프로덕트 매니저가 구두 회사에 살벌하게 다짐을 하는 시각, 재봉 담당들은 정신없이 재봉틀을 돌리며 가봉을 본 옷들을 수선하고, 어시스턴트들은 재봉 팀에서 완성한 옷들이 도착하는 대로 모델명과 사진이 붙어 있는 스탠드에 액세서리를 넣은 주머니와 함께 순서대로 룩을 정리해놓는다.

그런데 톱모델인 S는 아직까지 피팅도 오지 않았다. 내일 4개의 쇼에 컨펌되어 있다는 그녀는, 중간에 시간이 나면 피팅하러 오겠다고 에이전트를 통해 전갈을 넣었을 뿐이다. 물론 내일 4개의 쇼 무대에 오르는 그녀가 피팅하러 올 확률은 1퍼센트도 안 된다. 결국 그녀의 룩들은 가봉을 하지 못한 채 스탠드에 걸렸다.

"아휴, 오늘은 쇼도 두 개밖에 안 했다며 좀 들렀다 가면 안 되나."

디자이너가 짜증 난 얼굴로 투덜거린다.

"그래도 다행인 건, S는 뭐 사실 가봉이 필요 없는 애잖아. 좀 크면 큰 대로 끼면 끼는 대로 걘 어차피 너무너무 이쁘다고. 그러니까 너무 신경 쓰지 마."

S의 하는 짓이 미워서 이번엔 절대 캐스팅을 하지 않겠다는 디자이너를 설득해서 S를 컨펌한 스타일리스트가 옆에서 디자이너의 눈치를 힐끔 살피며 이야기한다.

"알았어." 하며 대답하는 디자이너는 여전히 짜증 난 얼굴이지만, 어떤 옷을 입어도 너무너무 예쁘다는 데는 동의할 수밖에 없다.

이제 새벽 2시. 패션쇼는 저녁 6시에 시작된다. 나머지 일들은 다시 아침에 계속하기로 하고 모두 집으로 돌아간다. 다들 눈이 10리는 들어가 있고, 무릎까지 내려온 다크 서클과 함께 피부는 시커멓게 죽어 있다.

아침 8시부터 다시 재봉틀이 돌아가는 소리에 맞추듯 디자이너와 매니저의 고함 소리가 들리고, 9시 40분쯤 슈즈 회사 사장이 직접 슈즈를 싸들고 도착한다.

슈즈가 잘 나왔는지 풀어헤쳐 보느라 모두 정신이 없다. 어시스턴트들은 각 룩마다 슈즈와 관련한 메모를 살피며 한 켤레씩 주머니에 넣어서 액세서리 주머니 옆에 걸어놓는다.

오후 1시.

모든 옷과 액세서리는 패션쇼 장으로 이동하고, 아직 수선이 덜 끝난 옷 3벌이 남은 재봉실은 호떡집에 불난 듯 들썩거리며 마무리에 여념이 없다.

도착한 옷들과 룩 보드 등이 백스테이지에 정리되고 콜타임(패션쇼

전에 모델들이 헤어와 메이크업을 위해 모이는 시간)인 3시가 되자 모델들이 하나둘 도착하기 시작한다. 모델들이 도착하는 족족 헤어와 메이크업 팀들은 모델들 단장을 시작한다.

4시에는 스타일리스트도 도착해서 디자이너와 함께 헤어와 메이크업이 잘되고 있는지 돌아보며 체크한다.

DJ는 음악을 계속 틀어보며 점검을 하고, 무대감독은 모델들에게 어떤 식으로 걸으며 어느 지점에서 포토그래퍼들에게 포즈를 취해야 할지 설명해준다.

PR 매니저는 전화기를 옆에 끼고 이전 패션쇼들의 상황을 체크하고 있다. 언제나 그렇듯 오늘도 아침 첫 쇼가 40분 늦게 시작하는 바람에 한 시간 간격으로 정해져 있는 모든 쇼가 30~40분씩 늦어지면서 진행되고 있다.

5시 예정인 우리 앞의 안나 몰리나리 쇼가 이제 시작했다는 연락이 PR 매니저에게서 온다. 지금은 5시 55분. 쇼는 6시 10분경 끝날 것이고 저널리스트며 바이어들이 이동하는 시간 등을 생각하면 우리 쇼는 6시 40분은 넘어야 시작될 것이다.

19명의 모델들은 준비 완료. 하지만 모델 S는 안나 몰리나리의 쇼가 끝나고 이리로 달려와야 한다.

6시 15분, 안나 몰리나리 쇼가 끝났다는 연락이 온다.

10여 분 후 S가 에이전트의 오토바이를 타고 눈썹을 휘날리며 나타난다. 기다리던 헤어와 메이크업 스태프 3~4명이 한꺼번에 달라

붙어 한 명은 화장을 지우고 (다행히 이번 안나 몰리나리 쇼의 메이크업은 내추럴이었다. 존 갈리아노 쇼의 과장된 메이크업이나 온 머리에 스프레이를 뿌려 빳빳이 세워놓은 헤어가 아닌 것에 감사할 따름이다) 한 명은 머리 손질을 시작하고 한 명은 매니큐어를 칠한다.

이제 객석도 하나둘씩 채워지기 시작한다.

치장을 끝낸 어여쁜 모델들이 각각의 룩을 입고 주욱 서서 스타일리스트와 디자이너의 마지막 점검을 받고 있다. 예상대로 S는 가봉도 안 했건만 아주아주 예쁘다.

6시 50분.

빨리 시작하자는 무대감독. 아직 저널리스트들이 도착하지 않았으니 좀 더 기다리라는 PR 매니저.

잠시 후 백스테이지의 디자이너에게 『보그 이탈리아』 편집장 프랑카 소차니가 도착했다는 PR 매니저의 흥분된 전화가 온다.

"빨리 시작해. 이제 불 끄라고. 어서 시작하란 말야. 프랑카가 도착해서 자리에 앉았다고!"

PR 매니저가 흥분해서 소리를 질러댄다.

6시 55분. 불이 꺼지고 음악이 흐르며 첫 번째 모델이 무대로 걸어 나간다.

디자이너와 스타일리스트는 무대로 나가는 모델들의 모습을 마지막으로 가다듬고, 뒤에서는 신발 돌리기 담당 어시스턴트들이 목에 피가 터져라 소리를 지르며 신발을 싸들고 이 스탠드에서 저 스탠드로 왔다 갔다 한다.

6개월간 준비한 컬렉션 40룩이 선보이는 시간은 단 15분.

마지막 모델 S가 백스테이지로 들어오고 모든 모델이 다시 무대로 걸어 나가는 피날레가 끝나면 A도 나가 고개를 숙여 인사한다.

백스테이지를 방문한 프랑카 소차니와 함께

A가 백스테이지로 들어오면 모든 모델과 스태프들이 환성을 지르며 박수를 친다.

A는 스타일리스트와 스태프들과 꼭 껴안으며 감격을 나눈다.

그러고는 순식간에 화장대 등이 해체되며 헤어와 메이크업 팀들이 돌아가고, 그보다 빨리 옷을 휘릭 갈아입은 모델들이 인사를 하며 사라져버린다.

30분 후, 그 난리 천지였던 백스테이지에는 스태프들만 남아서 옷과 액세서리를 정리하고 있고, 텅 빈 객석에는 의자들만 어지럽게 널려 있다.

PR과 스타일리스트도 돌아가고 나면, 조금 전의 일들이 이제는 먼 옛날의 꿈처럼 이미 아득해져 있다.

디자이너와 스태프가
6개월 동안 생사(?)를 걸었던
패션쇼는 단 15분 만에 끝난다.

Back Stage

A는 지난 6개월간 자신의 세계의 전부였던 이번 시즌과 작별을 고한다.

이제 내일이면 새로운 애인과 사랑에 빠지듯 새로운 시즌의 콘셉트와 사랑에 빠져 6개월을 보내게 될 것이다. 언제나처럼.

Fashion Story _ 002

패션 모델,
자유롭고 사랑스러운 그녀들

모델들의 나이가 점점 어려지고 사이즈는 점점 작아지고 있다.
슈퍼 모델로 불리던 린다 에반젤리스타, 크리스티 털링턴, 신디 크로퍼드, 카를라 브루니, 헬레나 크리스텐센 등이 활동하던 1980년대 후반부터 90년대 중반의 모델들은 그야말로 여신 포스를 내뿜으며 절대적인 아름다움의 극치를 보여주었다.

완벽한 몸매와 매력적인 마스크의 그녀들은 패션쇼와 패션지의 화보와 광고를 넘나들며 종횡무진 활약했고, 슈퍼 모델이란 타이틀이 전혀 과장되지 않았음을 입증했다.

하지만 1990년대 후반으로 들어서며 모델들의 분위기가 바뀌기 시작했다. 1990년대 케이트 모스가 퀸으로 등극하면서 완벽한 몸매라고 말하기는 도저히 어려울 만큼 빼빼 마른 모델들, 아름답다기보다는 많이 독특하고 심지어는 좀 이상한 마스크의 모델들이 득세하기 시작했다.

물론 작은 키에 말라깽이인 케이트 모스가 큰 몫을 한 것은 분명하나, 여기에는 무언가 완벽하지 않고 어딘가 어긋난 듯한 묘한 분위기를 선호한 스타일리스트들도 많은 역할을 했다고 볼 수 있다.

"논 에 벨라 마 에 스트라나 Non e' bella ma e' strana 예쁘지는 않지만 무언가 묘한 것이 있어."라는 말은 스타일리스트들이 참 많이 쓰는 말이다.

물론 케이트 모스는 그녀만의 무심한 듯하면서도 어떤 룩도 시크하게 소화해내는 독특한 개성으로, 앞의 슈퍼 모델들과는 비교가 되지 않는 신체 조건에도 수많은 디자이너와 포토그래퍼들의 사랑을 받았다.

문제는 케이트 모스 이후에 등장한 모델들의 성향이다.

인간의 한계를 보여주려는 듯 뼈와 가죽만 남은 모델들 때문에 최근에는 너무 마른 모델은 패션쇼 무대에 올리지 말자는 이야기까지 여기저기서 나오기도 한다. 또한 아직 솜털이 보송보송한 어린 모델들이, 그들이 지을 수 있는 최대한의 섹시한 표정으로 찍은 사진들이 가득한 포트폴리오를 가슴에 안고 캐스팅 면접에 들어오면 웬만한 일에는 눈썹도 깜짝하지 않는 스타일리스트들도 "너 몇 살이니?" 하고 자기도 모르게 넋 빠진 질문을 하게 되기도 한다.

언젠가 캐스팅을 하는데, 캐나다에서 왔다는 예쁜 금발의 소녀가 발갛게 상기된 표정으로 포트폴리오를 내밀었다. 이제 막 에이전시

블라다와 혜박

코코와 함께

블라다와 함께

에 등록하고 모델 일을 시작하려는 모양인지 화보 같은 사진은 한 장도 없고, 친구가 찍어준 듯한 몇 장의 소박한 사진만이 들어 있는 포트폴리오였다.

옷을 입혀보니 키는 177센티미터 정도로 훌쩍 컸지만 가슴도 아직 덜 성숙했고 하다못해 아이처럼 똥배까지 나온(마른 몸이었음에도), 귓불에 솜털이 보송보송한 그녀를 보자 "몇 살이니?" 하는 질문이 절로 튀어나왔다.

1개월 전 캐나다에서 밀라노로 건너왔다는 그녀는 이제 겨우 열다섯 살. 두 달 후면 열여섯 살이 된다고 대답한다.

"학교는 안 다니니?" 하고 묻는 매니저의 질문에 '지금은' 안 다닌단다.

열여섯, 열일곱의 어린 모델들이 생각보다 많다. 대개는 제2의 나탈리아 보디아노바Natalia Vodianova를 꿈꾸며 러시아나 우크라이나 등 동유럽에서 온 모델들이다.

러시아 출신의 나탈리아 보디아노바는 가정 형편이 어려워 시장에서 과일 장사를 하다가 캐스팅되어 세계 최고 모델의 자리에 올랐고, 일찌감치 영국 귀족 가문 출신의 포토그래퍼 저스트 포트만과 결혼해 그림 같은 저택에서 인형 같은 세 아이들의 엄마가 된 현대판 신데렐라 스토리의 주인공이다.

캣워크를 휩쓸며 전성기를 구가하는 샤샤Sasha, 블라다Vlada, 나타샤 폴리Natasha Poly 등도 모두 러시아 출신인데, 다양한 국적의 모델 중에서도 빛나는 금발과 투명한 눈빛을 가진 동유럽 출신들이 압도적인 우위를 지키고 있다.

세상의 모든 직업과 마찬가지로 모델 역시 톱이 되기 위한 경쟁이 말할 수 없이 치열하다. 수많은 모델 지망생들 중 톱은 아니더라도 그나마 패션쇼 무대에라도 서볼 수 있는 모델은 아주 극소수일 뿐이다.

모든 모델 지망생이 캣워크를 동경하지만, 대다수는 쇼룸 모델(각 브랜드의 세일즈 캠페인 기간 중 바이어들을 위해 쇼룸에서 옷을 입어보는 모델), 피팅 모델(디자이너들이 피팅을 위해 쓰는 가봉 전문 모델), 그도 아니면 페어장이나 모토 쇼 등의 모델 등 캣워크와는 거리가 먼 일거리에 만족해야 하는 것이 엄연한 현실이다.

피팅 모델의 경우 얼마 안 되는 모델료를 받고 하루 종일 옷을 입었다 벗었다 하며, 때로는 디자이너의 핀에 찔리기도 하면서 고단한 피팅 작업을 끝없이 반복한다. 스킨 컬러의 T팬티만 걸친 채 수십 벌의 옷을 입고 벗고, 또 입고 벗기를 반복하다가 허리가 아파서 자세가 기우뚱해지거나 한쪽 다리에 몸무게를 실을라치면 당장 똑바로 서달라는 디자이너의 목소리가 들린다. 가봉을 할 때 모델이 바르게 서 있지 않으면 옷의 길이나 실루엣 등을 보기가 어렵기 때문이다.

스태프들이 늦은 점심으로 샌드위치를 먹으며 함께 먹자고 권하면 맛있게 먹는 모델들도 있지만 대개는 고개를 살래살래 흔든다. 조금이라도 살이 찌면 안 된다는 강박관념 때문에 지금도 충분히 날씬한 그녀들은 언제나 다이어트 중이다. 피팅 때문에 내내 서 있다가 점심까지 건너뛰면 오후에는 혈당이 좍 내려간 듯한 느낌과 함께 어지럼증이 몰려오기도 한다. 그럴 때는 설탕 한 봉지를 입안에 털어 넣고 생수 한 잔만 마신 채 피팅을 계속한다.

언젠가 피팅 모델로 왔던 어리고 하얀 우크라이나 출신 모델은 피팅을 시작한 지 한 시간도 안 됐는데 얼굴이 노래지더니 잠시만 앉아 있어도 되겠느냐고 물었다. 음식을 잘 안 먹는 모델들의 습성을 알기 때문에 "뭘 좀 줄까? 크래커나 비스킷이라도 좀 먹을래?" 했더니 싫다며 물만 좀 부탁한다.

물만 마셔서는 해결될 것 같지 않은 분위기여서, 오늘 아침에 뭘 먹었냐니까 아무것도 안 먹었다고 대답한다. "그럼 어제는?" 하고 물었더니 기억이 잘 안 난단다. 그러자 옆에 있던 스타일리스트가 "도대체 이 아이는 언제부터 굶은 거지?" 하며 한숨을 쉰다.

잠시 후 피팅을 계속하겠다고 일어섰던 그녀는 5분을 채 못 버티고 쓰러져버렸다. 모두 놀라 황급히 구급차를 불렀다. 컬렉션을 앞두고 미칠 듯이 바쁜 상황이었지만 어시스턴트 한 명을 구급차에 딸려 보낼 수밖에 없었다.

프로덕트 매니저가 에이전시에 전화를 걸어 담당자에게 이 상황을 알려주는 한편 화를 쏟아붓는다. 이러이러해서 너희가 보낸 모델이 지금 병원에 실려갔으니 30분 내로 사이즈가 비슷한 모델을 보내달라, 도대체 피팅 작업을 하러 오는 모델이 밥도 안 먹고 와서 가뜩이나 바빠 죽겠는데 픽픽 쓰러지다니 지금 피팅이 장난인 줄 아느냐,

디자이너는 내일 뉴욕으로 출장 떠나고 한 번 약속 잡기가 하늘의 별 따기처럼 힘든 스타일리스트도 오늘 와 있는데 어쩔 거냐, 지금 피팅 해야 할 옷이 수십 벌이다, 하면서. 그러고는 지금 바로 다른 모델을 수배해서 보내겠다는 담당자 말을 듣자마자 수화기를 꽝 하고 내려 놓는다.

하지만 급히 수배해서 보내준 모델들은 하나같이 어깨가 너무 넓다거나 힙이 너무 크다거나 또는 허리가 너무 가늘다거나 해서 결국은 제대로 피팅도 못하고, 소중한 스타일리스트와의 비싼 만남만 날려버린 셈이 되어 나를 부글부글 끓게 만들었던 기억이 있다.

그렇게 피팅이나 쇼룸 모델 등을 하며 캣워크에 설 기회를 엿보는 모델들은 주로 에이전시가 마련해주는 아파트에 여러 명이 거주하는 경우가 많다. 그런데 그 주거 환경이 얼마나 최악인지, 우리와 한 시즌 함께 일했던 핀란드에서 온 모델은, 그 열악한 환경과 에이전시에 분노하며 다시는 돌아오지 않겠다며 자기 나라로 돌아가버렸다.

물론 다행히 톱모델이 된다면 파리와 밀라노 등 세계적인 컬렉션 기간에 수많은 캣워크를 누비게 된다. 한 번 캣워크에 설 때마다 1만 유로가 넘는 모델료를 받으며 비즈니스 클래스로 뉴욕, 파리, 런던 그리고 밀라노를 오가며 화려한 인생을 살기도 하지만, 그런 톱모델이 된다는 건 단순히 예쁘다고, 또는 매력만 있다고 가능한 것이 아니다.

개성 있는 마스크와 몸매는 기본이겠지만 그것이 전부도 아니다.

일단 시대가 요구하는 스타일과 잘 맞아떨어지는 것이 첫째인 듯하다. 예를 들어, 눈이 작고 광대뼈가 높고 다리가 조금 휘어 보일 만큼 마른 동양 모델이 성공할 확률은 15년 전보다 지금이 훨씬 높을 것이다. 슈퍼 모델이 활약하던 시대에서는 시리 톨레로드Siri Tollerod처럼 마르고 어린 모델은 아동복 모델을 권유받았을지도 모르는 일이다.

게다가 패션계는 변덕이 심하다. 지난 시즌까지 가장 많은 패션쇼에 섰던 모델의 인기가 갑자기 시들해지는 경우도 있고, 수많은 잡지의 표지와 화보를 장식하던 모델이 어느 날 갑자기 어디에서도 보이지 않는 경우도 있다.

특별한 경우가 아니면 20대 후반만 되어도 슬슬 은퇴를 생각해야 한다. 더 어리고 더 신선한 뉴 페이스가 끊임없이 등장하기 때문이다. 물론 불혹의 나이에 돌아와 20대 톱모델들보다 더 멋지고 아름다운 화보를 만들어낸 린다 에반젤리스타나 크리스티 털링턴도 있지만, 그건 정말 그녀들이니까 가능한 전설 같은 일일 뿐이다.

아름답고 섬세하고 자유롭고 사랑스러우면서도, 변덕스럽고도 까탈스러운 패션계 못지않게 종잡을 수 없을 만큼 마인드가 깜찍한 것이 바로 그녀들이기도 하다.

때로는 친한 스타일리스트가 작업하는 이름도 알려지지 않은 브랜드의 패션쇼에 평소의 반도 안 되는 모델료를 받고 서기도 하고, 유명 디자이너 패션쇼에 캐스팅되었는데 쇼가 아침 9시라는 이유로 일방적으로 하지 않겠다고 해서 에이전시의 속을 태우기도 한다.

몇 년 전 광고 컷 찍을 때의 에피소드 하나.

빠듯한 예산으로 포토그래퍼와 스타일리스트, 헤어·메이크업 등의 예산을 짜는데 모델에 할당된 예산이 아주 적었다. 아직은 알려지지 않은 모델 중에서 제법 참신한 모델을 골라 써야 하는 수준 정도랄까.

그런데 슈팅 장소인 파리에 있을, 알려지지 않은 모델 중에 내가 찾는 이미지를 가진 참신한 모델이 나타나지 않았다. 수많은 프로필을 보았지만 모두 아니었다.

그때 내 패션쇼에 여러 번 선 적이 있던 톱모델 블라다를 떠올리며 혼잣말처럼 "아, 블라다가 입어주면 얼마나 좋을까." 했다. 그런데 그 말을 들은 스타일리스트가 "내가 에이전트에 얘기 한 번 해볼까?" 한다.

"글쎄, 얘기야 언제든 해볼 수 있겠지만, 우린 블라다를 캐스팅할 만한 예산이 없는데."

"알고 있어. 하지만 또 알아? 블라다가 하겠다고 할지? 뭐 물어보는데 손해날 건 없으니 스케줄이 되는지나 물어보자고." 하더니 바로 에이전시의 친한 담당자에게 문의를 한다.

그런데 평소 뉴욕에 상주하는 블라다가 그때 마침 돌체앤가바나 촬영 때문에 밀라노에 온다는 것이다. 밀라노에서 파리는 1시간 30분이면 가는 가까운 거리이니 약간의 희망이 보이는 듯했다.

일단 스케줄은 가능하다는 이야기를 전해들은 나는 에이전시에 나의 예산을 솔직히 이야기했다(그녀가 평소에 받는 광고 모델료의 20퍼센트에도 못 미치는 금액이었다). 그리고 지난 패션쇼 때 블라다가 입었던 모피 재킷을 선물하겠다고 했다(피팅 때 그녀가 너무 예쁘다고 했던 말을 기억하고 있었으므로).

그다음 날 에이전시로부터 들려온 대답은, 블라다가 쾌히 그 조건을 수락했다는 기쁜 소식이었다. 어차피 모피 재킷은 이미 만들어져 있는 샘플이고, 블라다 같은 모델이 입고 다닌다면야 오히려 홍보 차원에서도 좋은 일이니 그야말로 최고의 결과였다.

한 달 후 진행된 파리 슈팅은 아주 매끄럽게 진행되었는데, 우리 스태프들은 모피 재킷을 소중하게 싸들고 가서 블라다에게 선물했다. 슈팅은 즐겁게 끝났고, 사랑스러운 블라다가 아주 아름답게 그 시즌 광고 화보를 장식했음은 물론이다.

자신의 신체적 아름다움과 매력으로 승부를 걸어야 하고, 그러므로 절대적으로 타고난 신체조건이 충족되어야 하는 아름다운 모델들의 세계. 10여 년 전만 해도 캣워크에서 한국인 모델들을 찾아볼 수 없었는데, 몇 년 전부터 혜박·한혜진 등 코레아나^{Coreana} 모델들이 캣워크에서 당당한 아름다움을 보여주고 있으니, 정말 기쁜 일이 아닐 수 없다.

Fashion Story _ 003

다울,
아름답고도 아픈 이름

김다울이 세상을 떠났다.

나는 그 소식을 인터넷으로 한국 신문을 검색하다가 보았고, 그 순간 '아니, 뭐가 잘못된 거 아니야?' 하면서 다급히 뉴스를 읽어 내려갔다.

잘못된 뉴스가 아니었고 사실이었다. 김다울이 파리에서 이 세상을 떠났다는 것이다.

'아, 왜 이런 일이! 그렇게 예쁘고 젊은 사람이…….' 하는 마음에 그날 밤 내내 가슴이 먹먹하니 아팠다.

그다음 날 아침 바Bar에서 만난 이탈리아 친구는 나를 보자마자 바로 다울의 이야기를 꺼냈다.

"들었어, 다울 킴 소식?"

나는 "응." 하며 우울하게 고개를 끄덕였다.
"자살했다니, 믿어지지가 않아. 무척 착하고 밝아 보였잖아?"
이 친구는 나와 함께 오랫동안 일을 해서, 내 패션쇼에 두 번이나 섰던 다울을 잘 기억하고 있었다.
한국보다는 외국에서(물론 패션계를 중심으로) 더 많이 알려졌던 다울. 그녀에 대한 슬픈 소식은 이곳에서도 빠르게 퍼져나갔고, 모두들 "그 이쁘고 젊은 나이에……." 하면서 안타까워했다.
"안녕하세요?" 하며 활짝 웃던 그녀의 모습이 생각났다.
그녀는 내 패션쇼에 두 번 캐스팅이 되었는데 참 명랑하고 예쁘고 착했다. 모델들을 캐스팅하고 패션쇼를 진행하다 보면 어여쁜 그녀들이 의외의 성격에 그 나름의 특징들을 갖고 있다는 것을 알게 된다. 스타일리스트와 캐스팅 매니저들은 특히 함께 모델들을 캐스팅하고 결정된 모델들의 폴라로이드 사진을 보드에 붙이면서 그녀들에 대한 이런저런 이야기를 많이 한다.
"얘는 지난번 광고 촬영 같이했는데 진짜 사이코야. 성격을 맞출 수가 없어. 나도 그동안 별별 애들 다 봤지만 정말 징글징글하더라니까. 다시는 같이 일 안 할 거야."
"쟤는 뭐 하나 특별한 거 없는데 왜 그렇게 잘나가는 줄 알아? 원래 작곡을 했던 애거든. 그때 알게 됐던 음반사 사장이 쟤를 참 잘 봤다더군. 외모는 특별한 데 없고 몸도 너무 볼품없이 말랐지만 워낙 재기가 넘치고 위트가 있잖아. 같이 이야기하면 시간 가는 줄 몰라.

여기저기 인맥이 얼마나 많은지. 얼마 전엔 클로에도 찍었어."

"요번에 뉴욕 컬렉션에서 거의 모든 쇼 무대에 섰던 애야. 이번 시즌 새 얼굴 중에 제일 유심히 봐야 된다구. 이번에 뜬 애라 아직은 무척 착하고 말도 잘 듣어. 분위기가 너무 좋아. 아무 옷이나 입혀도 만사 오케이야. 피팅도 대충 보면 된다니까. 아직은 모델료도 얼마 안 해. 3천 유로면 돼. 다음 시즌엔 1만 유로는 될 게 뻔해. 이번에 꼭 쓰자구. 두고 봐. 6개월 후면 『보그』 표지를 장식하고 다닐 테니……. 어휴, 이쁜 것!"

"쟤는 왜 항상 캐스팅 때 저 친구를 달고 다니는지 몰라. 정말 꼴보기 싫어. 친구는 또 얼마나 설치는지. 며칠 전 파티에서 봤는데 거기도 친구랑 둘이 와서 아주 가관이 아니더라구. 술 취해서 춤추는데. 아휴, 보기만 해도 골치 아파. 초창기엔 그렇게 착하더니 몇 시즌 뜨고 나니까 애가 점점 이상해져. ×××쇼, 어제 아침 9시였잖아? 근데 그 전날 클럽에서 밤새 춤췄는지 쇼 시작 20분 전에 눈이 퉁퉁 부어서 나타났어. 글쎄. 디자이너는 방방 뜨고 전화는 안 받고. 나 정말 쟤 땜에 어제 아침에 죽다 살았어. 캐스팅 매니저도 못해먹겠어, 진짜."

스타일리스트와 캐스팅 매니저는 모델들과 1년 내내 일을 해야 한다. 그러니만큼 겉으로는 그녀들과 친분이 두텁고 그녀들 모두에게 친절하면서도 뒤에서는 그녀들에 대한 냉정한 평가와 인간적인 이야기들을 쏟아놓는다.

어여쁜 그녀들에 대한 '사이코 같은', '건방진', '재수 없는', '돌아이 기질의', '얌전한', '모델답지 않은', '아직 순진한' 등등의 여러 가지 평가와 의견들 중 다울에 대한 의견은 '참 착하고 예쁜'이었다.

"이 모델은 누구야?"

2008년 봄/여름 패션쇼 캐스팅 때, 스타일리스트가 1차적으로 선정한 모델들의 컴포짓Composite 프로필 중 동양 모델이 눈에 띄어 물어보았다.

"아, 새로운 동양 모델인데 분위기가 굉장히 좋아. 이따가 캐스팅 때 봐. 나는 참 좋은데 아마 너도 좋아할 거야. 이름이 다울인데 일본인지 중국인지 모르겠어."

"글쎄, 한국 모델 같은데……."

컴포짓 사진을 들여다보며 내가 대답했다. 내 예상대로 잠시 후 캐스팅에 온 그녀는 "안녕하세요." 하며 밝게 웃는 한국 모델이었다.

명랑하고 잘 웃던 그녀는, 백스테이지에서는 다른 모델들과 그리 많이 어울리는 것 같지 않았는데, 아직 신인이라 친할 시간이 없었겠거니 생각했다. 그때 백스테이지 담당 포토그래퍼가 무대 뒤 모델들의 사진을 열심히 스냅으로 담는 것이 보였다.

캣워크를 찍는 포토그래퍼들은 한 장면이라도 좋은 컷을 잡기 위해 서로 몸싸움을 하며 무대 정면에서 사진을 찍지만, 백스테이지를 찍는 포토그래퍼는 재미있는 장면이나 중요한 손님들의 백스테이지 방문 등을 카메라에 담아 기록하는 역할을 한다.

며칠 후, 백스테이지 담당 포토그래퍼가 그날의 백스테이지 사진을 CD에 담아 보내왔다. 열어보니 20여 명의 모델들이 머리를 말아 올리고 메이크업을 하면서 장난스럽게 포즈를 취한 사진들 중 거의 3분의 1이 다울의 사진이었다.

"아니, 왜 이 친구만 이렇게 집중적으로 찍은 거야?" 했더니, 너무 다양하고 재미있는 표정과 포즈를 계속 취해줘서 자기도 모르게 셔터를 눌러댔단다.

"나중에 보니 거의 다울 사진이더라구……. 나도 내가 왜 그랬는지 몰라." 하면서 포토그래퍼는 멋쩍어 했다.

그 사진들에서 그녀는 활짝 웃는가 하면 눈을 동그랗게 뜨고 놀란 표정을 짓고, 코를 찡그리며 눈을 감거나 양 손가락을 허공을 향해 쏘는 듯한 포즈로 윙크를 하는 등 천 가지의 표정과 포즈를 다양하게 보여주고 있었다.

그때의 첫 만남 이후 다음 시즌 때도 캐스팅이 된 그녀는 피팅에 와서 "안녕하셨어요? 잘 지내셨어요?" 하며 한결 친밀하게 인사를 했다.

백스테이지에서도 당당해 보였고, 확실히 지난번보다는 다른 모델들과도 격의 없이 이야기를 나누는 모습을 볼 수 있었다. 스타일리스트는 "케 벨라 다울Che bella Daul 다울, 정말 아름다워!"을 연발했는데, 마른 몸에 약간 중성적인 매력을 지닌 그녀의 얼굴은 걸치는 옷마다 분위기를 제대로 살려주는 독특한 매력을 지니고 있었다. 너무 로맨틱하지 않을까, 걱정스럽던 드레스도 그녀가 입으면 그녀의 드라이한 얼굴과 조화를 이루며 모던한 분위기를 연출해주었다. 모델로서 참으로 중요한 장점이라 할 수 있었다.

한 번은 그녀가 입었던 옷이 가봉이 잘못되어 몇 번을 다시 입히고 피팅을 한 적이 있다. 웬만한 모델이면 짜증을 낼 만한 상황이었는데도 웃으며 피팅을 계속해, 자신의 실수로 가봉을 몇 번씩 하게 되어 진땀을 흘리던 패턴사가 패션쇼가 끝난 후 두고두고 그녀를 입에 침이 마르도록 칭찬하기도 했다.

세상을 떠나기 전 샤넬 광고 촬영을 마쳤다는 다울. 그녀는 왜 그리도 돌아오지 못할 길을 빨리 떠나갔을까. 밝게 웃던 그녀는 사실은 그렇게도 외로웠던 것일까.

톱모델이었던 그녀의 죽음에 언제나 그렇듯 온갖 추측과 소문이 난무하지만, 그녀를 옆에서 지켜보던 사람들은 그런 소문들을 단호하게 부정한다. 나 역시 아름다운 그녀의 죽음이 슬플 뿐, 다른 어떤 추측도 하고 싶지 않다.

그녀가 가는 길이 외롭지 않았기를, 그리고 그녀가 아름답게 빛났던 모델로 많은 사람에게 오래오래 기억되기를.

Fashion Story _ 004

스타일리스트, 패션쇼를 쥐락펴락하는 종합 설계사

스타일리스트는 무엇을 하는 사람일까?

패션에 관심이 있거나 공부를 하고 싶다는 사람들이 많이 하는 질문인데, 때로는 정작 패션 쪽에 있는 사람들도 스타일리스트가 무슨 일을 하는지 잘 모르는 경우를 보았다.

    스타일리스트는 말 그대로 스타일을 만들어내는 사람이다.

    "아니, 그럼 디자이너인가?" 할지도 모르지만, 디자이너와는 완전히 다르다.

    디자이너가 의상을 만들어내는 사람이라면, 스타일리스트는 그 하나하나의 의상과 적절한 액세서리를 조합해 하나의 완성된 룩을 만들어내는 사람이다.

    우리가 패션쇼를 볼 때 무대에 등장하는 옷들은 분명히 디자이너가 만들어낸 것이 맞다. 하지만 모델이 입고 등장하는 룩, 즉 '자주색 튤립 프린트의 시폰 드레스에 딱딱해 보이는 매니시한 트렌치코트, 거기에 누드 컬러 킬힐의 매치'라든가, '러플이 마구마구 달린 화이트 블라우스에 라벤더 컬러의 스키니 가죽 바지, 그리고 차가운 느낌의 은색 샌들의 매치' 등의 스타일링은 그 분야의 전문가인 스타일리스트가 만들어내는 것이다. 물론 그 옷을 만들어낸 디자이너와 함께 파트너가 되어 작업을 한다.

스타일리스트의 일은 생각보다 훨씬 광범위하다.

일단 그들은 패션 전문지의 에디터인 경우가 많다. 그렇지 않은 경우도 있기는 하지만, 현재는 아니더라도 대개는 에디터 출신인 경우가 대부분이다. 항상 유행을 앞서 체험하고 만들어내는 그들은 잡지 화보 촬영의 스타일링, 브랜드의 광고나 카탈로그 스타일링이 주요 업무인데, 이때는 모델 캐스팅부터 그 모델의 메이크업·헤어를 결정하고 수많은 협찬 브랜드의 옷들로 개성적인 룩을 만들어낸다. 물론 레드 카펫의 주인공들도 스타일링한다.

업무의 특성상 그들은 언제나 포토그래퍼와 헤어·메이크업 아티스트, 모델들과 긴밀한 관계를 유지하며 일한다. 따라서 어느 스타일리스트나 호흡이 잘 맞는 포토그래퍼와 헤어·메이크업 아티스트가 있기 마련이다. 새로운 작업을 할 때 꼭 평소에 함께 일하는 사람들을 선호하기 때문에 헤어·메이크업 아티스트들 입장에서는 함께 일하는 스타일리스트들을 무조건 잘 챙겨야 한다.

그건 모델들도 마찬가지인데, 스타일리스트들의 주요 업무 중 하나가 모델 캐스팅인 만큼 모델들도 스타일리스트들에게 잘 보여야 한다. 물론 최고의 레벨에 오른 잘나가는 모델들은 반대로 스타일리스트가 비위를 맞추어야 하는 경우도 많긴 하지만.

스타일리스트가 하는 또 다른 중요한 일 중 하나는 위에서 언급한 패션쇼의 룩을 만들어내는 일이다. 사실 알고 보면 참 흥미로운 일이라고 할 수 있다. 왜냐하면 같은 디자이너의 컬렉션이라도 어떤 스타일리스트가 작업을 했느냐에 따라 완전히 다른 느낌이 되어버리니까. 즉, 디자이너가 1950년대를 콘셉트로 100여 벌의 옷을 만들어놓았다고 할 때, 그 컬렉션을 굵게 웨이브진 금발 머리에 섹시한 매력이 강조된 브리지트 바르도 룩으로 만드느냐 아니면 자연스러운 갈색 헤어에 고급스러운 우아함을 강조한 오드리 헵번 스타일의 룩을 만드느냐는 전적으로 스타일리스트의 취향이 반영된다고 보아야 한다.

그렇기 때문에 디자이너들은 작업하기 전에 자신과 성향이 잘 맞는지 꼼꼼히 따지는 등 스타일리스트를 선정하는 문제에 매우 고심한다. 함께 작업을 해본 후 자신의 컬렉션을 충분히 살려주지 못했다는 판단이 서면 그 스타일리스트와는 결별하지만, 반대로 서로 궁합이 잘 맞는다면 오랜 시간 파트너로 함께 일한다.

스타일리스트는 이미 다 만들어진 컬렉션을 패션쇼 전에 온갖 액세서리와 매치시키고 모델 캐스팅을 하는 등 단지 패션쇼 스타일링만 하는 경우도 있지만, 아예 컬렉션의 콘셉트 단계에서부터 디자이너와 함께 작업하며 브랜드에 깊게 관여하는 경우도 많다. 그런 경우 보통 패션쇼가 끝난 직후 디자이너와 만나서 미리 다음 시즌의 콘셉트와 컬러, 소재, 실루엣 등을 함께 결정한다. 디자이너가 생각하는 콘셉트를 제시하면 스타일리스트는 그 콘셉트를 최대한 잘 풀어낼 수 있도록 도와주는 것이다.

  스타일리스트들은 디자이너와 컬러나 실루엣 등을 함께 연구하고, 촬영 여행 등을 갈 때면 책이나 빈티지 옷 등을 사서 보내주기도 한다. 때로는 자신이 소장하고 있는 앤티크 주얼리나 빈티지 드레스를 빌려주기도 하는 등 디자이너의 영감에 도움을 주는 역할도 한다.

  컬러, 소재 등이 정해지고 디자인이 넘겨져 샘플들이 나오면 디자이너와 함께 피팅에도 들어가고, 실루엣에 맞는 슈즈와 액세서리를 연구하기 시작한다. 패션쇼에서 옷만큼이나 중요한 것이 슈즈이므로, 슈즈 스터디는 거의 옷에 들이는 공만큼 시간을 두고 작업을 진행한다.

  옷 샘플이 나오고 슈즈나 액세서리 샘플이 나올 때면 어김없이 디자이너와 미팅을 하고 함께 작업하며 수정·보완을 하는데, 이때 스타일리스트는 무척이나 중요한 역할을 한다.

  6개월을 주기로 새로운 컬렉션을 발표해야 하는 디자이너는 때로는 자신의 세계에 너무 갇혀 있어, 자신의 컬렉션만이 세상의 전부라고 생각하는 경우가 대부분이다. 즉, 디자이너가 이번 시즌 콘셉트를

'로마의 휴일'로 정했다면, 그는 온통 그 콘셉트에만 빠져서 6개월을 산다. 오드리 헵번과 로마와 1950년대가 그의 전부인 것이다. 그러다 보면 자칫 너무 외길로 빠져버리는 수가 많은데, 이때 스타일리스트가 중심을 잡아주기도 한다.

스타일리스트는 그 컬렉션 말고도 또 다른 컬렉션, 자신이 에디터로 일하는 잡지의 화보 촬영, 레드 카펫 스타일링 등 많은 일을 동시에 한다. 따라서 좀 더 신선한 외부의 눈으로, 좀 더 객관적이고 냉정하게 컬렉션을 볼 수 있다. 게다가 항상 정보의 중심에 서 있어 지금 프라다의 디자인실에서 무엇이 만들어지는지, 마크 제이콥스는 이번 시즌에 어떤 자수를 기획하는지 등의 소식에도 능통하기에 디자이너들은 스타일리스트들을 보물단지처럼 취급할 수밖에 없다.

이렇게 스타일리스트의 역할과 영향력이 크기 때문에 같은 디자이너의 브랜드라도 스타일리스트가 바뀌면 컬렉션 분위기가 확 바뀌는 일이 일어나기도 한다.

스타일리스트의 중요성을 보여주는 몇 가지 예.

1990년대 새로 생겨난 브랜드 중 단연 최고의 브랜드로 꼽히는 마르니[Marni]. 마르니의 디자이너는 오너인 콘수엘로 카스틸리오니[Consuelo Castiglioni]이지만, 마르니가 그녀와 『보그 영국』 패션 디렉터인 스타일리스트 루신다 챔버스[Lucinda Chambers]의 합작품이란 것은 누구나 다 아는 사실이다.

마르니의 론칭 초기부터 함께 일해온 루신다는 보통 스타일리스트

건물의 중정 안에 들어앉아 있는 마르니 매장

들의 영역을 넘어서 디자인까지도 한다는 이야기가 있을 만큼 콘수엘로와 함께 세계적으로 마니아들을 만들어낸 브랜드 마르니의 성공을 이루어냈다.

그녀들은 한 시즌 컬렉션에 적어도 10회 이상의 미팅을 한다고 하는데(스타일리스트와의 미팅은 1회에 2~3시간짜리가 아니라 보통 1회에 하루 종일이나 이틀 내내 이런 식이다), 루신다가 컬렉션에 얼마나 깊이 관여하는지를 알 수 있는 대목이다.

1980년대 조르조 아르마니와 잔니 베르사체, 지안프랑코 페레와 함께 이탈리아를 찬란하게 빛냈던 로메오 질리Romeo Gigli(나의 우상이기도 했다). 에스닉한 실루엣과 소재, 퍼플·오렌지·바이올렛 등의 이국적인 컬러로 1980년대의 왕이라고까지 불리던 그의 뮤즈이자 스타일리스트는 지금은 세계적인 편집숍 코르소 코모Corso Como로 유명한 카를라 소차니Carla Sozzani였다.

카를라 소차니는 환상적인 컬러와 인디아의 매혹적인 콘셉트를 모던하게 풀어내 로메오 질리의 전성기를 만들어주었다. 그 당시 그렇게 빛나던 로메오 질리가 지금은 있는지 없는지도 모를 정도로 전락해버린 이유는 무엇일까?

로메오 질리는 카를라 소차니와 결별하자마자(카를라가 일방적으로 떠났다고 한다) 그때부터 헤어날 수 없는 슬럼프에 빠졌고, 몇 번 재기를 시도했지만 다시는 예전으로 돌아가지 못했다. 이 경우는 디자이너보다 스타일리스트의 카리스마와 영향력이 너무 강한 나머지, 그녀가 떠나자 디자이너마저 나락으로 떨어져버린 경우라고 하겠다(물론 카를라 소차니를 단순히 스타일리스트라고 부르기는 어렵지만).

이런 상황이다 보니 잘나가는 스타일리스트는 여기저기서 함께 작업하자는 곳이 너무 많아 "이제 쇼는 도저히 더 못 맡아" 하며 거절하거나, 때로는 "그 디자이너 완전 괴팍하다며? 같이 일할 생각 없어." 하며 들어오는 일을 매몰차게 내치기도 한다.

유명한 디자이너들에게 최상의 대우를 받으며, 모델들과 헤어·메이크업 아티스트들이 서로 잘 보이려 노력하고, 최고의 포토그래퍼들과도 돈독한 관계를 유지하면서 뉴욕·파리·런던·밀라노를 내 집처럼 왔다 갔다 하며 사는, 뭐 부족한 게 없어 보이는 부러운 직업인 스타일리스트.

그럼 그들의 수입은 대체 어느 정도나 될까? 빛 좋은 개살구라고, 겉보기엔 엄청나게 화려해 보여도 실제로는 고생스럽고 별 실속도 없는 경우가 참 많은데, 그들도 그렇지 않을까. 이건 뭐 수입이라도 적당한 선에서 멈춰줘야지, 그렇지 않고 수입마저 많다면 세상이 너무 불공평하지 않은가 말이다.

결론부터 말하자면, 보통은 깜짝 놀랄 만큼 많다.

디자이너들과 컬렉션 작업을 할 경우 보통 일당으로 계산을 하는데, 제법 알려진 스타일리스트의 경우 3천 유로(약 5백만 원), 이 바닥에서 이름이 나 있고 현재 유명 패션지 에디터라든가 하는 배경까지 받쳐준다면 5천 유로(약 8백만 원), 최고 잘나가는 스타일리스트의 경우는 글쎄, 약간 과장해서 말하면 부르는 게 값?

하루에 5천 유로를 받는 스타일리스트가 어떤 디자이너와 함께 컬렉션 작업을 하며 한 시즌 동안 6번(6일) 만난다면 3만 유로(약 4천8백만 원)의 수입을 올리는 셈이다. 단 6일간 일하고 말이다.

일단 에디터로 일하니 기본 월급은 있을 테고, 두세 명의 디자이너와 작업하고 가끔 광고나 레드 카펫 작업도 하면 그들의 수입이 어느 정도일지는 대략 감이 잡힐 듯하다. 게다가 디자이너들의 선물 공세로(스타일리스트들이 자신의 옷을 입고 다니면 그 자체로도 광고이므로) 옷이나 신발을 살 일도 별로 없으니 쇼핑할 돈도 굳는다. 어쨌든 여러모로 참 매력적인 직업임이 분명하다.

하지만 최근에는 스타일리스트의 힘이 절대적이고 입김도 세어지다 보니, 주객이 전도된 듯 디자이너보다 스타일리스트가 누구냐로 그 컬렉션을 (적어도 패션쇼에서는 확실히) 점칠 정도가 되면서, 스타일리스트들의 기세가 하늘을 찌를 정도로 안하무인격인 경우도 많다.

오죽하면 얼마 전 『보그 이탈리아』 편집장 프랑카 소차니가 자신의 블로그에 '바스타 스타일리스트 Basta Stylist 스타일리스트는 이제 그만!'라는 제목으로 디자이너보다는 스타일리스트의 취향대로 흘러가는 패션쇼에 대해 일침을 가하며, 어떻게 항상 그 알 만한 몇 명의 스타일리스트들이 중요 패션쇼를 쥐락펴락할 수가 있느냐고, 더 이상은 못 참겠다는 듯 글을 올렸을까.

그 글을 본 이탈리아 친구는 실실 웃으며 "아마 밀라노 컬렉션 기간에 보그 기자실이 텅 비었었나 봐. 다들 여기저기 패션쇼 스타일링 하러 다니느라. 그래서 열 받은 거 아니야? 그러는 본인도 예전 젊을 때는 많이 했으면서 뭐." 한다.

어쨌든 패션쇼 기간만 되면 언제나 뜨거운 감자가 되는 스타일리스트. 잘나가고 힘 있는 스타일리스트가 되면 수많은 브랜드의 러브콜을 받으며 얼마나 멋진 인생을 살게 되는가.

이 글을 읽으며 '아, 나도 스타일리스트가 되고 싶다.' 하는 사람도 많을 것이다. 하지만 그러기 위해서는 타고난 감각과 스타일링 능력은 물론 파리·밀라노·뉴욕·런던 등을 커다란 트렁크들과 함께 쉼 없이 돌아다닐 수 있는 체력, 각국의 모델·포토그래퍼·디자이너 등과의 의사소통을 위한 유창한 영어는 기본이다. 게다가 까다로운 디자이너들에게 영감을 줄 정도의 해박한 문화적 소양까지 겸비해야 함은 물론이다.

Fashion Story _ 005

패션계에서 게이가 인정받는 이유

"그들에게는 무언가 특별한 게 있을 겁니다. 아니면 고대부터 지금까지 그 많은 예술가들이 게이였다는 걸 어떻게 설명할 수 있겠어요? 철학자, 작곡가, 지휘자, 화가, 디자이너…… 뭐, 소크라테스와 아리스토텔레스, 레오나르도 다빈치, 차이코프스키, 번스타인, 프레디 머큐리, 고흐, 모스키노, 베르사체 등등등…… 와, 정말 나도 할 수만 있다면 한번 게이가 돼보고 싶다니까요. 그 감성은 어떤 감성이길래 천재적인 게 쏟아져 나올까? 진심으로 한번 나도 돼보고 싶어요."

유학 시절 밀라노에서 건축을 공부하는, 예쁜 아내와 귀여운 아들을 둔 남자분이 했던 말이다. 이 말을 듣고 깔깔대며 웃었던 건 그분이 외적으로나 가정적으로 너무나 평범한 한국 남자였기 때문이다.

웃으면서도 사실은 나 역시 '그래, 정말 무언가가 있는 것 같아.' 하는 생각을 했다.

역사상 수많은 천재들은 접어두더라도 현재 우리가 살고 있는 시대의 그 뛰어난 재능을 빛내는 게이들을 무엇으로 설명한단 말인가. 특히 내가 몸담고 있는 패션계는 유명한 남자 디자이너 중 게이가 아닌 사람은 지금은 세상을 떠난 니콜라 트루사르디 Nicola Trussardi 밖에 없다고 할 정도니까 말이다.

유학 당시, 학교에서 함께 공부하는 친구들과 비교해봐도 게이 남학생이 누구보다 훨씬 감성이 뛰어난 작업을 해오는 건 부인할 수 없는 현실이었다. 그리고 지금까지 오랜 시간 밀라노 패션계에서 일하며 많은 게이를 만났고, 함께 일하며 친구가 되었다.

일하면서 가까이서 본 그들은, 물론 다 그런 것은 아니지만 몇 가지 공통점이 있었다.

첫째, 그들은 정말 섬세하다. 섬세함과 풍부한 감성. 특히 보통의 남자나 여자들에게는 있기도 하고 없기도 하지만 그들에게는 꼭 있는 것이 이 섬세함이다. 예전에 어시스턴트로 일했던 A는 어찌나 조신하고 섬세한지, 무엇이든 한번 부탁한 것은 꼭 기억해서 다음부터는 맞춤하게 내가 원하는 대로 일을 해와서 나를 기쁘게 했고, 디자인 스터디 등을 할 때에도 나의 말 한 마디도 놓치지 않고 들은 것이 분명한 작업들을 해와서 내가 참 예뻐했다.

프라하 출신의 포토그래퍼 K는 아름다운 금발의 미소년 같은 얼굴을 갖고 있는데, 지난번 함께 작업을 할 때 모델을 바닥에 눕혀놓고 자신은 4미터짜리 사다리 위에 올라가서 셔터를 찰칵찰칵 눌러댔다.

"안 돼, 왼쪽 귀 옆의 머리가 0.5센티미터 정도 얼굴 쪽으로 흐르잖아. 주세! 주세!당시 헤어 스타일리스트 주세페의 애칭 어서 고쳐줘!"

"미나! 스커트 펼쳐진 거 지금 상태로 좋아? 위로 1~2센티미터만 당기면 어떨 것 같아? 주세! 주세! 스커트 약간만 위로 당겨서 미나한테 보여줘!"

"어, 저기 바닥에 머리카락 한 올 떨어져 있잖아. 주세! 주세! 어서 머리카락 좀 어떻게 해줘."

K의 룸메이트이기도 한 주세페는 그의 끊임없는 요구에 이리 뛰고 저리 뛰었고, 심지어 돋보기나 끼면 보일 듯한 머리카락 한 올마저 찾아내기도 했다. 물론 그도 게이였다.

둘째, 그들은 예민하다. 그래서 상처도 잘 받고 삐치기도 잘하는 편이다.

꽤 알려진 스타일리스트 P는 나와 감성이 잘 맞아 함께 일을 하며 부딪침이 거의 없었던 편인데도, 때로는 별거 아닌 일로 샐쭉할 때가 있어 나를 난감하게 했다. 그러다가도 좋아하는 한국 유자차를 한 통 선물한다든가 조금만 신경을 써주면 어린애처럼 좋아해서, 해주는 나도 기분이 금방 풀리곤 했다.

어찌 보면 그런 예민함과 어린애 같은 감정의 솔직함이 가끔 상대를 피곤하게도 하지만 그만큼 순수하다는 이야기이니, 크리에이티브한 작업을 하는 사람에게는 분명한 플러스 요인이라고 생각한다.

셋째, 그들은 때로는 여자 친구보다 더 수다스럽고 재미있다.

어시스턴트였던 G와 런던 출장을 갔을 때의 일이다. 공항에서부터 쉴 틈 없이 밀라노의 애인에게로 전화를 하는데, 왜 우리 주위에도 가끔 그런 친구들이 있지 않은가. 30분이 멀다 하고 애인한테 전화하고 문자를 해야만 직성이 풀리는 친구들 말이다. 좀 심하다 싶을 정도로 전화를 하길래 조금 눈치를 주었더니, 꾹 참으며 가끔 문자만 보냈다.

그날 저녁은 런던에서 핫한 레스토랑 하카산Hakkasan을 예약해두었다. G는 하카산에 처음 와봤다고 하더니, 우리 자리로 안내를 받아 걸어가는 도중 어느새 남자 친구에게 전화를 걸어서는 "여기 런던에서 제일 잘나가는 중국집이야. 어, 너무 멋있어." 하며 보고를 하고 있었다.

자리에 앉아 주문을 하고 기다리는 동안 G는 내게 하카산의 분위기가 너무 멋있다고, 이런 중국집은 처음 본다며 끝도 없이 감탄사를 연발했다. 잠시 후 아기자기한 딤섬이 나오자 "와우, 이 컬러 배합 좀 봐. 요 앙증맞은 딤섬 좀 봐!" 다시 주머니에서 전화기를 꺼내 잽싸게 전화를 건다. "지금 라비올리Ravioli 만두 형태의 이탈리아 파스타가 나왔는데 너무너무 귀엽고 색깔도 예뻐. 그래, 사진 찍어 갈게." 그리고 전화를 끊은 뒤 나한테 "미안, 미안." 하고는 딤섬 두 개를 냠냠 먹었다.

다 먹고 나서는 "와우! 미나, 너무너무 맛있어. 그 동안 살아오면서 중국집에서 먹어본 라비올리 중에 제일 맛있는 것 같아. 잠깐만, 나 전화 좀 하고." 하더니 또 전화를 걸어 "나 지금 라비올리 다 먹었는데 너무너무 맛있어. 응, 그래, 그래. 또 전화할게." 하고 끊더니 금세 다시 또 통화 버튼을 누른다. "엄마? 나야. 나 여기 저녁 먹으러 런던에서 제일 멋있는 중국집에 왔는데, 지금 먹고 있거든. 근데 너무 분위기도 좋고 너무 맛있어. 내가 또 전화할게." 하더니 끊고 조금 민망한지 나를 보며 씨익 웃는다.

"너는 월급 받아서 전화 요금으로 다 나가겠다."

어차피 일도 끝난 저녁나절이고 피곤하고 힘든 하루였기에 나도 농담으로 한 마디 하고 웃어 보였다.

그런데 G는 그 다음 메뉴가 나올 때마다 일단 감탄을 하고 냠냠냠 먹고, 그 맛에 또 감탄을 하고 다시 잠깐만, 하며 전화를 걸어서는 방금 먹은 음식에 대해 짧게나마 통화를 하는 패턴을 반복했다.

나는 슬슬 짜증이 났다. 그래서 "너도 참 어지간하다. 일단 다 먹으라고! 그리고 한꺼번에 요점만 보고해. 네 전화 받느라 그 사람도 아무것도 못하겠다!" 했더니 금세 풀이 죽어서는 "알았어." 하고 얌전히 음식을 먹기 시작한다.

하지만 디저트로 나온 제비꽃 아이스크림을 보더니 "와, 이런 건 처음 봐." 하더니 전화기를 들고 만지작거리며 안달을 한다.

잠시 후, 모른 척 먹고 있던 내 전화벨이 울렸다. 그날이 내 생일이었는데, 암스테르담에 있던 막내 동생이 축하 전화를 한 것이다.

내가 통화하는 동안 G는 잽싸게 남자 친구한테 전화를 걸어서, 제비꽃 아이스크림의 컬러와 그릇 디자인에 대해 이야기를 하고는 얼른 끊고 시치미를 뗀 채 아이스크림을 먹고 있었다.

G는 내가 계산을 하고 입구에서 택시를 기다리는 동안 또 전화를 해서 결국 내 입을 벌어지게 했다. 택시에 탄 뒤 내가 피곤한 듯 눈을 감아버리자 G는 반대쪽으로 고개를 돌리고 입 주위를 막은 채 작은 목소리로 속닥이기 시작했다.

"엄마, 아까 보낸 문자 봤지? 그 제비꽃 아이스크림. 어, 다 먹고 지금 나왔는데 너무너무 맛있었어. 어쩌고저쩌고……."

참, 이쯤 되니 질리다 못해 귀엽기까지 했다. 그 사이에 언제 또 엄마한테 문자까지 넣었던 것일까.

넷째, 그들은 일편단심 민들레 같은 사랑을 한다.

흔히 하는 오해 중 하나가 게이들은 문란하다는 것이다. 하지만 적어도 내가 만난 게이 친구들은 보통의 이성애자보다 지고지순한 사랑을 하는 경우가 많았다.

얼마 전 세상을 떠난 N은 G와 평생을 함께했다. 세상을 떠날 때 N은 79세. 그의 젊은 동반자였던 G는 58세였다.

N은 큰 키에 잘생긴 외모, 저음의 멋진 목소리에 지적이고 문화적 교양까지 두루 갖춰 젊은 시절부터 수많은 여자의 가슴을 설레게 했다는 이야기를, 그의 젊은 시절 여자 친구에게서 들었다(물론 그 여자

친구는 순수한 친구이고, 결혼해서 평범한 가정의 주부로 살고 있다).

그런 N이 30대 후반이 되었을 때 그 앞에 나타난 사람이, 이제 막 시칠리아에서 상경한 긴 머리를 나부끼던 18세의 소년 G였다고.

그때부터 그들은 평생을 함께했는데, 클래식 음악을 사랑하고 박물관에 가는 걸 좋아하고 오페라를 관람하는 N과는 전혀 다르게 G는 유행가를 좋아하고 디스코텍에 즐겨 가고 베르사체나 구찌를 쇼핑하는 걸 취미로 삼았다.

언젠가 우리 부부가 그들과 함께 휴가를 간 적이 있는데, 함께 아침을 먹고 나면 G는 부엌을 깔끔히 정리한 후 선탠을 하러 혼자 해변에 나가고(그때 N은 몸이 좋지 않아 선탠은 하지 않았다), N은 책을 읽으며 G를 기다리곤 했다.

내가 단테의 『신곡』을 읽었다고 하자 N은 어린애처럼 좋아했는데, 나의 남편과는 클래식과 오페라, 발레에 대해 밤늦게까지 이야기를 나누기도 했다. 그러면 G는 옆에서 "아웅, 지루해." 하면서 "내일은 생선 먹으러 나갈까?" 또는 "미나, 이번에 산 샌들인데 너무 야한가?" 하며 끼어들어서 N으로부터 분위기 깬다는 핀잔을 듣곤 했다.

그들은 하루에도 몇 번씩 싸우기도 하고 겉으로는 전혀 안 어울려 보였지만, 서로 너무나 아끼고 의지했다.

N은 이미 은퇴를 한 상태라 그들은 N이 소유한 남프랑스의 집이나 테네리페Tenerife의 집으로 가서 한두 달씩 지내다 오곤 했다. G는 비교적 자유로운 직업을 갖고 있던 터라 거동이 불편한 N을 돌보며

늘 함께 여행을 다녔다.

 몇 년 전 N의 지병이 악화되었을 때 G는 한시도 곁을 떠나지 않고 그의 병상을 지켰고, 자식이 없던 N이 세상을 뜨자 G가 그의 많은 유산(밀라노와 남프랑스, 카나리아의 집 등을 포함)을 모두 물려받았다.

 한동안 N을 잃은 충격에서 벗어나지 못했던 G는 이제 브라질 출신의 젊은 친구와 사귀며 위안을 받고 있지만, 지금도 아침에 일어나면 꼭 N을 떠올리고 그리워한다.

 예전 학교에 다닐 때 일러스트레이션을 가르치던 상냥하고 친절했던 A교수. 통통한 살집에 안경을 낀 그의 애인도 일러스트레이션을 했는데, 둘 다 말도 별로 없고 조용했지만 서로의 눈빛에서 '아, 참 많이 아끼는 사이구나.' 하고 알 수 있었다.

 학교를 졸업한 후에는 만나지 못하다가 몇 년 전 우연히 미술 도구를 사러 갔다가 그들을 보았다. 10년이 훨씬 넘어 예전보다 살이 찐 A는 그때의 통통한 애인과 물감과 붓을 고르고 있었다. 조곤조곤 이야기를 하며 걸어가는 그들을 보며 '참, 여전하구나!' 하는 생각에 나도 모르게 마음이 따뜻해졌다.

 내가 일하는 세계가 워낙 게이들이 많은 세계이다 보니 그들이 특별한 사람으로 보이지 않는 것이 사실이다. 그럼 일반적인 사람들의 생각은 어떨까.

 친하게 지내는 이탈리아 노부부에게 한번 물어본 적이 있었다. 그들에게는 건축을 전공한 아들 디에고Diego가 있는데, 그에게는 부다페스트 출신의 예쁜 여자 친구가 있었다.

"만약 디에고가 어느 날 여자 친구와 헤어지고 사실 자신은 게이라고 선언하면 어떨 것 같아요? 받아들일 수 있을 것 같아요?"

내 질문에 디에고의 엄마는 잠시 생각하더니 이렇게 대답했다.

"오, 글쎄…… 처음에는 놀라고 충격이 크겠지. 하지만 그 다음엔 어쩌겠어? 게이건 아니건 내가 낳은 나의 아들 디에고인데. 그리고 그애가 우리의 피를 받은 우리의 아들인데, 그애에게 그런 성향이 있다면 그건 결국 우리에게서 받은 것 아니겠어? 그애가 혼자 하늘에서 떨어진 것도 아니고. 그건 내가 받아들이고 안 받아들이고의 문제가 아니야. 여보, 당신도 그렇게 생각하지?" 하면서 남편의 동의를 구했다.

디에고의 아버지 역시 "아들이 평범하게 산다면 더 좋겠지만 그렇지 않다 해도 그애를 탓할 수는 없지. 그게 그 아이의 뜻대로 되는 것도 아닐 테고. 이 사람 말마따나 어쨌든 디에고는 디에고일 뿐이니까." 한다.

이렇게 대답하는 그들 부부를 보자 이제는 정말 많은 사람의 인식이 바뀌고 있다는 것을 느낄 수 있었다.

섬세하면서 감성이 풍부하고, 예민하지만 여자 친구처럼 편하며, 때로 질투심이 많고 좀 잘 삐치는 경향도 있지만, 평화를 사랑하고 폭력적이지 않으며 자유로운 영혼을 가진 그들이 성적 취향 때문에 더 이상 이야깃거리가 되지 않는 세상. 게이나 레즈비언의 삶이 일반 이성애자들의 삶과 크게 다를 것 없는, 그저 각각의 선택일 뿐인 시대가 곧 다가오고 있다는 생각이다.

Fashion Story _ 006

디자이너들은 모두 사이코?

디자이너들은 괴짜거나 히스테리가 심하고, 성질이 더러우며 '사이코'라는 이야기들이 참 많다. 나 역시 오랜 기간 밀라노에서 일하는 디자이너로서 굳이 말하자면, 히스테리를 부리거나 성질이 더러운 디자이너들이 많은 건 사실이다. 더 정확히 말하면 디자이너 중에서도 특히 패션 디자이너들에게 해당되는 이야기라고 하겠다.

 실제로 같은 디자이너이라도 건축 분야나 제품 디자인, 공업 디자인 분야의 사람들은 패션 디자이너들보다 훨씬 차분하고 부드러운 경우가 대부분이다. 변덕이 심하고 감정의 변화가 심해서 어느 장단에 춤을 추어야 할지도 난감하고, 시도 때도 없이 버럭버럭 소리를 질러대는 디자이너들은 대개가 패션 디자이너들이다. 이들은 도대체 왜 그럴까?

Collection Concept

내가 내린 결론은, 하고 있는 일 자체의 성격이 그들을 변화시킨다는 것이다.

패션 디자이너는 1년에 두 번, 봄/여름과 가을/겨울 컬렉션을 한다. 그것은 적게는 몇십에서 많게는 몇백 가지 모델의 새로운 디자인을 최소한 1년에 두 번씩 제시해야 한다는 뜻이다.

잠시 뒤돌아서서 호흡을 고를 시간도 없이 6개월 단위로 숨 가쁘게 돌아가는 패션 디자이너들의 인생은 그야말로 한 시즌 단위로 쳇바퀴 돌듯 돌아가는 셈이다. 6개월간 미친 듯이 수십 벌, 수백 벌의 새로운 컬렉션을 만들어내고 나면, 바로 다음 시즌을 위한 콘셉트 작업을 시작으로 또다시 수십 벌 또는 수백 벌의 새로운 디자인을 구상해내야 한다.

예를 들어 조명 하나를 몇 년에 걸쳐 디자인하기도 하는 건축가나 공업 디자이너들의 정신세계와는 근본적으로 다를 수밖에 없다. 그들의 디자인은 생명력도 길어서, 그렇게 디자인한 조명이 대중의 사랑을 받기 시작하면 그 조명은 그야말로 영원한 생명을 얻는다.

르 코르뷔지에Le Corbusier가 1928년에 디자인한 쉐이즈 롱Chaise Longue 안락의자, 아킬레 카스틸리오니Achille Castiglioni가 1962년에 디자인한 조명 아르코Arco, 찰스 임스Charles Eames와 레이 임스Ray Eames 부부가 1956년에 디자인한 라운지 체어Lounge Chair 등은 아직까지도 디자인을 사랑하는 사람들이 가장 갖고 싶어 하는 영원한 베스트셀러들이다.

그에 반해 패션은 유행을 선도하고 그 유행은 매 시즌 새로운 유행을 만들어내지만, 1년밖에 지나지 않은 옷도 유행에 뒤떨어지면 촌스러운 느낌을 받게 된다. 그래서 사람들은 평생 입고 살 만큼의 코트가 옷장 안에 있는데도 또 다른 새로운 유행의 코트를 사기 위해 지갑을 연다. 물론 이브 생 로랑의 1970년대 슈트나 앙드레 쿠레주의 1960년대 코트 등 빈티지 의상이 고가에 팔리며 사랑받고 있지만, 몇십 년의 세월이 흐른 후의 소장 가치나 디자이너들의 리서치 개념으로 대우를 받는 것이므로 위의 경우와는 확연히 다르다고 할 수 있다.

그러면 우리가 흔히 아는 유명한 디자이너들은 어떨까? 그들도 정말 모두 '사이코'일까?

2007년 세상을 떠난 지안프랑코 페레 Gianfranco Ferre 는 무서운 성격으로 유명했는데, 100킬로그램이 넘는 거구의 페레가 화가 나면 모든 스태프와 직원들은 그야말로 그와 눈이라도 마주칠까 고개도 들지 못하고 서로 숨소리도 들리지 않도록 야단맞는 어린애들처럼 쭈뼛거렸다고 한다. 게다가 일벌레로 유명했던 페레는 다른 사람이 한 웬만한 작업을 성에 차지 않아 했던 스타일이라, 밑에서 일하는 스태프들이 정말 맞추기 힘든 사람이었다고 한다.

10여 년 전 페레에서 프로덕트 매니저로 일했던 친구 니콜라가 어느 날 나와 함께 점심을 먹으면서 이렇게 말한 적이 있다.

"글쎄, 어제는 아침 9시에 출근했는데 페레가 내 사무실에서 원단 발주 서류를 들여다보고 있는 거야. 그러면서 기입한 항목이 뭐가 불

분명하다느니, 가격을 왜 여기다 적었냐느니……. 어휴, 아니 천하의 지안프랑코 페레가 정말 할일이 그렇게 없나? 오늘 아침 출근길에 먹은 브리오시Briosi 크루아상가 다 엎혔다니까. 휴, 정말 다른 자리 알아 봐야겠어. 진짜 도저히 맞출 수가 없어…….”

정말 페레가 원단 발주서까지 검사하고 있단 말인가 하며 웃음이 나왔지만, 당사자인 니콜라는 씩씩대며 다른 직장을 알아볼 거라는 투지에 불타 있었다.

페레에서 일했던 또 다른 친구인 가방 디자이너 카를로스에게서 들었던 이야기도 재미있다.

페레의 오른팔처럼 일하는 아주 가까운 스태프들은 페레가 비즈니스 여행이든 개인적인 여행이든 자리를 비울 경우 그들도 일을 해서는 안 된다고 한다. 페레와 함께 일하는 공간인 디자인실에는 페레가 없는 한 그들도 있으면 안 되는, 즉 '내가 있을 때만 너희도 일해라' 인데, 참 특별난 사람이라고밖에 말할 수가 없다. 보통은 부재중일 때 스태프들에게 더 여러 가지 일을 맡기기 마련인데 말이다.

자신이 최고인, 그리고 다른 사람을 100퍼센트 믿지 못하는 페레. 많은 지인이 말년의 지안프랑코 페레가 엄청난 하향세를 면치 못했던 이유를(그가 가고 없는 현재는 회사 문을 닫을 지경의 위기에 처해 있다) 그의 이런 독불장군 성향에서 찾곤 했다.

어쨌든 카를로스에게서 그 이야기를 들었을 땐 이렇게 말했다.

"응, 그럼 좋겠구나. 페레가 없기만 하면 너희도 휴가일 테니."

그랬더니 그의 대답이 놀라웠다.

"흐흐, 그렇지. 페레만 없으면 휴가인데, 반대로 페레가 일하는 한 디자인실에서는 모두 일하고 있어야 한단 말이지. 그것이 새벽이건 밤이건!"

페레가 스태프들한테 원한 건 어찌 보면 아주 명료했다. "나 없을 땐 아무도 일하지 마. 근데 내가 있을 땐 아무도 집에 못 가!"

괴짜는 괴짜였던 모양인데, 그런 가운데도 페레와 함께 일했던 사람 중에 내가 아는 모든 이는 "어쨌든 그는 위대한 마에스트로였다." 라고 말한다.

페레의 오트 쿠튀르Haute Couture 맞춤복 파트를 맡았던 수석 재봉사는, 패턴사와 디자이너들과 함께 몇 시간에 걸쳐서 피팅을 보고 있을 때 페레가 휙 나타나 한두 가지를 슥슥 고치면 그야말로 드레스가 확 달라졌다고 말한 적이 있다. "우린 그때 뒤에서 모두 감탄하곤 했어." 라며 '정말 대단한 디자이너'였다고 늘 회상하곤 했다.

앞에서 말한 니콜라와 그 후 다시 만나 점심을 먹었다.

"어디 다른 데 좀 알아봤어?"

"응, 나랑 함께 일하던 친구가 얼마 전 프라다로 옮겼거든. 그 친구가 프로덕션 파트에 빈자리 나면 바로 연락을 주기로 했어."

"페레에서 함께 일했던 친구야?"

"응, 그 친구도 더 이상은 못 견디겠다며 여기저기 알아보다가 프라다로 간 거야. 얼마나 좋아했는지. 드디어 탈출이라고."

또 얼마 후 만난 니콜라와의 대화.

"아직 알아보고 있는 중이야?"

"응."

"프라다에 간 친구는 연락 없어?"

"응, 통화했지."

"자리는 있대?"

"……그냥 페레에 남아 있으래. 자기 있는 곳에 비하면 훨씬 낫다는 걸 눈물 흘리며 깨달았대. 거긴 프로덕션 매니저가 6개월에 한 번씩 바뀐대. 한 시즌을 못 버틴다는 거야. 으휴…….'"

니콜라에겐 미안했지만 그의 풀죽은 모습에 푸하하, 웃음을 터트릴 수밖에 없었다.

그럼 프라다는 어떨까? 그 힘들다는 페레도 저리 가라 할 정도로 미우치아 프라다Miuccia Prada도 '사이코'일까?

프라다에서 일하는 사람들이 6개월을 못 버틴다는 말이 농담이 아닐 정도로 악명이 높은 것은 사실인데, 가만히 보면 프라다의 경우 디자인 파트보다 상품이나 생산, 커머셜 쪽 사람들이 주로 불평불만을 많이 터뜨렸다. 즉, 미우치아 프라다보다는 그의 남편이자 회사 대표인 파트리치오 베르텔리Patrizio Bertelli와 마찰이 더 심하다는 뜻이다.

베르텔리는 악명 높은 디자이너들 저리 가라 할 정도로 치를 떠는 사람들이 많고 그에 대한 에피소드도 많은데, 정작 디자이너인 미우치아 프라다에 대한 평판은 조용한 편이다. 유명세에 비해 떠도는 가십도 별로 없고 자신을 잘 드러내지 않는 편인 그녀는 디자인을 직접 하는 스타일도 아닐뿐더러, 컬렉션은 전체적인 것만 살피고 본인은 이벤트나 아트 등 프라다 재단Prada Fondation의 일을 더 많이 보는 것으로 알려져 있다.

돌체앤가바나도 마찬가지다.

이탈리아 친구 모니카는 질 샌더에서 일하다가 돌체앤가바나의 상품 기획 파트로 옮기려고 면접을 보았다고 한다. 당시 면접은 매니저인 제네럴이 진행했는데, 시종일관 너무나 도도한 분위기를 풍기며 모니카에게 질문을 던지더란다. 그러면서 마지막으로 하는 말이, "뭐, 어쨌든 기다려보세요. 우리 회사에 들어오려는 줄이 이 건물을 몇 바퀴 돌 정도로 길게 늘어서 있다는 건 알고 계시죠?"

모니카는 면접의 막바지에 결국 폭발해서 다음과 같은 멘트를 날리고야 말았다.

"그럼요, 알고말고요. 이 회사에서 나가려고 다른 일자리를 알아보는 사람들의 줄도 이 건물을 몇 바퀴 돌 정도로 길다는 것도 잘 알죠."

얼굴이 시뻘게진 제네럴 매니저. 그래도 모니카는 면접을 통과하고 돌체앤가바나의 오케이를 받아 상품 기획 파트에서 일하고 있는 중이다.

패션의 황제라는 조르조 아르마니Giorgio Armani는 젠틀하고 자신의 스태프들도 무척 잘 챙기기로 소문이 나 있으나, 모든 일에 다 관여

해야 하는 완벽주의자적 성향으로 스태프들을 긴장하게 하는 일이 많다고 한다. 레스토랑 노부^{NOBU}를 오픈할 때는 구석구석의 인테리어는 물론이고 소파나 테이블의 디자인과 종류, 위치까지 세심하게 챙겼다고. 지금도 틈만 나면 들러서 이것저것 체크하곤 해서 함께 일하는 사람들이 노심초사한다는 소식이 들려온다.

아르마니는 1934년생이지만 넘치는 에너지와 철저한 자기 관리로 아직도 노익장을 과시하는데, 그와 일했던 많은 사람이 한결같이 그를 존경하는 걸로 미루어 황제의 타이틀은 역시 아무에게나 주어지는 것이 아닌 듯하다.

도나텔라 베르사체$^{Donatella\ Versace}$는 그야말로 '크레이지'하기로 소문이 났지만, 한편으로 유쾌하고 자유분방해서 그녀와 함께 일한 사람들로부터의 피드백이 의외로 좋은 편이다. 디자인실의 출퇴근 시간도 '출근은 9~10시 사이에 각자가 알아서, 퇴근은 6~7시 사이에 각자가 알아서'이다.

크리에이티브 팀이 모두 모여 장시간 회의를 하는데 들어와서 잠시 듣다가 갑자기 "아, 근데 우리가 지금 봄/여름 컬렉션 얘기하는 거야, 아니면 가을/겨울 컬렉션 얘기하는 거야?" 해서 사람들을 당황하게 하는가 하면, 패션쇼를 앞두고 심각하게 피팅을 하는데 그녀의 개인 어시스턴트가 "도나텔라, 브루스(브루스 윌리스)한테 전화 왔어요!" 하며 전화기를 들고 나타나는 바람에 함께 있던 스태프들이 한동안 도나텔라와 브루스의 수다를 들으며 하염없이 기다려야 했다는 등 코미디 같은 이야기도 많이 전한다.

이제는 고인이 된 지 오래지만 원래 베르사체 하우스의 주인공인 잔니 베르사체Gianni Versace는 무척 다정다감했던 성격의 소유자로 알려져 있다.

로자Rosa는 잔니 베르사체와 20여 년을 일하며 함께 브랜드를 키웠던 베르사체 론칭 멤버이다. 워커홀릭처럼 일하느라 결혼도 늦게 하고 아기도 갖지 않고 있다가 마흔 살의 어느 날 임신 사실을 알게 되었다고 한다. 그런데 마침 회사의 중요 멤버 하나가 임신을 해서 육아 휴직에 들어가는 바람에 나머지 사람들이 더 바빠지고, 잔니 베르사체 역시 스트레스를 많이 받을 때라 도저히 자기마저 임신했다는 말이 입에서 떨어지질 않더라고.

그러다가 가까운 한두 명의 동료들이 알게 되고, 그들 중 한 명이 잔니의 동생인 도나텔라에게 이야기를 했는데, 그런 비밀을 절대 못 참는 도나텔라가 냉큼 오빠한테 달려가 어깨로 으쓱으쓱 춤을 추며 "로자가 임신했대~ 로자가 임신했대~" 했다는 것이다.

'아, 결국 잔니가 알게 되었구나. 이제 어떡하지?' 하면서 바닥만 바라보는데 잔니가 다가와 "정말 축하해. 네가 엄마가 된다니 진짜 기뻐. 이제부터는 일도 너무 늦게까지 하지 마." 하며 로자를 꼭 안아 주었다고.

그녀는 잔니가 직접 디자인해준 웨딩드레스에 대한 추억을 아주 소중하게 간직하고 있다.

디자이너들이 모두 사이코는 아니지만 좀 유별난 성향을 갖고 있는 것은 사실이고, 스태프들이 치를 떨 정도로 악명 높은 디자이너들이 많은 것도 사실이다. 하지만 잔니 베르사체처럼 부드럽고 다정한 사람들도 있다.

젊은 디자이너 중 발렌시아가의 니콜라스 게스키에르^{Nicolas Ghesquière}는 아침에 스태프들 먹으라고 크루아상까지 사 들고 출근한다고 하니, 아마도 잔니 베르사체 같은 따스한 사람인 듯하다. 마르니의 콘수엘로 카스틸리오니와 질 샌더의 라프 시몬즈^{Raf Simons} 역시 차분하고 소프트한 성격으로 알려져 있다.

디자이너들에게도 세대교체가 있는 것인지, 예전의 무서웠던 마에스트로들에 비해 요즘 젊은 디자이너들은 비교적 심플하고 부드러운 성향을 띠는 것이 재미있다.

Fashion Story _ 007

돌체앤가바나의
통쾌한 반격

몇 년 전, 정확히는 2007년 2월 밀라노 컬렉션 기간을 즈음해 이탈리아 패션계와 미국 패션계의 감정싸움이 극에 달했던 적이 있다.

  2월과 9월, 1년에 두 번인 컬렉션 기간 동안 디자이너들은 패션쇼와 세일즈 캠페인(각국의 바이어들이 상품을 구매하는 기간) 때문에 스트레스가 극에 달해 있지만, 패션쇼 이후에는 주요 저널 기자들의 평과 기사 때문에 또다시 신경이 곤두서기도 한다.

  그 시즌 돌체앤가바나 Dolce & Gabbana 의 패션쇼가 끝난 그다음 날, 「뉴욕 타임스」가 '돌체앤가바나의 컬렉션은 조콜리 Zoccoli 원래 이탈리아어로 조리 샌들을 뜻하는데 '창녀'라는 뜻으로도 쓰인다 들을 위한 컬렉션이었다'라는 기사를 쓰면서 전 이탈리아 패션계가 발끈했던 사건이 있었다.

  돌체앤가바나를 싫어하거나 시기하는 등등의 이유로 고소해하고

재미있어 하던 사람들이 없는 건 아니었지만, 내가 만난 대다수 사람들은 어찌 보면 이탈리아를 대표하고 있던 디자이너(그 당시 돌체앤가바나는 경이적인 판매율을 기록하며 길고 긴 전성기를 구가하고 있었다)에 대한 모욕을 미국 패션계의 이탈리아 패션계에 대한 모욕 내지 도전으로 받아들이는 분위기였다.

그날 아침 기사가 나간 후 하루 종일 만나는 사람들마다, 가는 곳마다 여기저기서 흥분된 코멘트를 들었던 기억이 아직도 생생하다.

"아니, 원래 패션의 F자도 모르던 미국인들이, 모두 다 유럽에서 배워간 주제에, 이제 감히 선생인 우리한테 뭐라고? 이제 미국이 패션계에서 조금 컸다는 거야 뭐야? 그렇게 말하는 자기들이 갖고 있는 브랜드가 뭐가 있는데? 내세울 브랜드가 뭐가 있냐고? 랄프 로렌? 마크 제이콥스? 그 외엔 쥐뿔도 없잖아!"

이렇게 말했던 건 그날 오전 포시즌 호텔에서 우연히 만난 이탈리아 최고의 PR이었다.

"미국인들이 유치하게 이탈리아 최고 브랜드를 그런 식으로 걸고 넘어져? 안나 윈투어 Anna Wintour니 뭐니 요즘 들어 걔네들이 패션계에서 힘 좀 쓰네 하지만 그것도 사실은 정말 우스운 일이지. 예를 들어 볼까? 만약 이탈리아 브랜드들이 미국 패션지에 광고를 전면 중단하면 어떻게 될까? 미국 패션지들은 그 순간 다 망해."

이렇게 말한 사람은 그날 저녁식사를 함께했던 이탈리아 패션지 『그라치아 Grazia』의 편집장이었다.

아르마니, 베르사체, 구찌, 프라다, 돌체앤가바나, 발렌티노, 블루마린 등 이탈리아 빅 브랜드들의 광고 파워를 생각하면 전혀 일리가 없는 말은 아니다.

"미국인들이 시기하는 거지. 아무리 어쩌네 저쩌네 해도 뉴욕 컬렉션에서 그들이 갖고 있는 디자이너들과 밀라노 컬렉션의 디자이너 이름들을 비교해봐. 밀란 컬렉션에는 아르마니, 구찌, 프라다가 있어. 게다가 펜디, 베르사체, 마르니, 돌체앤가바나, 페레, 블루마린…… 다 이야기하기도 어려워. 근데 뉴욕에는 누가 있지? 더 말할까? 예전엔 그저 굽신대며 '한 수만 가르쳐주십시오.' 했던 아이들이 이제 자기네들도 좀 크긴 했는데 도저히 유럽 벽을, 특히 이탈리아 벽을 넘을 수 없으니 그야말로 발악을 하는 거라고."

그나마 점잖은 톤으로 『보그 이탈리아』의 수석 에디터는 이렇게 말하며 웃어 넘겼는데, 아무렇지도 않은 척하면서 할 말은 다한 것이다.

평소에 돌체앤가바나를 개인적으로 좋아하지 않던 사람들까지 너무나 돌체앤가바나의 입장을 대변하고 흥분하는 통에, 날이 갈수록 점점 커가는 미국 시장에 대한 이탈리아 패션 피플들의 경계와 부러움, 시기 등이 이참에 겸사겸사 표출되나 할 정도로 여파가 엄청났다.

어쨌든 그날 하루 종일 이탈리아 패션계가 출렁일 정도로 여기저기서 격앙된 말들이 많았는데, 돌체앤가바나는 그다음 날 자신들의 입장을 전혀 흥분하지 않고 차분하게 발표했다.

"우리의 컬렉션이 조콜리들을 위한 컬렉션이라고? 우리 컬렉션의 가장 큰 바이어는 미국인들인데, 결국 미국 여자들이 조콜리라는 의미군요!"

조콜리라는 천박한 표현에, 똑같이 조콜리라는 천박한 표현을 사용해 순식간에 돌체앤가바나를 입는 미국 여자들을 모두 조콜리로 만들어버리고 만 것이다.

그들의 통쾌한 반격에 이탈리아 패션계 사람들은 흥분을 가라앉히며 "그래, 맞아. 미국 여자들이 조콜리 취향이 다분하지?" 하며 유럽 여자들에 비해 감성이 약한(그렇다고 이탈리아인들은 생각한다) 미국 여자들을 흉보며 사건은 대략 막을 내렸다.

또 2009년에는 조르조 아르마니가 자신이 1년 전 선보인 남성복 컬렉션의 마테라세 Matelasse 자가드 원단의 일종 바지 디자인을 돌체앤가바나가 카피했다며 강하게 비난한 적이 있다.

이때 아르마니는 "누구인지도 모를 이름 없는 두 명의 젊은 디자이너가 카피를 했다면 이해할 수 있다. 하지만 돌체앤가바나가 카피라니, 말이 되는가." 하며, 두 장의 패션쇼 사진을 함께 올린 보도자료까지 배포했다. 당시 패션의 황제 아르마니가 좀 심하게 반응한다는 말이 여기저기서 돌 정도였다.

이때도 돌체앤가바나는 간단명료하게 자신들의 입장을 표명했다.

"우리가 아직은 배워야 할 것이 많은 사람들이란 것은 잘 압니다. 하지만 단연코 당신으로부터는 아니랍니다."

패션의 황제에게 던진 이들의 코멘트는 황제를 노하게 했고, 한동안 수많은 사람들의 이야깃거리가 되었다.

1985년 신진 디자이너였던 게이 커플 도미니코 돌체$^{Dominico\ Dolce}$와 스테파노 가바나$^{Stefano\ Gabbana}$는 자신들의 브랜드 돌체앤가바나를 론칭했다. 이어 1986년에 첫 패션쇼를 열었으며, 1989년에는 도쿄에서 첫 패션쇼를, 1990년에는 남성복 라인을 론칭하며 뉴욕에서 첫 패션쇼를 여는 등 눈부시게 성장했다. 그리고 25년이 지난 지금 돌체앤가바나는 그야말로 이탈리아를 대표하는 브랜드로 우뚝 섰다.

그들이 내세운 강렬하고 섹시한 이탈리아 남부 여성의 이미지는 이탈리아뿐 아니라 전 세계를 사로잡았다(도미니코 돌체가 시칠리아 출신이다).

이탈리아 남부의 여인, 시칠리아 여인, 하면 떠올릴 수 있는 검은 머리에 검은 눈동자, 섹시하고 글래머러스한 몸매, 강렬한 눈빛과 굽힐 줄 모르는 그녀. 그들의 강렬하고 유혹적인 메시지는 그들을 1990년대와 2000년대 세계에서 제일 빛나는 디자이너로 만들어주었다.

그들의 뮤즈는, 세계에서 가장 아름다운 여배우를 선정할 때면 항상 첫손가락에 꼽히는 이탈리아 여배우 모니카 벨루치. 그녀가 연기한 퇴폐적인 시칠리아의 귀족 마나님에 대한 동네 청년의 아련한 동경을 표현했던 돌체앤가바나의 향수 광고는 10여 년이 훨씬 지난 지금도 내게는 강렬한 기억으로 남아 있다.

그보다 훨씬 뒤에 나온 모니카 벨루치의 영화 「말레나Malena」를 연상시키던 그 광고의 감독은 바로 「시네마 천국」으로 유명한 시칠리아 출신의 주세페 토르나토레Giuseppe Tornatore였다. 물론 「말레나」도 그의 작품이다.

론칭 후 25년이라는 시간이 지나는 동안 많은 것이 변해서, 도미니코 돌체와 스테파노 가바나도 이젠 사업 파트너일 뿐 더 이상 커플도 아니고, 꺾일 줄 모르는 기세로 승승장구하며 긴 전성기를 구가하던 그들도 2008년의 글로벌 경제 위기 이후 뉴욕 오피스를 닫고 500명 이상을 해고하는 등 어려움을 겪고 있기는 하다.

강렬한 브랜드 콘셉트로 열렬한 추종자들을 거느리고, 한편으로는 에로틱하고 섹시한 그들의 콘셉트를 혐오하는 적들도 많았지만, 어쨌든 한 시대에 이름을 남긴 대단한 디자이너들임에는 틀림이 없다.

예전 돌체앤가바나 론칭 20주년을 기념하는 한 TV 프로그램에서 두 사람은 아주 길고 긴 인터뷰를 했는데, 그 중 아직도 인상 깊게 남아 있는 말이 있다. 무조건 비싼 명품을 걸치면 럭셔리할 것이라고 믿는 사람들이 많은 요즘이야말로 정말 한 번쯤 생각해볼 만한 말이면서 진정한 패션과 멋이 과연 무엇인지에 대한 해답을 주는 듯한 말이 아닐 수 없다.

    스틸레Stile 스타일는 만들어낼 수 있지만

    클라세Classe 품위는 만들어낼 수 없다.

    클라세는 가지고 있거나, 아니면 없거나이다.

Milano Story

3.

사랑해, 밀라노

Milano Story _ 001

음식을 향한
그들의 상상 초월 자존심

대략 감자와 돼지고기만 먹고 사는, 스테이크와 샐러드와 감자튀김을 몽땅 한 접시에 산더미처럼 쌓아놓고 먹는 정말 멋대가리라고는 없는 인간들, 독일인.

애프터눈 티를 제외하곤 도저히 눈을 씻고 찾아봐도 음식 문화라고 할 만한 건 없는, 그나마 내세우는 대표 음식이 기가 막히게도 피시 앤 칩스라는 불쌍한 인간들, 영국인.

세상에서 가장 형편없는 음식인 햄버거(그것도 음식이라고 말할 수 있다면)로 대표되는 패스트푸드가 판을 치고, 그렇게 시크함을 외쳐대면서도 사실은 시크와는 거리가 너무 먼 촌티 나는 인간들, 미국인.

실제의 음식 맛에 비해 너무 과대평가받고 있고, 정말 맛있는 요릿집도 많지만 맛없는 곳도 그만큼 많은, 쓸데없이 비싸기만 하고 실제 음식의 맛보다는 마케팅으로 승부하는 것 같은, 그러나 어쨌든 적수로 인정을 해줄 수밖에 없는 얄미운 경쟁자, 프랑스인.

그나마 이탈리아 요릿집이 없을 때 선택해도 후회 없을, 이탈리아만큼은 아니지만 그래도 맛있는 음식이 많고, 잘 먹고 잘 사는 사람들이라고 이야기해줄 수 있는 친구들, 스페인인.

이것이 바로 다른 나라 음식 문화에 대한 보통의 이탈리아인들의 생각이다. 이들의 음식에 대한 자존심은 종종 내 상상을 초월하는데, 때때로 이탈리아인답지 않은 너무나 보수적인 생각에 많이 놀란다.

외국 어디를 돌아다녀봐도 이탈리아처럼 음식이 맛있는 곳은 절대로, 절대로 없고, 중국 음식이나 일본 음식 같은 이상한 음식들은 자신의 인생에서 시도할 계획조차 없다던 60대 건축가부터, 젓가락질을 나보다 더 잘하고, 사시미와 딤섬, 비빔밥까지 너무 사랑하며, 일주일에 한 번 스시를 먹지 않으면 안 된다는 말까지 할 정도의 젊고 앞서가는 디자인 피플들도, 사실 속내를 들여다보면 대부분이 이탈리아 음식이 최고라는 자부심을 갖고 있다.

물론 그들의 이 높디높은 자존심을 충분히 이해할 수 있을 만큼 다양하고 전통 있고 맛있는 음식 문화가 존재하는 곳이 이탈리아다. 그리고 그 막강한 음식 문화로 인해 다른 나라에서 흔히 접할 수 있는 패스트푸드가 좀처럼 기를 펴지 못하는 것도 현실이다.

직업상 여러 나라를 돌아다녀볼 기회가 많은데, 어느 나라도 이탈리아처럼 세계적인 패스트푸드들이 맥을 못 추는 곳도 드물다. KFC

의 프라이드치킨을 매일 먹고 싶은 건 아니지만 그래도 가끔은 생각날 때가 있는데, 파리에도 런던에도 프라하에도 있는 KFC가 이탈리아 어느 도시에도 없다. 당연히 스타벅스도 없고, 던킨도너츠 이런 건 들어보지도 못한 이름이다. 패스트푸드는 맥도날드와 그나마 몇 군데 되지도 않는 버거킹이 전부.

이탈리아에서 맥도날드나 버거킹에 가면 대략 다음 4그룹의 손님들이 거의 대부분임을 알 수 있다.

첫 번째 그룹은 필리핀이나 스리랑카, 아프리카 등 제3국에서 돈 벌러 와서 싸게 한 끼를 때우기 위해 맥도날드를 찾는 외국인들.

두 번째 그룹은 왁자지껄한 이탈리아 청소년들. 이들은 맥도날드를 드나들던 열대여섯 살 무렵이 지나 대학에 진학하고 사회에 나가면 거의 100퍼센트 맥도날드와 멀어진다고 보아도 좋다.

세 번째 그룹은 당연히 관광객들. 특히 미국이나 아시아의.

네 번째 그룹은 어린아이들이 있는 이탈리아 가족들. 관광객이 많은 시내가 아닌 동네 근처의 맥도날드에서는 아이들의 생일 파티도 자주 열린다. 그리고 해피밀 선물과 감자튀김 때문에 떼를 쓰는 아이들을 동반하고 오는 부부들을 많이 볼 수 있다.

언젠가 이탈리아 친구한테 "왜 이탈리아에서는 맥도날드가 기를 못 펼까?" 하고 물어본 적이 있다. 그런데 돌아온 대답은 "당연하지 않겠어?"였다.

"이탈리아는 맛있는 음식이 너무 많은 나라야. 시간이 없어 리스

토란테$^{Ristorante\ 레스토랑}$에서 제대로 먹을 수 없다고 해도 바르^{Bar}에 가면 그 자리에서 만들어주는 파니노$^{Panino\ 이탈리아식\ 샌드위치}$만 해도 수십 가지야. 햄버거는 고기를 튀기고 지방도 많아 몸에 나쁜 음식이지만 파니노는 일단 다 내추럴이야. 모차렐라 치즈, 프레시한 토마토, 생햄, 신선한 샐러드……. 그런 걸 두고 너 같으면 뭐하러 맥도날드를 가겠냐?" 그러고는 한 마디를 덧붙였다. "뭐 굳이 가끔 생각나서, 먹고 싶어서 일부러 갈 수는 있겠지. 나도 가끔은 햄버거가 먹고 싶을 때가 있거든. 근데 그게 1년에 서너 번이니 문제지."

이렇게 자신에 찬 이탈리아 친구의 말이 아니더라도 이탈리아 음식은 참 맛있고 각 지역별 특성이 뚜렷해서 가는 곳마다 맛있는 요리를 찾아 먹는 재미가 큰 것은 사실이다.

개인적으로 나는 시칠리아 음식과 토스카나 음식을 대단히 좋아하는데, 먹으면서 너무 맛있어서 행복하고 시간이 지난 후에도 두고두고 기억나는 음식의 추억으로 행복하다. 그리고 맛있는 음식 천지인 이탈리아에서 가장 패셔너블한 도시답게 밀라노에는 맛있는 식당이 참 많다(물론 다른 도시에 가면 그곳에 사는 사람은 그 도시가 이탈리아에서 가장 맛있는 식당이 많은 곳이라고 이야기할 것이 틀림없다).

밀라노의 특징이라면 밀라노 음식뿐 아니라 다른 지방 요리를 맛볼 수 있는 곳도 많고(그만큼 타지역 사람들이 많이 모여들어 사는 곳이다), 이탈리아 요리뿐 아니라 다른 나라 음식점도 많이 찾아볼 수 있다는 것이다. 게다가 이탈리아에서 퓨전 식당이 가장 많은 곳이기도 하다. 물론 뉴욕이나 런던처럼, 아니면 서울이나 도쿄처럼 다른 나라 음식과 퓨전 식당을 많이 접할 수 있다고 생각하면 절대 안 된다. 음식 문화가 정말 보수적인 이탈리아에서는 그나마 가장 많다는 뜻이다.

나는 개인적으로 퓨전 식당을 좋아하지 않는다. 이탈리아식이면 이탈리아식, 한식이면 한식, 일식이면 일식, 터키식이면 터키식이 좋지, 이탈리아 터치가 가미된 퓨전 한식이라든지 일식에 프랑스 요리를 믹스한 퓨전이라든지 하는 식당들은 대개 첫째는 맛이 없고(맛이 없다기보다는 이 맛도 저 맛도 아니라 매력이 없다고 해야 할까), 둘째는 비싸고, 셋째는 양이 적다. 맛보다 디자인(음식의 색깔과 접시 위의 장식 등)에 치중하는 음식의 특성상 색깔이나 모양만 생각날 뿐 맛은 잘 기억나지 않는 경우도 많다.

사실 밀라노에서 가본 퓨전 레스토랑 중 음식이 너무 맛있어서 다시 가고 싶었던 곳은 단 한 곳도 없다. 독특한 분위기와 특이한 인테리어의 쿠아트로 첸토Quattro cento 400도, 물 좋고 쿨하기로 유명한 에다Eda에서도, 미슐랭의 별을 갖고 있는 요리사 사들러Sadler의 식당에서도 말이다. 물론 그 식당들은 나름대로의 분위기와 유명세를 갖고 있는 곳들이고, 그때 당시는 그래도 맛있게 먹긴 하는데 돌아서고 나면 뭘 먹었는지 잘 기억이 나지 않는다.

밀라노 최고의 디자인 피플이란 친구들도 보통 식사 약속을 하면 비싼 곳이든 편안한 곳이든 대부분 정통 이탈리아 음식점에서 만난다. 아니면 일식이나 한식, 태국 음식 등 아예 다른 종류의 음식을 선택한다.

패션 에디터인 이탈리아 친구는 이렇게 말한다.

"쿠아트로 첸토나 에다는 한번 어떤가 가보는 곳이지. 아니면 먹기 위해서라기보다는 다른 목적으로 식당에 가는 경우고. 바로 지금 정말 맛있는 생선 요리를 먹고 싶다면 알 그리시노Al Grissino나 알 포르토 Al Porto를 가지, 어느 누구도 쿠아트로 첸토엔 가진 않아. 마찬가지로 고기를 먹고 싶다면 카르보나이아Carbonaia를 가는 게 당연한 거고. 돌체앤가바나가 오픈한 레스토랑이라고 하니까 음식을 먹기 위해서라기보다는 호기심으로 골드Gold에 가보긴 하지만 그걸로 끝이야. 골드는 한 번 가보는 곳이지만 카르보나이아는 내가 늙어서도 손자들을 데리고 갈 집이라고."

물론 이런 디자인 피플들은 사교 생활을 위해서 때로는 그런 곳도 가긴 가지만, 밥을 먹기 위해서가 아니라 사람을 만나기 위한 목적이 더 큰 것 같다.

노부NOBU 아르마니가 경영하는 일식집과 카페에 가서 아페리티보Aperitivo 식전주를 하며 친구들을 만나고, 수다도 떨고, 누가 제일 스타일리시한지 힐끗힐끗 보며 자신이 잡을 수 있는 가장 섹시한 폼으로 앉아 있다가도, 저녁 9시가 넘으면 편안하게 앉아 즐겁고 맛있게 먹을 수 있는 단골 이탈리아 식당으로 옮겨가는 것이다.

밀라노의 디자인 피플 친구들은 런던, 파리, 뉴욕 등을 일 때문이든 휴가로든 자주 드나드는데, 재미있는 건 그곳에서는 열심히 최신의 퓨전 레스토랑을 찾아다닌다는 점이다. 그러다가 밀라노에만 오면 퓨전은 시큰둥해지고 다시 열심히 단골 이탈리아 식당에서 데이트를 하고 친구들을 만난다.

스타일리스트로 일하면서 1년의 절반은 뉴욕이나 파리에서 보내는 친구 시시에게 그 이유를 물어봤다.

"에이, 거긴 맛있는 음식들이 없잖아. 솔직히 런던이나 뉴욕에 가면 먹을 만한 게 뭐가 있니? 그냥 트렌디한 레스토랑이나 새로 오픈한 핫한 바 같은 데 다니며 물 좋은 곳 분위기를 즐기고 오는 게 훨씬 낫지. 그러다 밀라노로 돌아오면? 여긴 맛있는 식당이 얼마나 많은데 뭐하러 퓨전 같은 델 찾아다니겠어? 먹는 즐거움이 얼마나 중요한 건데."

역시 자신감과 우월감이 넘치는 대답이다.

그런데 이곳에 살면서 점점 느끼는 것은, 한국 음식도 이탈리아 음식 못지않게 맛있고 다양하고 경쟁력이 있다는 것. 홍보만 잘한다면 지금 이탈리아를 휩쓰는 스시는 상대가 안 될 만큼 폭넓은 고객층을 확보할 수 있는 음식이 한식이다. 중국 음식은 너무 기름지고, 결국 스시와 사시미, 덴푸라, 우동 이상의 내세울 메뉴가 없는 일식에 비하면 한식은 정말 다채로운 맛과 종류를 자랑한다.

고기는 물론 생선도 안 먹는 채식주의자인 이탈리아 친구 마시모 Massimo는 서울에서 5일간 머물면서 "아, 이 나라라면 나도 문제없이 살 수 있겠어. 외국에 나가면 정말 음식 때문에 힘든데 말이야. 난 이 탈리아를 벗어난 곳에서 이렇게 신선하고 다양한 채소를 맛본 적이 없었던 것 같아." 하면서 감동을 했다.

밀라노에는 한국 식당이 몇 군데 없지만 그래도 친한 이탈리아 친구들을 많이 데리고 갔다. 모두 너무너무 맛있어 했고, 그 중엔 마니아가 된 친구도 꽤 많다. 잡채, 모둠전, 김밥, 비빔밥, 불고기 같은 음식은 물론이고 떡볶이, 라면, 제육볶음, 된장찌개, 육개장 등 매운 음식들도 좋아하는 사람이 참 많다. 김치나 된장찌개를 냠냠 잘도 먹는 건 아무것도 아니고 그 매운 육개장이나 신라면에 밥을 말아서 먹는 것도 보았다.

한국 음식이 아직 덜 알려져서 그렇지, 사실 음식의 맛으로 보면 일본이나 중국 음식보다 훨씬 이탈리아 사람에게 잘 맞는 요리라는 게 내 생각인데, 수많은 이탈리아 친구들이 내 생각에 고개를 끄덕여 주었다.

우리도 이탈리아 음식만큼 자부심을 가질 수 있고, 엄청난 유행의 물결을 타고 있는 일본 음식까지 충분히 이겨낼 만한 맛있는 음식 문화가 있는 것이다. 물론 일본 음식이 이렇게 유럽을 휩쓸고 있는 건 그들의 음식이 절대적으로 맛있어서만은 아니다.

중국 음식은 자리 잡은 지도 오래되고 (아무리 첩첩산중 시골에도 중국집은 꼭 하나씩 있다. 정말 대단한 그들!) 그 엄청난 숫자에 비해 고급 요릿집이 별로 없어 그야말로 싼 맛에 먹는 음식이지만, 일본 음식 같은 경우는 그들의 문화에 대한 호기심과 동경이 음식 문화로까지 자연스럽게 연결된 것이다.

일본의 문화에는 세계적인 디자이너로 이름을 날리는 레이 가와쿠보와 요지 야마모토, 유명 지휘자인 오자와 세이지와 역시 세계적인 건축가 안도 타다오가 자리 잡고 있다. 소니와 도요타, 혼다와 캐논이 있는가 하면 닌텐도와 망가, 무지가 있고, 전 세계를 매혹시킨 젠 스타일이 있다. 그리고 거기에는 당연히 스시도 있는 것이다.

한식이 아무리 일식보다 맛있어도 한국의 이미지와 문화가 함께 움직이지 않는다면 절대 일식의 열풍을 따라잡지 못할 것이다.

스시를 먹어야 쿨해 보이고, 그렇다고 포크로 스시를 먹는다는 건 참을 수 없을 만큼 촌스러운 행동이므로 젓가락질을 열심히 배우는 서양인들이, 비빔밥을 먹어야 쿨해 보이고, 비빔밥을 쿨하게 먹기 위해서는 무심한 듯 아주 쉽게 고추장을 비빔밥과 비빌 수 있어야 하므로(웬만한 한국 음식의 고수가 아니고는 정말 잘 못 비벼서 성질 급한 내가 항상 비벼주곤 한다) 열심히 고추장 비비는 연습을 하는 날이 실제 올 수도 있지 않을까.

5년 후쯤? 아니면 10년 후?

그런 날이 온다면 내게서 이미 많은 것을 전수받은 내 이탈리아 친구들은 모두 세련되고 트렌디한 피플이 되어 주위의 친구들에게 쌈 싸 먹는 법, 비빔밥 먹는 법을 가르치고 있을 것이다.

추천하는 밀라노의 맛있는 식당들

다 지아코모 Da Giacomo
고전적인 분위기의 고급 토스카나 요리 레스토랑.
지아코모 불레리Giacomo Bulleri가 1958년에 오픈해 현재 딸과 사위가 대를 이어가고 있다. 게의 등딱지에 게살과 채소가 믹스된 샐러드를 담아서 내오는 그란키오Granchio(게) 요리와 생선을 넣어 만든 라비올리Ravioli도 맛있고, 식사 마지막에 카트 가득 끌고 오는 드라마틱한 디저트는 보기만 해도 눈이 즐겁다. 조르조 아르마니, 미우치아 프라다 등도 단골이다.
Via Sottocorno 6 Tel. 02/76023313

알 그리시노 Al Grissino
개인적으로 제일 좋아하는 역사 깊은 해물 요릿집. 셀 수 없을 만큼 많은 안티파스토Antipasto(전채 요리)는 어느 것을 골라도 실패하지 않을 것이다. 페쉬 크루디Pesci crudi(날생선)를 얇게 썰어 최고급 올리브 오일에 절인 것들은 각각의 생선마다 마늘이나 파, 허브, 견과류 등이 다르게 들어가는데 '아, 이런 게 먹는 행복이구나!' 할 만큼 맛있다. 큼직한 가재를 넣은 스파게티 알 아스티체Spaghetti all'astice도 최고이다. 해물집이지만 고기 요리도 나오는데, 얇게 썰어 나오는 쇠고기 스테이크인 탈리아타Tagliata도 "이 집이 정말 해물 전문 레스토랑이야?" 하는 말이 나올 만큼 무척 맛있다.
Via Tiepolo 54 Tel. 02/730392

안티카 트라토리아 페사 Antica trattoria Pesa
밀라노 요리 전문점.

소의 정강이뼈를 소스와 함께 오래오래 삶아 리소토 밀라네제Risotto milanese(밀라노식 리소토)와 함께 먹는 오소 부코Osso Buco, 돼지 뼈와 고기, 돼지 족 등과 이탈리아 배추 베르차Verza를 넣고 푹푹 고아 먹는 전통 밀라노 음식 카수올라Cassuola가 맛있다. 라비올리(만두 모양의 파스타)도 너무 맛있는데, 문제는 미모의 주인장이 아침에 기분이 내키는 날만 만들기 때문에 운이 좋아야 먹을 수 있고, 물론 메뉴판에는 없으므로 오늘 라비올리가 되느냐고 물어봐야 한다. 코르소 코모의 카를라 소차니가 가장 맛있는 식당이라고 추천하는 곳이다. 메뉴에 비해 조금 비싼 것이 흠.

Viale Pasubio 10 Tel. 02/6555741

트라토리아 밀라네제 Trattoria Milanese
밀라노 음식 전문점.

뼈가 붙은 송아지 고기를 두툼하게 튀겨낸 밀라노식 커틀릿인 코톨레타 밀라네제 Cottoletta Milanese는 밀라노에서 최고 수준. 사프란을 듬뿍 넣은 리소토 알라 밀라네제Risotto alla Milanese를 팬에 꾹꾹 눌러 약간 눈 상태로 만들어서 먹는 밀라노식 누룽지 리소토 알 살토Risotto al salto는 처음 먹었을 때는 그야말로 감동일 만큼 맛있다.『보그 이탈리아』에디터들이 단골이다.

Via Santa marta 11 Tel. 02/86451991

트레디치 지우뇨 13 Giugno

밀라노에서 몇 안 되는 정통 시칠리아 음식점.
개인적으로 시칠리아 음식과 토스카나 음식을 사랑하는 내가 정말 좋아하는 곳이다. 대여섯 종류의 시칠리아식 빵과 차가운 가지 요리, 따뜻한 해물 요리 등 여러 가지가 나오는 안티파스토 모둠, 생선살을 넣어 만든 라비올리, 강한 향료와 잘 어우러지는 사르데Sarde(정어리) 스파게티, 뚝배기 같은 곳에 뭉근하게 요리한 대구 요리 등 맛있는 음식으로 가득한 곳인데, 매일 저녁 피아니스트의 연주가 있고, 음악을 사랑하는 주인아저씨가 마이크를 잡고 '오 솔레 미오O Sole Mio'와 '볼라레Volare' 등 신청곡을 멋있게 불러주기도 한다. 시칠리아 사람들이 추천하는 시칠리아 음식점.
Via Goldoni 44 Tel. 02/719645

카르보나이아 Carbonaia

두말이 필요 없는 고기 전문점.

전채 요리와 파스타는 종류가 많지 않지만, 가을에 먹는 포르치니 버섯에 마늘을 발라 구운 요리나 마늘과 고추로 매콤하게 간을 한 시금치 등은 특히 추운 날씨에 아주 잘 어울리고 한국인의 입맛에도 맞는다. 이 집의 특기는 뭐니 뭐니 해도 피렌체식 스테이크인 비스테카 알라 피오렌티나Bisteca alla Fiorentina인데, 두툼한 스테이크를 숯불에 구워서 먹기 좋게 썰어 커다란 접시에 담아 내온다. 그 고기 맛은, 정말 구태의연한 표현이지만 둘이 먹다 하나가 죽어도 모를 정도.
예전에 밀라노를 방문했던 후배 부부와 카르보나이아를 갔는데, 그 부부는 둘 다 무용 전공자들이었다. 너무나 맛있다며 행복하게 고기를 먹다가 그 남편 하는 말.
"어이구, 이거 정말 너무 맛있어서 어깨춤이 절로 나네요."
정말 어깨춤이 절로 날 만한 이 고깃집은 한국에서 온 지인들도 많이 데리고 갔는데, 그 맛을 잊지 못해 밀라노에 오면 언제나 들르는 사람도 많다.
Via Carducci 38 Tel. 02/48000088

값싸고 맛있는
동네 식당의 풍경

Milano Story _ 002

숨은 매력이 많은 도시 밀라노, 그리고 밀라네제

"아유, 파리는 참 예쁘던데 밀라노는 그보다 훨씬 못하네요."
"밀라노는 파리에 비하면 너무 어둡고 침침한 것 같아요."
파리를 거쳐 밀라노에 오는 한국 사람들이 한결같이 하는 말이다. 그러면 나는 대체로 이렇게 대답해준다.

"아니, 왜 하필이면 파리를 밀라노와 비교하세요? 프랑스에서 가장 아름다운 도시를 이탈리아에서 가장 안 예쁜(?) 도시와 비교하다니. 굳이 비교를 하고 싶으면 당연히 로마와 해야죠."

그러면 사람들은 "아 참, 그러네! 왜 파리랑 밀라노를 비교하게 되지?" 하면서 스스로 의아해한다.

내가 만나는 사람들 대부분이 패션이나 건축, 미술 등 디자인과 예술 계통에서 일해서인지는 모르지만, 그들에게 밀라노는 이탈리아를 대표하는 도시로 각인되어 있는 듯 보였다. 마치 '프랑스' 하면 파리를 먼저 떠올리듯이, '이탈리아' 하면 밀라노를 우선 떠올리는 듯하다. 적어도 위의 업에 종사하는 사람들만은.

하지만 프랑스의 파리와 견줄 도시라면, 특히 그것이 패션이나 디자인에 국한되지 않고 도시의 아름다움을 말하는 것이라면 당연히 이탈리아의 대표 도시는 로마가 될 것이다. 로마가 아니더라도 베네치아나 피렌체 등 수많은 다른 아름다운 도시들이 먼저일 테고, 밀라노는 명함을 내밀 처지도 되지 않는 것이 사실이다.

밀라노라는 발음이 주는 왠지 낭만적인 느낌 때문에(로마나 파리, 런던 같은 너무나 익숙한 도시들에 비하면 얼마나 더 세련되게 들리는가 말이다) 밀라노를 참 아름다운 유럽의 도시라고 상상하는 사람들이 많다. 나 역시 이곳으로 유학 오기 전엔 이탈리아의 밀라노에 대한 동경을 가슴에 잔뜩 품고 있었다.

고등학교 때 전혜린의 글을 읽으며 나는 그녀가 살았던 독일의 뮌헨이란 우울한 도시를 떠올리며 유럽에 대한 막연한 환상을 품었다. 그런 나에게 이탈리아와 밀라노는 단순한 지명이 아니어서 무언가 좀 더 멋있어 보이고, 좀 더 유럽적으로 느껴지며, 좀 더 패셔너블할 것 같은 아름다운 도시의 대명사에 다름없었다.

그곳은 트렌치코트를 스윽 걸치기만 해도 너무 멋있는, 영화에 나오는 것처럼 세련되고 멋진 사람들이 마구 넘쳐나는 도시일 것 같았다. 또 파리나 런던, 로마처럼 세계사 시간에 수도 없이 들어서 좀 지

루하고 흔하디흔한 이미지가 아닌, 뭔가 더 모던하고 품격도 있을 것 같은 그런 도시였다.

밀라노에 대한 마음속 이미지가 너무 강했던 탓인지, 처음 패션 연수라는 것을 갔던 스물한 살 때, 나는 밀라노와 파리, 로마, 프랑크푸르트 등을 둘러본 후에도 로마나 파리의 아름다움에 현혹(?)되지 않고 더욱 밀라노가 좋아져서, '언젠가 꼭 이곳으로 올 것이다.'라고 다짐했다.

그때가 10월이어서 밀라노는 비가 부슬부슬 오는 스산한 날씨였는데, 오렌지색 트램이 고색창연한 두오모 성당 근처를 지나는 모습을 보면서 내가 꿈꾸던 그 전혜린의 가스등 켜지는 유럽 거리의 이미지와 이렇게 맞아떨어지다니, 하는 생각을 했다.

물론 그때 나는 두오모 성당을 중심으로 아름다운 밀라노의 오래된 구역에서만 머물렀던지라 사실은 밀라노가 다른 유럽, 아니 다른 이탈리아 도시들에 비해 얼마나 황량하고 침침한 도시인지 아주 나중에 유학을 온 이후에야 알게 되었다.

그림 같은 언덕 위의 중세 도시 페루지아에서 언어 공부를 하며 6개월간 살다가 본격적인 전공 공부를 위해 도착한 밀라노는, 전혜린의 뮌헨 같은 도시도 아니었고(물론 실제의 뮌헨도 이제는 그 옛날 전혜린이 말했던 모습이 아니다), 파리나 런던보다 모던한 도시도 아니었다.

19년간 이탈리아에서 살면서 참 많은 유럽의 도시들을 여행했지만, 밀라노는 굳이 그 중 아름다운 도시로 꼽기가 좀 그렇다. 사실은 좀 침침하고 지저분하기도 한데, 그래서인지 "그저 일 때문에 여기 살지, 그렇지 않으면 살 이유가 없는 곳"이라고 말하는 이탈리아 사람들도 많다. 특히 이탈리아 남부에서 태어나 줄곧 그곳에서 살다가 일이나 결혼 때문에 부득이 밀라노에서 사는 사람들은 끝내 밀라노에 정을 붙이지 못하고, 두고 온 아름다운 남쪽의 고향을 못 잊어 하며, 휴가 때는 무슨 일이 있어도 내려가는 모습을 많이 보았다.

밀라노는 볼 것도 없는 동네이고(물론 로마나 피렌체, 베네치아 등의 도시와 비교한다면야), 사람들은 쌀쌀맞고(남부 사람들에 비해 확실히 드라이하긴 하다), 음식도 맛없고(오소 부코, 카수올라 등 맛있는 밀라노 음식을 생각하면 좀 억울하긴 하지만 워낙 다른 지방의 향토 음식이 다양하고 맛있으니), 한마디로 멋대가리 없는 삶을 사는 곳. 남부에서 온 사람들이 대충 생각하는 밀라노의 모습이다.

하지만 패션이나 디자인에 적을 둔 사람이라면 이야기가 달라진다. 밀라노는 파리, 뉴욕과 함께 세계 3대 컬렉션인 밀라노 컬렉션이 열리는 도시이자 세계 최고의 국제가구박람회인 '살로네 델 모빌레 Salone del Mobile'가 열리는 도시이며, 1년 중 어느 때 찾아와도 색다른 영감을 얻을 수 있는 미술 전시가 열리고 기획되는 트리엔날레 Triennale 가 있는 곳이다. 그리고 무엇보다 한밤중 헐렁한 트레이닝복 차림으로 누런 래브라도 레트리버를 산책시키는 도미니코 돌체를 만날 수도 있고, 노부에 앉아서 칵테일을 마시며 "요즘 젊은 디자이너들은 하나같이 괜찮은 것들이 없어." 하고 푸념을 늘어놓는 조르조 아르마니의

triennale

옆 테이블에 앉아 아페리티보를 마실 수 있으며, 가에타노 페셰Gaetano Pesce의 전시장에서 열띤 토론을 벌이며 작품을 돌아보는 이탈리아 디자인의 거장 알레산드로 멘디니Alessandro Mendini나 안드레아 브란치Andrea Branzi를 만날 수도 있는 곳이 바로 밀라노이다.

한 번은 친구와 함께 밀라노 시내를 걸어가는데, 우리 옆을 베스파Vespa 이탈리아산 유명한 스쿠터 한 대가 휘잉 지나갔다. 베스파의 몸체가 마치 돌체앤가바나 드레스를 연상시키는 흑표범 무늬로 뒤덮여 있고, 뒤의 번호판도 반짝이는 블랙 바탕에 무광의 은빛 숫자로 되어 있어 누구나 한 번씩 쳐다볼 만큼 눈에 확 띄었다.

친구와 나는 동시에 "저건 뭐야?", "아니, 돌체앤가바나에서 스쿠터 라인도 론칭했나?" 하고 농담을 주고받으며 스쿠터 운전석에 앉은 남자를 바라보았다. 잠시 후 우리는 동시에 웃음을 터트렸다.

스쿠터를 타고 있는 남자는 다름 아닌 스테파노 가바나였다. 스테파노 가바나가 자신의 취향대로 주문한 맞춤 베스파였을 테니, 한눈에도 돌체앤가바나의 드레스가 연상되었던 건 어쩌면 당연한 일이었다.

밀라노 컬렉션 기간, 포시즌 호텔의 커피숍에서는 태어날 때부터 그 머리인 듯 언제나 똑같은 단발머리에 조금은 오만한 표정과 나이답지 않은 미끈한 다리로 또각또각 걷고 있는 『보그 아메리카』 편집장 안나 윈투어와 돌체앤가바나 쇼에 참석하기 위해 파리에서 날아와 여신 포스로 앉아 있는 모니카 벨루치도 볼 수 있다.

4월의 국제가구박람회 때 코르소 코모의 야외 카페에 가면 스타 건축가 겸 디자이너 필립 스탁Philippe Starck이 "그 동안 잘 있었어?" 하며 주인장인 카를라 소차니와 즐겁게 안부를 주고받으며 에스프레소를 마시는 장면도 심심찮게 볼 수 있다. 비아 슈에사Via Scesa 슈에사 거리 근처의 작고 모던한 일식집에서는 프라다의 커다란 큐빅이 박힌 헤어밴드를 하고 친구와 밥을 먹고 있는 미우치아 프라다를 만날 수도 있다.

루이자 베카리아와 일할 때 함께 자주 파리에 출장을 갔다. 밀라노에서 태어나고 자란 전형적인 밀라네제인 그녀는 예전부터 파리나 런던도 워낙 자주 들락거려서 항상 "여기가 파리에서 젤 맛있는 몽블랑을 먹을 수 있는 곳이야."라거나 "클리냥쿠르 시장에서 제일 아름다운 빅토리아 시대 레이스를 볼 수 있는 곳에 데려갈게." 또는 "런던의 버지니아처럼 아름다운 빈티지 가게는 세계에서 아마 없을 거야."라는 등 마치 그녀가 오랫동안 살아온 곳처럼 그 도시들의 구석구석을 잘 알고 있었고, 또한 그 도시들을 좋아하고 사랑했다.

그런데 언젠가 프리미에르 비종Premiere Vision 파리의 가장 유명한 옷감 전시회 때문에 파리에 갔을 때, 전시장에서 호텔로 돌아오는 택시 안에서 그녀가 말했다(때마침 내린 비 때문에 1시간째 택시를 타고 있었다).

"있지, 나는 아무리 많은 곳을 다녀도 밀라노가 가장 좋아. 뭐랄까, 도시의 크기랄까, 그게 적당히 작아서 아주 좋아. 생각해봐. 시내는 작아서 웬만하면 걸어서 다닐 수 있고, 파리나 런던, 뉴욕 같은 대도

bar. Radetzky
Milanese

시에 비해 교통 체증도 훨씬 덜하고, 인구도 훨씬 적고, 그런데 그렇게 작으면서도 부족한 건 없단 말이지. 밀라노 컬렉션은 파리 컬렉션을 제치고 이제 세계 최고가 되었어(불행히도 10여 년 전의 그때와 비교하면 요즘은 다시 판도가 바뀌어가고 있지만). 거기에 세계 최고의 가구박람회와 명품 거리, 세련된 사람들, 1년 내내 열리는 전시들. 그러니까 즐기고 누릴 수 있는 건 이렇게 최고로 누리면서도 도시는 작고, 인구도 얼마 안 되고. 그래서 교통 체증이나 치안 문제도 없는 편이고. 그런 도시가 어디 있냐고."

그녀의 말이 수긍될 만큼 밀라노는 파리나 런던, 뉴욕 등의 도시에 비하면 참 아담한 축에 속한다고 할 수 있다. 인구는 주변 도시 인구까지 합쳐도 200만이 채 안 되고, 이 끝에서 저 끝을 간다 해도 15킬로미터 정도 거리로 다른 대도시들, 특히 서울 같은 대도시랑 비교하면 정말이지 작은 곳이다. 그러다 보니 위에서 말한 것처럼 유명인들과 아무렇지 않게 일상생활에서 마주치는 일도 많이 생긴다.

하지만 이 작은 도시가 전 세계의 디자인 피플에게 미치는 파워는 그야말로 엄청나다. 패션 분야는 최근 들어 그 막강했던 파워를 많이 잃었고(적어도 여성복에 한해, 남성복은 점점 강력해지는 듯하다), 뛰어넘었다고 생각했던 파리에 재역전당한 듯한 느낌을 주는 것 또한 사실이지만, 파리의 치세가 얼마나 갈지는 아무도 모르는 일이다. 게다가 가구나 디자인 분야는 이제 경쟁자가 없을 정도로 세계를 평정했다.

이 작은 도시의 매력은, 시간을 좀 보내며 현지에 자연스럽게 동화되어 살면서 서서히 느끼게 되는 부분들이 많다. 첫 느낌으로 판단하면 나중에야 수많은 오해와 착각을 했음을 깨닫게 되는 곳이 밀라노이며, 가만히 들여다보고 있으면 은근히 숨겨진 매력이 참 많은 도시가 밀라노이다. 그래서 여기 오래 살고 있는 외국인들은 이렇게 이야기한다.

"적어도 5년 이상 살아보고 밀라노에 대해 이야기하라."

Milano Story _ 003

'디자인 천국'으로 변하는 밀라노의 4월

밀라노의 4월은 초여름처럼 더운가 하면, 갑자기 장마철이나 된 듯 비가 쏟아지기도 하고, 또 어느새 따뜻한 봄의 햇살이 정겨운 듯하다가 미친 듯 바람이 불기도 하는 템포 파초Tempo pazzo 미친 날씨가 계속되는 달이다.

4월은 백화점과 슈퍼마켓, 제과점 등이 비둘기와 달걀 모양의 온갖 부활절 케이크와 초콜릿으로 도배되고, 두어 달 전부터 계획해놓은 부활절 휴가를 즐기느라 누구나 들뜨는 달이다.

그리고 밀라노의 4월은 그 유명한 국제가구박람회 살로네 델 모빌레(흔히 '살로네'라고만 부른다)가 열리는 달이기도 한데, 이것만으로도 밀라노에 살아서 좋은 점 중 하나가 충분히 되고도 남는다. 4월의 살로네 델 모빌레는 그만큼 매력적이어서 건축이나 디자인, 패션을 전공하는 사람이 아니더라도 '디자인'이라는 것의 매력에 흠뻑 빠져 즐겁게 일주일을 보낼 수 있다.

전시회나 이벤트가 워낙 많아 1년 열두 달 내내 무언가가 열리는 밀라노이지만 특히 2월과 9월의 밀라노 여성복 컬렉션과 4월의 살로네는 디자인 밀라노를 대표하는 이벤트라고 할 만하다. 특히 4월의 살로네 기간은 일주일 내내 전 밀라노 시내가 '디자인'이라는 이슈로 들썩들썩하며, 아침부터 밤까지 그야말로 '디자인 속에 묻혀서' 사는 것 같은 느낌으로 지낼 수 있다.

약 1천500여 개의 업체가 참가하는 살로네는 세계적으로 가장 많은 바이어를 동원하며(160여 개국), 새로운 주거 및 공간 문화의 제안과 첨단 디자인으로 세계의 가구 시장을 이끌어나가고 있다. 메인은 전시장 내의 각 브랜드 부스에서 펼쳐지는 전시지만, 살로네의 진짜 매력은 푸오리 살로네Fuori Salone라 부르는 외부 전시들을 둘러보는 것이다.

본 전시는 밀라노 외곽 로Rho에 위치한 푸크사스Fuksas가 디자인한 거대한 전시장에서 성황리에 열리며, 약 400여 개의 가구 및 조명 업체가 참가해 회심의 새 작품을 선보인다.

푸오리 살로네는 전시장이 아닌 밀라노 시내의 매장, 쇼룸과 그 이외의 여러 공간에서 열리는 약 300여 개의 크고 작은 전시들을 총칭하는 말이다.

밀라노에 매장이나 쇼룸을 갖고 있는 회사들은 살로네 2~3주 전

부터 아예 문을 닫고, 많은 돈을 들여 그 해 자신들이 내놓는 새로운 콘셉트의 이미지를 최대한 살려줄 수 있는 공간으로 꾸미고 그곳에 새 작품들을 프레젠테이션한다. 이 경우 본 전시장의 부스에서보다 더욱 콘셉트가 강렬한 전시를 한다(요즘은 아예 전시장에 부스를 만들지 않고 푸오리 살로네에만 올인하는 업체들도 많이 생겨나고 있다).

그리고 매장이나 쇼룸을 갖고 있지 않은 젊은 디자이너들이나 외국 브랜드들은 전시장으로 이용할 만한 공간을 임대해 그 공간을 콘셉트에 맞게 꾸미고 새 작품들을 전시하는데, 이때 생각할 수 있는 모든 공간이 전시 공간으로 쓰인다. 갤러리, 문화원(프랑스문화원, 스위스문화원 등), 디스코텍, 디자인 호텔, 버려진 공장 건물, 포토그래퍼의 작업실, 서점, 자동차 정비소, 자연사박물관은 물론이고 하다못해 옛날의 목공소에서도 전시가 진행된다.

이 기간 동안 밀라노 시내를 걷다 보면 빨간색의 '인테르니Interni'라고 쓰인 작은 깃발이 붙은 간판들이 여기저기 서 있는 게 눈에 띄는데, 그곳들이 모두 무언가 전시를 하고 있는 푸오리 살로네 전시장들이다.

아침 10시부터 저녁 6시까지인 본 전시장과 달리 푸오리 살로네는 밤늦게까지 문을 여는 경우가 많고, 매일 저녁 칵테일 파티를 하는 곳도 많아 박람회에 참여한 외국인들과 퇴근한 이탈리아인들이 아페리티보를 한 잔씩 하며 전시장을 둘러보고 다니는데, 도시 전체가 디자인 무드로 늦은 밤까지 술렁술렁한다.

당연히 모든 기업이나 디자이너들은 전 세계에서 20만 명의 바이어, 기자 등 방문객들이 몰려드는 살로네 기간을 잘 활용해 어떻게 해서든 가장 눈에 띄고 개성 있는 상품을 선보이기 위해 최선의 노력을 다한다. 어찌 보면 지난 1년간 살로네를 위해 살아왔다고 해도 과언이 아닐 만큼 그들이 가진 모든 것을 쏟아 붓는 것이다.

푸오리 살로네를 조금 자세히 묘사해보자.

우선 디자인, 패션, 아트, 건축 등의 경계를 넘나드는 컬래버레이션Collaboration 공동작업, 협업이 큰 특징이다. 일본 디자이너 토쿠진Tokujin이 작업한 렉서스 콘셉트 카가 밀라노 현대미술관에서 강렬한 무대 장치와 함께 소개되고, 북유럽 신진 디자이너 전을 여는 아이스 호텔의 오픈 칵테일 파티에는 하이네켄이 새로 디자인한 맥주병으로 엄청난 양의 맥주를 후원해 그 근처를 지나다니는 사람들의 손마다 초록색의 예쁜 하이네켄 병이 들려 있다.

가구박람회에 맥주병이 무슨 상관인가 하겠지만, 밀라노의 살로네는 단순한 가구박람회가 아니다. 가구, 조명, 패션, 오브제, 아트, 건축 등 우리 생활의 모든 부분을 디자인이라는 주제와 연결시켜 '디자인 도시 밀라노'란 이슈로 그 기간을 핫하게 달구는 것이다.

생수나 맥주 등은 새로운 디자인의 병으로, 일리 카페Illy caffe 같은 커피 회사는 새로 디자인된 커피 머신으로 그들의 생수와 맥주와 커피를 홍보한다.

패션 디자이너들도 살로네에 적극적으로 참여한다. 미쏘니Missoni는 그들의 화려한 문양과 컬러의 쿠션, 커튼 등 리빙 액세서리를 그들의 쇼룸에 전시하고, 펜디Fendi도 리빙 컬렉션을 화려하게 선보인다. 아르마니 까사Armani casa는 물론 코르소 코모 같은 콘셉트 스토어에서도 디자인과 아트 그리고 패션을 연결해서 각종 전시와 이벤트를 연출한다.

비아 토르토나Via Tortona 토르토나 거리를 중심으로 한 토르토나 지역에는 실험적이고 재미있는 전시들이 가득하다. 예전의 공장 건물들에 디자이너와 건축가, 포토그래퍼 들이 하나둘 모여들어 작업을 하기 시작하면서 지금은 밀라노 예술과 디자인의 중심지로 탈바꿈한 토르토나 지역은, 번쩍이는 아이디어와 독특한 콘셉트를 만나는 즐거움

Corso Como

을 마음껏 누릴 수 있는 곳이다.

토르토나에서 가장 흥미로운 장소인 수페르 스튜디오$^{Super\ Studio}$에서는 젊고 기상천외하며 끼가 넘치는 작품들을 많이 만날 수 있다. 수페르 스튜디오 안 일본 디자이너들의 전시장 한구석에서는 젠 스타일의 사케 바$^{Sake\ Bar}$를 차려놓고 사케와 스시를 제공하고 있었다.

이제는 토르토나에서 가장 볼 만한 전시가 된 스와로브스키. 작고 귀여운 크리스털 장식이나 소품을 상상했다가는 벌어진 입을 다물지 못하는 자신을 발견하게 될 것이다. 상상을 초월하는 거대한 크리스털 조명들의 아름답고 독특한 디자인과 각 조명마다 특색 있게 뿜어내는 갖가지 빛의 매력에 빨려들어가게 되는 스와로브스키의 전시는 이들이 살로네를 이용해 얼마나 자신들의 홍보를 멋들어지게 하는지 잘 보여준다.

어느 정도 식상한 구닥다리 크리스털 기업의 이미지를 가지고 있던 스와로브스키는 상속녀 피오나 스와로브스키$^{Fiona\ Swarovski}$가 등장한 이후 전략적으로 엄청난 투자를 했다. 밀라노 살로네 기간에 거대하고 화려한 빛의 마술 세계를 선보이는 한편, 많은 조명 디자이너들과의 컬래버레이션으로 이제는 살로네에서 가장 볼 만한 전시로 자리 잡아 기업의 이미지를 한껏 높이고 고급화시켰던 것이다.

이미지란 얼마나 중요한가. 한때는 관광 상품처럼 촌스러워 보였던 스와로브스키의 크리스털 제품은, 이제 손바닥 반만 한 동물 모형도 높은 가격을 눈감아주게 되고, 좀 시대에 뒤떨어져 보였던 티아라

(왕관)나 액세서리도 쿨해 보이며, 스와로브스키 소재를 많이 이용한 비딩 드레스의 가격은 억 소리가 나올 만한데도 고급스러워진 기업 이미지로 인해 용서가 된다.

그 외에도 평소에는 접하기 어려운 네덜란드의 실험적인 브랜드 드로그 디자인Drog Design의 기발한 전시에는 즉석 마켓이 있어 재미있는 디자인 소품들을 구입할 수 있고, 뱅앤올룹슨Bang-Olufsen의 환상적이면서도 초현실적인 설치 작업을 감상할 수도 있다.

1961년에 개최된 이래 밀라노를 대표하는 가장 중요한 전시가 되었을 뿐 아니라 밀라네제들 생활의 일부분이 되어버린 듯한 살로네. 주말이면 귀여운 아기들을 데리고 구경 나오는 가족들도 참 많다. 서너 살 정도 된 듯한 아기들을 데리고 다니며 "자, 이 샤워기 디자인 좀 봐. 예쁘지?"라든가 "이건 1950년대에 디자인된 의자야." 또는 "여기 침대에 누워봐. 그렇지, 그렇게. 낮아서 편하지?" 등등의 코멘트를 들을 때면 이들의 디자인 감성이 왜 발달할 수밖에 없는지, 어째서 이탈리아에서 수많은 창조적인 것이 나올 수밖에 없는지를 느끼게 된다.

카를라 소차니는 "내가 어렸을 때 우리 아버진 나랑 내 동생(『보그 이탈리아』 편집장 프랑카 소차니)을 데리고 수많은 전시회와 박물관을 다니셨어. 내 어린 시절은 박물관 – 전시장, 전시장 – 박물관의 연속이었던 것 같아. 줄창 거기서 살았지. 그때의 경험들이 아마 지금의 나를 있게 했을 거야."라는 말을 했다.

건축가로 일하는 레오^{Leo}는 "내가 네 살 때 엄마랑 아빠가 처음으로 나를 살로네에 데리고 가셨지. 그때 내 눈에 비친 그것이 얼마나 대단했던지 몰라. 사다리가 달려 있는 파랑과 녹색의 이층침대가 아직도 생각난다니까. 며칠 동안 눈에서 아른아른했어. 지금까지도 몇몇 아이템들은 너무나 선명하게 기억이 나." 하는 말도 했는데, 어쨌든 참 부러운 부분이다. 나와 비슷한 나이의 그가 네 살 때 이미 접한 디자인의 세계.

아무리 기억을 되살려보아도 내가 네 살 무렵의 한국은 그런 디자인의 요소를 접하고 느낄 수 있는 공간이 마련되어 있지 않았다. 책을 좋아하시던 아빠가 아낌없이 사주신 동화책이나 그림책의 삽화, 엄마가 누런색의 A4 사이즈 종이에 모나미 볼펜으로 그려주시던 동그란 얼굴의 한복 입은 아기 정도가 내가 떠올릴 수 있는 디자인의 전부이다.

창의력이 생명이라 할 수 있는 디자인이란 분야에서 왜 우리가 이들을 따라가는 것이 힘에 겨운지 사실 이유는 명백하다. 그들은 어린 시절부터 그렇게 길러진다. 아름다운 것들, 예쁜 것들에 무한한 애정을 가지고 있는 이탈리아인 부모들, 넘쳐나는 세계 최고 수준의 전시장과 박물관, 로마와 르네상스라는 인간의 역사상 가장 찬란했던 시절이 남겨준 수많은 예술품과 건축물들.

심지어 세 살부터 시작하는 학교(스쿠올라 마테르나$^{Scuola\ Materna}$. 이탈리아 아기들은 세 살 때부터 학교생활을 시작한다)의 커리큘럼도 음악,

미술, 연극, 공작, 무용 등 오로지 아이들의 정서를 키우는 데 집중하고 있다. 그 속에서 태어나고 자라나는 그들은 자연스럽게 아름다움을 알아볼 줄 아는 눈이 길러지고, 창의적이고 실험적인 시도를 할 용기도 길러지는 것이다.

이제는 세계 최고의 가구 및 디자인 전시로 우뚝 솟아오른 밀라노의 살로네. 살로네에는 다국적 기업들에서부터 신진 디자이너들까지 온갖 아이디어를 들고 나와 자신을 홍보하며, 때로는 스와로브스키의 예처럼 기업의 이미지를 쇄신하는 데 성공하여 전 세계에 확실하게 자신의 이름을 각인시키기도 한다.

한국의 기업들은 당장의 매출과 큰 관계가 없어 보이는 그런 이미지 작업들에는 과감히 투자하는 것을 꺼려하는데, 이는 우리가 꼭 극복해야 할 문제라고 하겠다.

옷이건 물건이건 이제 없어서 사는 사람은 없다. 넘쳐나는 물건들에 치여 사는 시대. 진짜 승부는 이미지와 디자인에서 나는 시대이다. 애플의 아이폰은 이미지와 디자인이 무엇을 의미하는지 알려준 좋은 예일 것이다.

Salone del Mobile

Milano Story _ 004

멋을 알고
즐길 줄 아는 사람들

이탈리아에서 살다 보면 '이 사람들, 참 신경 써서 옷을 입는구나.' 하는 걸 느끼는 경우가 많다. 패션에 관련된 종사자들을 이야기하는 것이 아니다.

우리가 흔히 이야기하는 아줌마 패션이나 집에서 입던 추리닝에 야구 모자 비슷한 걸 눌러쓰고, 날씨가 춥다면 큼직한 파카 하나 걸치고 슈퍼에 간다는 건 정말 있을 수 없는 일이다.

집을 나갈 계획이 전혀 없는 날이라고 목이 늘어난 티셔츠에 무릎 나온 추리닝 바지를 입고 부스스한 머리로, 소위 집에서 뒹구는 패션으로 하루를 보낸다는 것 역시 있을 수 없는 일이다. 아무리 전업주부로 집에서 밥하고 청소하고 육아만 하는 여자라도 일단 아침에 일어나면 평상복으로 갈아입는다.

밀라노의 중심가인
비토리오 엠마누엘레 거리

불시에 누가 찾아와도 전혀 당황할 일이 없는 단정하고 깔끔한 옷차림을 한 채 집안일도 하고 휴식도 취한다. 물론 집 안도 우리가 생각하는 지저분한 이탈리아라는 선입견과는 다르게 아주 깔끔하게 해 놓고들 사는데, 정말 놀라울 정도로 부지런함을 과시한다.

남자들도 마찬가지. 러닝셔츠 비슷한 윗도리에 반바지, 슬리퍼를 질질 끌고 다니는 남자들을 찾기란 좀처럼 쉽지 않다. 더운 여름에는 반바지를 입기도 하지만 적어도 티셔츠는 깔끔한 폴로 스타일 등으로 맞추어 입고 스니커나 샌들, 모카신을 신는다. 물론 이것도 동네 슈퍼나 외곽에 위치한 대형 슈퍼 정도 갈 때의 이야기로, 저녁을 먹으러 나간다든가 할 때는 반바지 차림을 거의 하지 않는다.

몬테 나폴레오네 같은 명품 거리에는 그야말로 패션 잡지에서 금방이라도 쑥 빠져나온 듯한 사람들이 여기저기 보이지만, 그 외 밀라노 어디를 다니든 지나가는 사람들을 쳐다보면서 항상 나도 모르게 감탄하곤 한다. 비싼 옷이건 싸구려 옷이건 자신이 좋아하는 스타일로 색깔을 맞추고 액세서리를 맞추어 나름대로 신경을 많이 쓴 옷차림이란 것이 한눈에 보이기 때문이다.

옷차림에는 전혀 신경을 쓰지 않는 듯 차림새가 제멋대로인 사람들이 없는 것은 아니지만, 대개는 남녀노소를 막론하고 최대한 자신의 코디네이션 능력을 발휘한다. 특히 할머니들은 정말 대단해서 겨울에도 꼭 스커트를 입고 스타킹을 신은 뒤 깨끗한 구두를 신는데, 화장도 곱게 하고 세월이 느껴지는 금 귀걸이를 하거나 루비 반지를 끼고 머리를 잘 손질한 후에야 집을 나선다.

예전에 한번 친한 친구와 오래된 카페에 앉아 수다를 떨고 있는데 예쁜 할머니 두 분이 걸어 들어왔다. 앞서 들어오는 할머니는 키가 아주 컸다. 짙은 청록색 정장에 금발의 단발머리였고 오래된 구찌 백을 들고 있었다. 예쁘게 가라앉은 톤의 정교한 산호 귀걸이가 눈길을 끌던 할머니는 일흔 살에서 일흔다섯 살 정도되는 나이였다.

뒤따라 들어오는 할머니는 키가 아주 작고 예쁘게 생겼는데, 빨간 정장에 작은 모자까지 맞추어 쓰고 빨간 립스틱을 발랐다. 손가락에는 1930년대풍의 화려한 반지를 여러 개 끼고 있었다. 금발에 웨이브 진 짧은 머리로 족히 아흔 살 이상은 넘어 보였다.

멋쟁이 할머니가 많은 이탈리아지만 그녀들은 일단 참 아름다웠고 (젊었을 때 한 가닥씩 했을 듯), 오래 되었으나 원래는 고급 제품이었을 컬러풀한 정장에 앤티크 주얼리를 좋아하는 내가 순간적으로 열광했을 정도로 세월의 품위가 느껴지는 보석들, 그리고 아마도 단골 미용실에서 세심하게 염색했을 밝은 금발 머리 등으로 사람들의 시선을 끌었다.

"어머, 저 귀여운 할머니들 좀 봐!"

내 친구가 말을 하는 찰나 앞서가던 키 큰 할머니가 뒤돌아보며 키 작은 할머니에게 "엄마, 빨랑빨랑 와. 저기 자리 있잖아!" 하면서 성큼 앞서가기 시작했다. 금발 머리의 그녀들은 모녀 사이였다.

일흔 살이 넘은 예쁜 딸과 아흔 살이 넘은 귀여운 엄마가 한껏 멋을 부리고 나와 카페에 앉아서 커피와 케이크를 시켜 먹으며 수다를 떠는 모습을 보는 게 얼마나 유쾌한 일이었는지.

트렌드나 브랜드와 상관없이 자신에게 잘 맞는 스타일을 찾아내고 나름의 방식대로 멋을 내는 것. 그건 참 좋은 일이고, 그 방면에서 이탈리아인들은 타고난 재능을 가진 사람들이다.

독일인들은 수입의 6퍼센트를 자신을 꾸미는 데 쓰고, 이탈리아인들은 수입의 23퍼센트를 자신을 꾸미는 데 쓴다고 한다. 그렇다고 카드 빚을 내서 명품을 산다든가 하는 일은 절대 없고, 예산이 허락하는 한도 내에서 자신에게 어울리는 것을 찾아내고 즐긴다.

이탈리아『패션Fashion』지의 편집장 티티 마테오니Titi Matteoni는 내게 이렇게 말했다.

"길거리에 보면 정말 다리가 굵은데도 미니스커트를 입고 신나게 활보하는 여자들 있잖아. 배가 나오고 엉덩이가 큰데도 몸에 딱 붙는 티셔츠에 스키니를 입고 다니는 여자들도 마찬가지고. 그녀들이 정말 잘사는 거야. 본인이 입고 싶은 걸 입고 그래서 스스로 즐겁다면 좋은 거거든. 몸매가 그렇게 나쁘지 않은데 다리가 자신이 없어서, 허리가 굵어서 하며 길지 않은 젊은 날을 입고 싶은 옷 한번 못 입고 보내버린다면 그건 참 슬프게 사는 거지."

나는 티티의 말에 동감하며 고개를 끄덕였다. 젊은 날이란 게 사실 얼마나 짧은가! 불행하게도 무릎 위로 올라오는 스커트를 입을 수 있는 시기는 우리의 인생 중 그리 길지 않다. 그때 입고 싶은 옷을 맘껏 입어보지 못한다면 그건 참 슬픈 일이 아닐 수 없다.

물론 이 말에도 함정은 있다.

티티의 말처럼 나 역시 통통을 지나쳐 뚱뚱한 여성들이 몸에 딱 붙는 스키니나 미니스커트를 입은 것을 보며 '자신감 때문인지 뚱뚱해도 예쁘구나, 일단 뚱뚱해도 자신감을 가지면 저렇게 구제가 되는구나.' 했던 적이 많다. 하지만 나중에 다시 보니, 서양과 동양 사람들은 비례에서부터 차이가 났다.

이탈리아 여자들의 경우 독일이나 북유럽 여자들에 비해 키가 작아 우리나라 여자들 키와 비슷하다고도 볼 수 있는데, 문제는 우리와 몸의 비율이 엄청나게 다르다는 것이다. 160센티미터의 키라도 우리나라 여자들에 비해 월등하게 허리길이(등길이)가 짧고 밑위가 짧으며 상대적으로 다리가 길다. 일단 힙이 올라붙고 다리가 긴 체형은 좀 뚱뚱해도 봐줄 만하다는 사실을 인정하지 않을 수 없다.

그렇다고 포기하지는 말자. 뚱뚱한 허벅지를 가리면서, 배가 나온 것도 티 안 나게 옷을 입는 법도 많으니까.

가장 중요한 것은 예쁘거나 자신 있는 부분을 집중적으로 강조하고 자신 없는 곳은 최대한 눈에 띄지 않게 처리하는 기술이다. 예를 들어 상체는 말랐는데 엉덩이와 허벅지가 뚱뚱한 사람은 최대한 상체를 딱 맞게 입고, 가슴 아래부터 풍성해지는 엠파이어 스타일의 드레스를 입으면 아주 날씬해 보인다.

반대로 어깨에 살집도 있고 가슴도 큰데 다리가 날씬하다면 시폰이나 새틴 같은 부드러운 실크 소재의 헐렁한 블라우스를 입고 딱 붙는 스키니 팬츠를 입거나, 펜슬형의 미니스커트를 입어 날씬한 다리를 강조하면 서구적인 체형으로 보인다.

옷을 잘 입기 위해서는 무엇보다도 스타일링이 중요한데, 멋진 스타일링을 위해서 꼭 가지고 있어야 할 필수 아이템들이 있다.

첫째, 화이트 셔츠.

어떤 옷과 매치하느냐에 따라 세련될 수도, 섹시할 수도, 단정할 수도 있는 필수 아이템. 통이 좁은 블랙 팬츠와 매치하면 매니시하면서도 섹시하고, 미우치아 프라다가 좋아하는 1950년대풍 두꺼운 소재의 스커트와 매치하면 지적으로 보인다.

둘째, 리틀 블랙 드레스.

어떤 자리에서건 절대 실패하지 않는 클래식 아이템. 이제 블랙은 그만이라고들 여기저기서 외쳐대지만 그래도 위급할 때 가장 안전하게 구제해주는 것이 블랙 드레스이다.

셋째, 베이식한 캐시미어 니트.

거의 모든 계절을 커버하며, 여행 가방을 챙길 때 준비하면 비행기 안에서건 여행 중이건 언제나 유용한 아이템. 베이식한 니트일수록 소재는 고급스러운 것을 선택하는 것이 좋다. 캐시미어나 캐시미어＋실크. 컬러는 블랙이나 베이지 또는 그레이나 짙은 블루가 안성맞춤.

넷째, 트렌치코트.

1970년대 빈티지 버버리라면 아주 좋겠지만 그렇지 않더라도 크게 상관은 없다. 색상은 블랙이나 베이지. 디자인은 최대한 클래식할수록 좋다. 청바지와 캐주얼하게 매치할 수도 있지만 섹시한 드레스를 입고 그 위에 트렌치코트를 걸치면 클래식한 분위기를 만끽할 수 있다.

다섯째, 화려한 톱.

시퀸Sequin이나 스와로브스키 등으로 화려하게 장식한 옷은 드레스 등의 아이템으로 소화하기도 조금 부담스러울 만큼 너무 파티에 가는 느낌일 수 있다. 하지만 톱이라면 청바지와도 멋지게 매치해 럭셔리한 캐주얼 룩을 만들어낼 수 있는데, 이때는 누드 컬러나 앤티크 골드 등의 굽이 높은 샌들이 좋다.

멋을 낸다는 것과 옷을 잘 입는다는 것. 우리는 때로 그 의미를 잘못 이해하고 있는 듯하다. 명품과 트렌드에 죽고 사는 패션 빅팀Fashion Victim 지나칠 만큼 신상품을 사들이는 사람이 되라는 이야기가 아니다. 머릿속에 다른 생각은 없이 오로지 멋을 내고 꾸미는 데만 관심을 쏟는 것이 바람직하다는 이야기도 아니다.

하지만 이왕 입는 옷과 신발이다. 벗고 다닐 것이 아니라면 약간의 시간을 할애해 나한테 잘 어울리는 색깔과 디자인의 옷을 골라 입고, 신어서 기분 좋은 구두를 고르면 일단 내 자신의 기분이 좋아지고(옷차림이 뭔가 딱 맞아떨어지고 내 마음에 쏙 드는 날과 내가 입은 옷이 무언가 어색하고 잘못 입고 나온 것처럼 느껴지는 날의 기분 차이가 얼마나 큰지 느껴본 사람들은 알 것이다) 주위 사람들도 눈이 즐겁다.

멋을 내자. 그걸 즐기자. 그리고 멋을 낼 때는 항상 작은 부분까지 세심하게 챙기도록 하자. 프라다 드레스에 펜디 샌들을 신고 멋진 가방까지 챙겨 들고 기분 좋게 집을 나왔는데, 나중에 보니 오른쪽 두 번째 발톱의 매니큐어가 벗겨지고 있는 걸 발견했다면? 그때부터 유쾌했던 기분은 날개도 없이 추락하기 시작하고, 온 정신이 오른쪽 발에 가 있는 자신을 발견하게 될 것이다. 아주 작은 허점 하나가 완벽할 수 있었던 하루의 기분을 흠집 내고 때로는 망치기까지 한다.

또 하나 중요한 점은, 멋내기의 가장 중요한 대상은 바로 자기 자신이라는 것이다. 물론 무리를 해서 명품 가방을 구입하는 건 사람들이 나를 좀 더 다른 눈으로 봐주기를 바라는 심리가 작용한 것도 맞겠지만, 그 모든 것이 결국은 자기만족이다. 내 자신이 스스로를 예쁘고 멋있게 느낄 수 있어야만 다른 사람들도 나를 그렇게 봐주게 된다. 큰맘 먹고 구입한 명품 가방을 들었으나 무언가 스스로 어색해하고 이상하게 쭈뼛거린다면 게임은 끝난 거다.

결국 가장 중요한 포인트는 자신감과 몸에 밴 자연스러움이다. 자신감과 자연스러움은 명품 가방이나 유명 브랜드가 만들어주는 것이 아니라 스스로의 당당함이 만들어주는 것이다.

멋있고 섹시한 남자들의 정장

개인적으로 슈트가 멋지게 어울리는 남자가 참 멋있다고 생각하는데, 이탈리아에는 슈트를 멋있게 입는 남자들이 많다.

세계 최고의 남성 패션 박람회인 피티 우오모$^{Pitti\ Uomo}$나 남성복 소재 전시회인 이데아 비엘라$^{Idea\ Biella}$에 가면 '슈트란 이렇게 입는 것이다.'라고 온몸으로 가르쳐주는 듯한 멋진 남자들이 많다.

한국에서는 흔히 슈트 하면 좀 고리타분하게 느껴지고, 심지어는 아저씨 같은 의상의 기본처럼 이야기하지만 천만의 말씀이다. 그것은 한국 남자들이 슈트를 아저씨처럼 입기 때문에 씌워진 억울한 누명에 불과하다.

슈트를 잘 빼입은 남자들은 모던하고 세련되고 섹시하다. 50대 중년까지도 중후한 멋과 품위, 남성미를 근사하게 발산할 수 있도록 도와주는 것이 바로 남성 정장인 슈트이다.

그런데 왜 한국에는 슈트를 입어서 멋지고 섹시하기까지 한 남자들이 드문 걸까? 그 멋있는 슈트가 한국 남자들이 입으면 바로 아저씨나 샐러리맨 '삘'이 나는 것은 한국 남자들보다 이탈리아 남자들의 외모가 한 수 위라서 그런 걸까?

답은 한국 남자들의 외모가 문제가 아니라 슈트를 입는 방법이 문제인 것이다.

그렇다면 뭐가 잘못된 걸까?

첫 번째, 한국 남자들은 슈트를 입을 때 실제로 자신이 입어야 하는 사이즈보다 한 사이즈, 심하면 두 사이즈까지 큰 슈트를 선택한다.

'이게 뭔 소리지?' 할 수도 있지만 사실이다. 많은 남자가 이 사이즈가 나에게 맞다고 생각하고 슈트를 선택하지만, 대부분의 경우 그보다 적어도 한 사이즈는 적게 선택해야 한다는 이야기다.

슈트는 편하게 입는 트레이닝복이 아니라 남성미를 최대한 살릴 수 있는 정장이다. 어깨는 딱 맞아야 하고, 재킷의 소매통은 적당히 좁아야 하며, 소매 길이는 셔츠 소매가 조금 보일 정도로 짧아야지 헐렁하게 길어서는 안 된다. 재킷의 허리선도 잘 맞아야 하고 바지도 벙벙하지 않고 슬림하게 맞아야 한다. 바지 길이 역시 너무 깡뚱하게 짧아서도 안 되지만 슈즈 뒷굽을 덮을 정도로 길어서도 안 된다. 그야말로 날렵하게 맞는 길이라야 한다.

여성 정장을 생각해보라. 크리스찬 디올이나 돌체앤가바나의 페미닌하고 섹시한 정장을 입을 때는 몸에 꼭 끼지는 않더라도 잘 맞는 사이즈를 선택한다. 어느 누구도 한 사이즈 정도 넉넉하게 사서 풍덩하게 입고 다니지 않는다. 헐렁하게 입어도 되는 옷은 스키니 진과 함께 입는 박스 티셔츠이지 크리스찬 디올의 정장은 아닌 것이다.

박스 티보다 훨씬 신경 쓰이고 불편하긴 해도 그 불편함을 감수하면서도 입는 옷. 정장이란 그런 것이다.

결국 남자들도 마찬가지인데, 이상하게 한국에서는 슈트를 랄프 로렌의 폴로셔츠만큼 편안한 의상으로 생각하는 듯하다. 슈트는 절대 티셔츠가 아니니 사이즈를 꼭 맞추어 입을 것. 이것이 가장 중요하다.

두 번째는 슈즈와 양말.

슈즈와 양말을 제대로 맞추지 않은 슈트는 이미 그 자격을 상실했다고 봐야 한다.

이제는 한국에서도 보기 힘들지만 한때는 흰 면양말에 슈트를 입고 슈즈를 신은 남자들이 참 많았다. 양말은 꼭 곤색이나 회색 등으로 컬러를 맞추고, 거의 무릎 아래까지 올라오는 길이를 신어 의자에 앉을 때나 다리를 꼬고 앉을 때 털이 송송 난 맨 다리가 보이는 일이 없도록 하는 것이 기본이다. 그리고 랜드로바풍의 편안하고 뭉툭한 슈즈도 절대 신어서는 안 된다.

슈트에 맞는 날렵한 슈즈를 신되 브라운 계열을 적극적으로 활용하자. 특히 블루 계열 슈트에는 밤색 슈즈가 검은색 슈즈를 신은 것보다 훨씬 세련되어 보인다.

세 번째, 한국 특유의 앉아서 밥을 먹는 식당 문화에서 또 하나의 비극이 발생한다.

점심이든 저녁이든 회식이든, 한국에서는 바닥에 철퍼덕 앉아서 밥을 먹고 술을 먹는 곳이 많다. 이것이 바로 양복바지 무릎이 툭 튀어나오고 종아리 부분은 주름질 대로 주름진 비극적인 한국 남자들의 바지 핏fit의 주범이다. 세상에 양복바지 무릎이 튀어나오다니. 엄마들이 집에서 입는 몸뻬 바지도 아닌데 말이다.

깔끔하게 드라이해서 입고 나온 슈트의 간지도 점심 때 칼국수 집에서 양반 다리를 하고 앉아 밥 한 끼 먹고 나오는 순간 온데간데없이 사라질 수밖에 없다. 이 부분은 한국의 식당이나 술집 등이 모두 방을 없애지 않는 한 어찌 해볼 방법이 없으니, 그야말로 최대한 신경 쓰고 조심하는 수밖에 없는 것이 현실이다.

Milano Story _ 005

낭만적이고 잊지 못할 이벤트, 그들만의 결혼식

이탈리아에서 결혼식에 초대받는 것은 참 색다르고 즐거운 경험이다. 물론 결혼식을 하지 않고 자연스럽게 함께 사는 커플이 점점 많아지고 시청에서 간단히 해치우기도 하지만, 제대로 결혼식을 올리는 경우는 정말 격식 있고 성대하게 치른다.

이들의 결혼식은, 한국과 비교하면 참으로 개인적이고 각별한 행사이다.

예식장이나 호텔에서 결혼식을 올리고, 정신없이 폐백 드리고, 기념 촬영하고, 사돈의 팔촌까지 모여서 지정된 식당으로 가서 왁자하고 정신없는 분위기에서 밥을 먹고 부랴부랴 돌아가는 것이 보통 한국의 결혼식 풍경이다. 어찌 보면 참 똑같은 패턴으로 무슨 정해진 공식처럼 비슷비슷한 결혼식을 치르는 것이다.

결혼식에 참석하는 사람들도 마찬가지다. 잠시 얼굴 내밀고, 겉봉에 이름을 쓴 봉투를 전달하고, 식당에 가서 좀 더 맛있거나 맛없는 한 끼 식사를 하고 돌아온다. 주말 일정 중 자주 한 부분을 차지하는, 그래서 '어휴, 결혼식이 정말 많기도 하지. 이번 달 경조사비만 도대체 얼마야?' 하며 얼마쯤은 지겹고 부담스럽기도 한 것이 한국의 결혼식 문화이다.

하지만 이탈리아인들의 결혼식은 이 부분부터 많이 다르다. 위에서 말한 것처럼 결혼식은 이들에게는 무척이나 개인적이고 특별한 행사이므로 신중하게 결정해서 정말 가까운 사람들만 초대한다.

결혼식이 다가오면 보통 두 가지의 초대장을 준비하는데 하나는 파르테치파치오네Partecipazione, 다른 하나는 인비토Invito이다.

파르테치파치오네는 안젤라와 페데리코가 어느 날 어느 시에 결혼을 한다는 알림장 같은 카드이고, 인비토는 당신이 결혼식 만찬에 초대되었다는 내용으로 피로연 장소와 시간 등이 쓰여 있고 R.S.V.P 회신을 바랍니다를 요청한다. 즉, 결혼 청첩장을 받았는데 봉투 안에 파르테치파치오네만 있으면, 그들이 결혼한다는 소식을 당신에게 알리는 것일 뿐 결혼식에 초대한 것은 아니다(이 경우 간단한 선물을 하는 경우가 많지만, 뭐 꼭 하지 않아도 된다).

봉투 안에 인비토까지 두 개의 카드가 들어 있어야만 당신은 결혼식에 초대받은 것이고, 만찬에 참여할지 여부를 미리 알려주어야 한다. 사실 그럴 수밖에 없는 것이, 한 사람당 식대가 적어도 100~150

유로(한화 15~23만 원)는 되니, 참석자의 숫자를 사전에 확인하고 딱 그만큼만 음식을 주문하는 것이다. 물론 더 호화롭게 하는 경우는 만찬 식대가 상상을 초월할 만큼 껑충 뛰기도 한다. 그러므로 피로연장에는 모든 좌석에 손님들의 네임카드가 놓여 있고, 그 자리에 앉아 식사를 하고 파티를 즐기게끔 되어 있다.

우리나라에서처럼 할머니가 결혼식장에 가면서 며느리랑 손자까지 데려간다거나, 직장 동료 결혼식에 와이프도 따라가서 점심 한 끼를 해결하고 온다거나 하는 일은 절대 있을 수 없다.

당연히 피로연은 신랑·신부의 손님들이 따로 다른 장소에서 하는 것이 아니라 함께하며, 격식을 갖춘 만찬과 즐거운 댄스파티 등으로 이어진다.

보통 결혼식은 성당에서 하고 그 후 피로연장으로 이동하는데, 만찬과 파티까지 많은 시간이 소요되므로 초대를 받은 사람도 그날은 아예 다른 일정은 잡지 않고 세심하게 멋을 내고 참석한다.

피로연 장소 또한 한국처럼 일률적인 것이 아니라 나름대로 교외의 에노테카^{Enoteca} 와인 양조장를 겸한 레스토랑이라든가 성을 개조해서 만든 레스토랑이라든가 하는, 뭔가 독특하고 특별한 곳을 물색하느라 몇 달 전부터 수많은 리서치를 한다.

결혼식과 피로연에 들이는 돈은 개인 사정에 따라 천차만별인데, 그 중 인상 깊었던 결혼식을 세 가지만 소개해보자.

© Susanna Cucco

첫째는 친구 수잔나 쿠코Susanna Cucco의 결혼식.

수잔나 쿠코는 아트 디렉터고 신랑 막스는 건축가다.

그들은 이비차Ibiza 스페인의 휴양지 섬에서 처음 만났다. 수잔나는 매년 6월이면 이비차 섬에서 며칠씩 휴가를 보낼 정도로 그곳을 좋아했기에 막스와 처음 만났던 이비차 섬에서 결혼식을 올리기로 결정했다. 그러고는 가까운 지인들에게 새하얀 초대장을 보냈다. 'LOVE MAX & SUSY'라고 큼지막하게 인쇄가 되어 있었다.

장소는 이비차의 그림 같은 해변 가에 있는 작은 성당.

피로연도 이비차의 해변가.

드레스 코드는 'WHITE, NO HIGH HEEL', 흰색 옷을 착용하고 하이힐은 안 된다고 쓰여 있었다.

꼭 참석하고 싶었으나 하필 나는 그날 런던에서 중요한 일정이 잡혀 있었다. 런던의 호텔에서 프레스데이를 하기로 하고 PR과 함께 런던의 주요 기자들을 초대해놓은 날이었으므로 주인공인 내가 빠질 수 없는 자리였다.

수잔나도 너무나 아쉬워하며 프레스데이가 끝난 후라도 오라고 몇 번이나 이야기했지만, 아무리 런던 일정과 비행 일정을 맞추어봐도 답이 나오지 않아 포기할 수밖에 없었다.

결혼 선물로 내가 디자인한 흰색 저지 드레스를 보냈다. 그리고 두 달 정도 후 수잔나로부터 두툼한 봉투가 도착했는데, 열어보니 새하얀 작은 상자였다.

그들의 결혼 초대장처럼 'LOVE MAX & SUSY'가 겉에 찍혀 있는 상자를 열어보니 하얀 끈으로 묶은 수십 장의 사진이 들어 있었는데, 그들의 결혼식과 피로연 사진들이었다. 참석해준 사람들과 참석은 못했으나 가까운 사람들에게 그 사진 상자와 정성스러운 카드를 선물로 보낸 것이다. 나는 참석은 못했지만 내가 상상하던 그 아름다운 결혼식을 사진으로 충분히 느껴볼 수 있었고, 다시 한 번 그들의 아이디어에 감탄했다.

한적한 해변 가의 그림 같은 작은 성당. 바로 옆에 있는 하얀색의 아주 작은 갤러리. 모두 하얀색으로 차려입은 심상치 않은 느낌의 하객들. 또 그날 콘셉트에 맞추어 모두 하얗게 차려입고 오신 신랑, 신부의 부모님과 친척 어른들.

어둑해지는 해변에서의 바비큐 파티와 하얀 옷의 디제이(수잔나의 수많은 디제이 친구 중 하나이리라), 하얀색 티셔츠와 반바지로 갈아입고 춤추며 즐기는 신랑과 신부.

결혼식도 참 아트 디렉터답게 치른다는 생각이 들었다.

또 다른 결혼식 스케치 하나.

친구 바르바라Barbara의 결혼식은 아름다운 호수의 도시 코모 근교 작은 마을 성당에서 치러졌다. 코모 쪽에 작은 별장을 갖고 있는 부모님 때문에 자주 가던 그 근처에서 아주 작고 예쁜 성당을 보아두었던 것이다.

시골의 성당은 하객이 다 들어갈 수도 없을 만큼 작아서 동화 속 풍경처럼 귀엽고 깜찍했다.

결혼식이 끝난 후 다시 자동차로 조금 더 가면 호수가 내려다보이는 언덕 위에 있는 오래된 빌라를 개조한 아름다운 레스토랑이 그녀와 엄마가 고심해서 선택한 피로연 장소였다. 일단 자동차로 각각 도착한 하객들은 언덕 위 푸르디푸른 잔디밭에서 아페리티보를 즐기도록 배려했다.

각자 샴페인 잔을 들고 수다를 떨고 있으면 정장을 갖추어 입은 웨이터들이 오가며 맛있고 입맛이 도는 핑거 푸드를 권했고, 40분가량의 아페리티보가 끝나자 모두 안내된 자리에 앉아 요리에 일가견이 있는 그녀의 어머니가 주방장과 세심하게 의논하여 결정한 음식들이 에피타이저부터 서빙되기 시작했다.

길고 긴, 정말 끝없이 맛있는 음식들의 향연이었다.

신부보다 키가 작은 신랑은 턱시도에 조금 과장해서 1미터는 될 듯한 실크 햇을 써서 신부의 키를 훌쩍 넘겼고(모두들 얼마나 웃었는지 모른다), 신부는 늘씬한 몸매를 강조해 가슴에서 무릎까지는 좌악 붙고 그 아래는 인어 라인으로 퍼지는 민소매 아이보리 타프타 드레스에 아주 가느다란 자주색 벨벳 끈을 허리에 묶고, 짧게 커트 친 붉은 기가 도는 머리에는

흰색과 자주색, 녹색, 코럴색 등의 꽃 화관을 쓰고 있었다(왜 어릴 때 여자 아이들이 만드는 그런 화관 말이다).

모두들 유쾌하게 웃고 떠들며 석양이 지는 코모 호수를 바라볼 때 노을의 색깔이 얼마나 아름다웠는지 모른다.

세 번째 결혼식.

에마누엘라는 패션 전문지 편집장인 싱글 맘의 외동딸이다.

랄프 로렌 광고 모델처럼 큰 키에 아름다운 금발의 그녀는 늘씬하고 지적인 금발의 엄마를 꼭 닮았다. 밀라노 랄프 로렌 PR파트에서 일하던 그녀는 회사의 지시에 따라 런던 사무실로 자리를 옮겼다가 그곳에서 자신의 천생연분을 만났다.

영국인 아버지와 이탈리아인 어머니 사이에서 태어난 레오폴드는 영국에서 무슨 작위가 있는 귀족 집의 도련님이라는데, 푸른 눈에 금발인 177센티미터의 그녀와 190센티미터에 매력적인 초록빛 눈동자를 가진 검은 머리의 그가 함께 걸어가면 모델들이 지나가는 줄 알고 런던에서도 주변 사람들이 쳐다볼 정도란다.

1년간 사귄 어느 날 레오폴드는 집안에서 대물림되는 할머니의 반지를 끼워주며 에마누엘라에게 청혼을 했다는데, 그날 감동한 에마누엘라는 울면서 밀라노의 엄마에게 전화를 했다고.

그리고 그들은 7월의 한여름에 아름다운 토스카나Toscana 주의 도시 시에나Siena 근교의 작은 마을에서 결혼식을 하기로 결정했다.

토스카나 주에서 결혼식을 한다는 원칙을 정해놓고 그녀는 엄마와 함께 발품을 팔고 다니며 마음에 드는 작고 예쁜 도시를 골랐다. 그 모녀가 토스카나 주와 무슨 인연이 있는 것처럼 보이지는 않아서, 영국인인 레오폴드 쪽의 의견이 많이 작용한 것은 아닐까 하는 생각이 들었다. 토스카나 주는 독일 수상이나 영국 총리들이 해마다 여름휴가를 보내러 올 정도로 두 나라 사람들에게 많은 사랑을 받는 곳이고, 미국인들을 비롯한 외국인들의 로망이기도 한 곳이니까.

　우여곡절 끝에 작은 도시와 성당을 결정하고, 거기서 가까운 피로연 장소를 선택하고, 메뉴와 와인을 고르고, 자리를 배치하고, 거기까지는 보통의 결혼식과 비슷했다. 하지만 그 모녀는 밀라노와 런던에서 오는 모든 손님을 위해 숙박까지 제공하기로 결정을 했다.

　그리하여 엽서에나 나올 법한 토스카나 주의 아름다운 풍경과 그다음 날 아침 느지막이 일어난 손님들이 신선하고 향기로운 크루아상을 부드러운 카푸치노와 함께 마시며 아침나절의 평화를 즐길 만한 아늑하고 꽃이 많이 핀 정원을 가진 호텔을 물색했다. 바쁜 일정과 싸우며 수없이 토스카나를 왔다 갔다 한 끝에 결국 손님들에게 그림같이 아름답고 평화로운 토스카나의 아침을 선물할 수 있었다.

　몇 가지 예를 들었지만, 이들에게 결혼식이란 인생의 가장 중요하고 개인적인 이벤트이다. 그리하여 나름대로의 그림을 그려 자신만의 색깔이 분명한 결혼식을 만들어내는데, 여기서 살면서 참 좋다고 느낀 이유 중의 하나이기도 하다.

　예식장이나 호텔이라는 상업적인 공간에서 수많은 커플이 매일 되풀이하는 똑같은 방식으로, 호떡집에 불난 것처럼 식을 치르는 한국의 예식 문화가 앞으로는 좀 더 특별하고 사적인 행사가 되었으면 하는 바람이다. 치르는 사람이나 가는 사람이나 스트레스가 되는 결혼식이 아니라 즐겁고 기억에 남는 행복한 결혼식이 되었으면 한다.

　이왕 결혼식 이야기가 나왔으니, 웨딩드레스 이야기 또한 빠뜨릴 수 없을 듯하다.

　이탈리아에서는 웨딩드레스를 한국처럼 빌려 입는다는 개념이 아예 존재하지 않는다. 숍의 1천 유로짜리 웨딩드레스부터 디자이너 부티크의 1만 유로짜리 웨딩드레스까지 비싸든 싸든 구입하는 경우가 대부분이다. 물론 맞춤이므로 2번 이상의 가봉은 기본이다.

　그리고 드레스에 맞추어 신을 슈즈와 성당에서 결혼식 때 걸칠 숄 등(성당 안에서는 어깨가 드러나는 웨딩드레스를 입을 수 없다) 모든 것을 세심하게 시간을 두고 결정한다.

　중산층 이상의 비교적 잘사는 집안에서는 엄마나 할머니에게 물려받은 웨딩드레스를 고쳐 입거나, 엄마나 할머니가 간직하고 있던 실크나 레이스로 드레스를 만들어 입는 경우도 많다.

　루이자 베카리아에서 일할 때 (루이자 베카리아의 웨딩드레스는 유럽의 귀족이나 부자들에게 사랑받는 드레스 중 하나이다) 한 부인이 딸의 결혼식 때 쓰고 싶다며 빅토리아 시대의 레이스를 가지고 온 적이 있다. 오랜 세월이 지나면서 예전에는 찬란하게 빛나는 금빛이었을 레이스는 한 톤 가라앉은 앤티크 골드가 되어 있었고, 수많은 크고 작은 꽃잎 모양의 디자인은 너무나 정교하고 아름다워서 함께 쓸 샴페인 색깔의 새틴을 골라주며 감탄에 감탄을 거듭했다.

그렇게 아름다운 레이스는 아무리 유명한 프랑스의 레이스 제조업체도 만들 수 없는 보물이니, 할머니한테 물려받은 레이스를 고이 간직하고 있다가 자신의 웨딩드레스로 만들어주는 엄마를 가진 딸은 얼마나 행복했을까.

몇 달간 디자인을 고르고 가봉하며 그날의 룩을 준비하는 건 신부만이 아니다. 신부와 신랑 어머니와 친척, 친구들, 그리고 아기들까지 결혼식 때 입을 옷들은 몇 달 전부터 미리 준비하고 슈즈와 백까지 완벽하게 매치한다. 다시 말하지만, 이들에게 결혼식 초대는 한국에서처럼 거의 주말마다 있는 행사가 아닌 아주 가끔 있는 일이므로 덩달아 들떠서 기쁘게 준비를 하는 경우가 대부분이다.

당연히 축의금의 액수도 우리가 생각하는 것보다는 훨씬 높은데 (자신이 먹고 오는 한 끼 식사 비용보다 많다고 보면 된다), 돈보다 신혼부부에게 필요한 선물을 주는 것이 일반적이다. 하지만 신혼부부에게 필요한 것이 무엇인지도 모르고 또는 선물이 겹칠 수도 있으므로 리스타 디 노체 Lista di Nozze 결혼 선물 리스트라는 것을 이용한다. 부부가 지정하는 리스타 디 노체 매장을 가면 그들이 이미 보고 골라놓은 물품 리스트가 있으므로, 그 중에 자신의 예산에 맞는 것으로 선물을 고르면 된다. 물론 가까운 사이에서는 돈으로 하는 경우도 있지만, 주는 쪽이나 받는 쪽 모두 마음이 담긴 선물을 더 선호하는 듯하다.

결혼식과 피로연이 끝나면 신혼부부는 2~3주 정도 달콤한 루나 디 미엘레Luna di Miele 신혼여행를 떠난다.

이들에게는 혼수니 예단이니 하는 개념은 없고(예전 할머니 세대에는 있었다고 한다), 예물도 보통 페데Fede라고 부르는 심플한 결혼반지(보통 아무 장식 없는 18금)만 주고받는다. 집 장만이나 가구 등도 둘이 나누어서 하고 집은 깔끔하게 공동 명의로 한다.

혼수 때문에 결혼이 깨지기도 하고, 이런저런 신랑감에는 요런저런 열쇠를 장만해야 한다든지 하는 예단 때문에 집안싸움이 나는 등 온갖 아름답지 않은 일이 일어나고, 막상 결혼식은 얼굴도 모르는 사돈의 팔촌까지 초대하고, 무슨 틀에 박힌 이벤트처럼 치르는 한국의 결혼 문화는 분명히 개선해야 할 필요가 있다.

하지만 우리의 아들딸들이 결혼할 때쯤 되면 조금은 달라지지 않을까. 그때는 한국의 신랑·신부도 결혼식이라는 소중한 행사를 자신만의 방식으로 멋지게 기획해서 평생 잊지 못할 이벤트로 만들게 되리라는 생각을 해본다.

여유롭고
한가로운
브런치

이탈리아 사람들이
가장 사랑하는
휴양지
사르데냐

Milano Story _ 006

인생은
바칸차!

8월의 밀라노 시내에 남은 건 중국인과 개밖에 없다는 우스갯소리가 있을 만큼 바칸차Vacanza 휴가 시즌인 8월의 밀라노는 그야말로 썰렁한 도시로 변모한다. 교통 체증이 전혀 없어 도시를 씽씽 달릴 수 있고, 평소에 그렇게 찾기 힘든 주차 공간도 널널하게 넘쳐난다.

거리 대부분의 상점들은 셔터가 굳게 내려져 있고, 그 위에는 3주 후에 돌아오겠다거나 한 달 후에 다시 열겠다거나 하는 메시지가 떡 하니 붙여져 있다.

그러니 문을 연 바나 레스토랑은 사람들로 넘쳐나(아무리 많은 사람이 휴가를 간다고 해도 안 간 사람은 있기 마련이고, 또 모든 사람이 한 달 내내 휴가를 가는 것은 아니니) 8월 대목을 누리기도 한다.

우리 동네만 해도 바가 4개인데, 그 중 중국인이 운영하는 바만 연

중무휴이다. 평소에는 장사가 특별히 잘되는 바라고 말하기 어렵지만 8월만 되면 사람들로 북적북적한다.

8월에 문을 열면 이렇게 장사가 잘된다는 걸 알면서도 절대 휴가를 포기하면서까지 영업을 하지 않는 것이 또 이 사람들이다. 물론 19년 전 내가 이탈리아에 처음 도착했을 때와 비교한다면 정말 장족의 발전을 하여, 대형 슈퍼나 백화점 등은 8월에도 빨간 날(오히려 빨간 날 영업하는 경우도 있다) 이외에는 문을 열고, 세계 최대 가구업체로 유명한 이케아IKEA처럼 1년 365일 문을 여는 곳도 있다.

처음 이탈리아에 도착해 그림 같은 작은 도시 페루지아에서 이탈리아어를 공부할 무렵만 해도, 정말 8월엔 일용할 양식을 구하기도 힘들 지경이었다. 역 앞 대형 슈퍼를 빼고는(이 대형 슈퍼마저도 점심때는 문을 닫았다) 모든 상점이 문을 닫고 떠나버려, 시내를 나가거나 역 앞 슈퍼까지 가야만 겨우 먹고살 양식을 살 수 있었다. 그나마 페루지아는 세계 각국에서 이탈리아어를 배우려는 사람들이 모여드는 외국인을 위한 언어 대학이 있는 곳이고, 여름에도 여러 가지 서머스쿨과 수업이 정상적으로 진행되어 이탈리아 내에서는 드물게 8월에도 온 도시가 북적북적한 곳인데도 그랬다.

이탈리아에 도착한 후 가장 적응하기 힘들었던 게 모든 매장이 영업시간 중간에 점심시간이라며 2~3시간씩 문을 닫고, 음식점도 점심은 12시 30분부터 2시 30분, 저녁은 7시 30분이나 8시부터 11시 30분, 뭐 이런 식으로 시간을 정해놔서, 때를 놓치면 밖에서 밥 한 끼

먹을 수 없다는 점이었다. 한국처럼 24시간 먹고 싶은 음식은 언제든 먹을 수 있는 나라에서 살다 온 나로서는 도저히 이해하기 힘들고, 사실 이해하기도 싫었다. 너무 불편하고 짜증나서…….

노트라도 한 권 사려면 10시 30분에 문을 열어 12시 30분에 닫고 다시 3시 30분에 열어 7시 30분이면 문을 닫는 문방구의 시간에 맞추느라 온갖 신경을 써야 했으니, 점심시간을 이용해서 쇼핑을 한다든가 이런 건 절대 있을 수도 없는 일이었다. 또한 모든 상점이 월요일 오전에는 문을 열지 않았다. 그러니까 토요일까지 영업을 한 후 일요일 하루와 월요일 오전까지 쉬었다가 월요일 오후 3시경 다시 문을 여는 것이다.

게다가 7월 말, 8월 초만 되면 3주씩, 한 달씩 문을 닫아버리니 "아니, 이 사람들은 이러고도 먹고사나. 가게 문을 한 달을 닫다니." 이렇게 투덜거리며 8월에 필요한 물건을 미리 사두곤 했다.

물론 사람은 적응의 동물이고, 이런 부분도 어느 정도 포기하고 초월하고 나면 그러려니 하면서 살게 마련이다. 결국 매장의 점원도, 주인도 나와 같은 사람이고, 그들도 나와 똑같이 휴가를 즐길 권리가 있다는 것을 인정하면 마음이 편해지는 것이다.

처음 밀라노에 왔을 때, 우리가 사는 동네에 비디오 가게가 있는 것을 보고는 (1980년대 한국에도 많던 조그만 동네 비디오 가게와 비슷했다) '야, 그래도 여긴 밀라노라고 시골 페루지아하고는 다르구나, 동네에 비디오 가게도 있네. 저녁에 빌려봐야지.' 룰루랄라 하며 저녁 먹고 남편하고 손잡고 비디오 가게에 갔더니, 8시 15분밖에 되지 않았는데도 셔터가 굳게 내려져 있었다.

"어, 오늘 문 닫았나봐." 하며 가까이 가서 보니, 셔터 옆에 조그맣게 손으로 써서 붙여놓은 영업 시간표가 눈에 띄었다.

월요일 15:30~19:30
화요일~토요일 10:30~13:00 15:30~19:30
일요일 휴무

아니, 다른 업종은 그럴 수 있다고 치자. 비디오라는 게 주로 밤이나 일요일에 빌려보지들 않나. 어떻게 비디오 가게가 다른 매장들과 똑같은 영업 시간을 고집한단 말인가. 남들 놀 때 장사를 해야 하는 게 비디오 가게이거늘, 도대체가 남들 일할 때 똑같이 일하고 남들 놀 때 같이 놀겠다니…….

정말 이건 아니라고 투덜거리면서도 영화를 보고 싶은 날은 저녁 먹기 전에 들르거나 학교 갔다 오다가 들르곤 했다. 그러던 어느 날 비디오 가게는 명함도 못 내밀 강적이 있다는 사실을 알게 되었다.

섹스숍 Sex Shop.

유명한 물랭루즈가 있는 파리의 피갈 Pigalle 이나 암스테르담의 사창가 주변 등은 말할 것도 없고, 독일의 프랑크푸르트 등의 도시에서도 붉은 네온이나 야한 사진들과 용도를 이해하기도 어려운 기구들로 사람들(특히 남자들 또는 관광객)을 유혹하는 섹스숍.

밀라노에는 그런 곳이 보이지 않길래 '역시 교황님이 사시는 가톨릭의 나라는 달라.' 했더니 웬걸, 어느 날 보니 섹스숍이 시내에 버젓이 자리하고 있었다. 밤에 친구들과 지나가다가 보게 된 'Sex Shop'이라는 노란색과 검정색으로 단정히 쓰인, 맥도날드를 연상케 하는 검소한 간판이었다. 하지만 저녁 9시도 안 되었는데 굳건히 닫혀 있는 문과 그 위에 붙어 있는 작은 종이 한 장.

영업 시간표
월요일 15:30~19:30
화요일~토요일 10:30~19:30
일요일 휴무

화요일부터 토요일까지 점심시간도 없이 일한다는 거 하나는 가상했으나, 아침 10시 30분에 열어 저녁 7시 30분에 닫는 섹스숍에 도대체 누가 들어갈까. 사람들이 한창 일하는 벌건 대낮에, 섹시한 사진도 진열된 기구도 없고, 하다못해 그 흔한 붉은 네온등 하나 없이 노랑과 검정색의 아동스런 맥도날드 같은 간판을 보면서 말이다. "원, 이렇게 경쟁력이 없어서야." 하는 소리가 절로 나오면서 그 섹스숍이 귀엽기까지 했다. 물론 8월에는 섹스숍도 당연히 문을 닫고 한 달간 놀러가버린다.

지금까지는 매장에 대한 이야기를 했지만, 보통 직장인들의 경우 대개 3주 정도의 여름휴가를 즐긴다. 1년에 빨간 날 빼고 일하는 날들 중 5주의 휴가를 갖도록 법이 보장하고 있는데, 이 휴가를 회사 사정상 못 쓴다면 그 시간들을 연말에 모두 돈으로 보상해야 하므로, 거의 모든 회사가 어떻게든 정해진 날짜만큼 직원들이 다 쓸 수 있게 유도한다.

보통은 8월에 3주 정도 쓰고 나머지 2주는 각자의 상황에 따라, 대개는 부활절 때 1주, 크리스마스 때 1주를 쓰는 사람들이 많다. 이들은 부활절 휴가가 끝난 4월 말이나 5월이면 이미 여름휴가 계획을 짜기 시작한다. 장소를 결정하고 비용을 뽑아보고 호텔과 비행기를 예약하고……

빠른 사람들은 5월, 늦어도 6월 정도에는 여름휴가 계획이 거의 완료되어 있다고 봐야 한다. 그리하여 7월쯤 만나는 모든 사람의 인사가 바로 이것이다.

"휴가는 어디로 갈 거야?"

3주 내지는 한 달씩이나 되는 긴 휴가지만, 한국에서 흔히 볼 수 있는 여행 프로그램인 '동남아 2개국 5박 6일'이라든지 '유럽 5개국 9박 10일'이라든지 하는 유형의 휴가는 찾아볼 수 없다.

기간은 훨씬 길지만 내용은 훨씬 심플하다.

"사르데냐^{Sardegna}에 3주간 있을 거야. 8월에도 사람이 거의 없고 모래가 너무나 부드러운 한적한 해변을 알고 있거든." 아니면 "산토리니Santorini 섬에 2주간 남자 친구랑 갔다가 토스카나 시골 할머니 집에서 부모님이랑 일주일 보내다 올 거야." 또는 "풀리아Puglia에 내려가 2주 정도 보내고 일주일은 몬타냐Montagna 산에 가서 시원하게 푹 쉬다 와야지." 대략 이런 식이다.

물론 학생들은 3주 정도의 짧은(?) 휴가가 아닌 2~3달 정도 긴 방학을 보내므로 '인디아, 스리랑카 2달 여행'이라든가 '스페인 일주' 혹은 '브라질, 멕시코 등 남미 돌아보기' 등의 여행을 한두 달씩 친구들과 떠난다. 그런 경우도 짧은 시간 안에 수많은 곳을 헐레벌떡 뛰어다니는 한국식 여행과는 거리가 멀다.

하긴 그게 뭐 한국 사람들의 잘못일까, 한국 사람들이라고 여유 있게 시간을 잡고 한두 군데서 오래 머물며 즐기는 여행이 좋다는 것을 모를까. 아무리 길게 뽑아도 일주일 이상은 얻기 힘든 휴가 기간으로는 선택의 여지가 그리 많지 않다. 특히 3면이 바다고 위로는 올라갈 수 없는 우리나라 특성상 국내 여행이 아닌 경우는 무조건 비행기를 타야 하므로, 유럽같이 여러 나라가 다닥다닥 붙어 있어 자동차로 몇 개국을 자유롭게 다닐 수 있는 지리적 이점도 갖지 못했다.

노동법이 워낙 강력한 유럽에서 일하는, 그래서 최대한의 휴가를 당연한 권리로 누리며 사는 그들이 부러울 뿐이고, 그렇게 놀면서도 잘 먹고 잘사는 게 신기할 뿐이다.

여름휴가에서 섹시하게 갈색으로 선탠한 피부로 9월부터 활기차게 일상으로 돌아온 그들은 10월경이면 곧 12월 나탈레Natale 크리스마스

인생을 즐길 줄 아는 그들
그림 같은 아시시의 여유로운 여행객들

휴가 계획을 세우느라 들뜨기 시작한다. 보통 많은 회사들이 12월 23일경부터 다음 해 1월 6일 에피파니아^{Epifania} 주현절까지 문을 닫는 경우가 많아 열흘에서 2주 정도의 휴가가 생기는데, 크리스마스는 가족과 보내고 그다음 날인 26일부터 여행을 떠나는 경우가 많다.

여기저기서 "부온 나탈레$^{Buon\ Natale}$ 메리 크리스마스!", "부온 안노$^{Buon\ Anno}$ 해피 뉴이어!" 소리로 가득 찼던 1월 6일 이후가 지나고 겨울 세일과 함께 일상으로 돌아오면, 2월쯤엔 4월의 부활절 휴가 계획을 짠다.

부활절 휴가 때는 여름이나 크리스마스처럼 회사들이 길게 문을 닫거나 하지는 않지만, 자신의 남아 있는 휴가 일수 중 일부를 써서 여행을 가거나 고향에 가는 사람도 많다.

이렇게 1년 내내 계획을 짜서 휴가를 갖다 오고 틈틈이 일도 하는 인생. 그러니 인생에서 바캉스를 뺀다면 무슨 낙이 남겠는가. 이탈리아 사람들의 인생에서 휴가는 너무나 큰 부분을 차지하고 있는 것이다.

만화 같은 이야기지만 잘나가는 밀라노의 세무사였던 파올로^{Paolo}의 예를 들어보겠다.

파올로는 아버지도 세무사, 형도 세무사인 무척 부유한 세무사 집안에서 태어나고 자랐다. 형과 함께 밀라노에서 세무사 사무실을 크게 운영했는데, 예전부터 좋아하던 휴가지인 판텔레리아^{Panteleria}(시칠리아 근처의 작은 섬으로 조르조 아르마니의 별장도 있다)가 갈수록 좋아졌다. 어느 날 파올로는 판텔레리아 바닷가에 땅을 사고 멋진 집을 짓기 시작했다. 여름이면 6월부터 8월까지 세 달을 그곳에서 보내며, 실제로 잡지에도 소개될 만큼 그림 같은 집을 완성했다.

파올로는 원래 밀라노에서 세련된 디자이너 여자 친구와 함께 살고 있었는데, 당연히 3개월씩 휴가를 낼 수 없는 여자 친구와 자주 싸우다가 결국 헤어졌다. 그러고는 시간이 자유로운 이탈리아 유수의 화장품 회사 딸과 사귀면서 2개월, 3개월씩 판텔레리아에 가서 살다 왔다.

바닷가에 자리한 멋있는 집 정원에서 끊임없이 파티를 열며 많은 친구를 초대해 먹여주고 재워주며 3개월 정도 보내다 보니 밀라노로 돌아와 세무사로 일하는 생활이 점점 버거워지기 시작했다. 결국 엄마와 형한테 심하게 꾸중을 듣고는 세무사를 때려치웠다.

이후 파올로는 독특한 가구를 직접 제작하는 일을 시작했는데, 디자인 감각과 끼가 있었는지 의외로 반응이 좋았다. 그리고 화장품 회사 딸이던 여자 친구와 헤어진 뒤에는 아예 판텔레리아에서 태어나고 자란 여자 친구를 사귀기 시작했다.

현재 그는 여자 친구랑 멋있는 판텔레리아 집에서 살며, 친구들과 즐겁게 놀다가 식구들 만나려고 6개월에 한 번 정도 밀라노에 올라온다.

뭐, 이 정도면 인생은 끝도 없는 즐거운 휴가의 연속일 듯싶다.

Milano Story _ 007

이보다 더
인간적인 곳은 없다

친하게 지내는 커머셜 매니저 후다 소디hooda Soodi는 아버지가 모로코인, 어머니는 미국인이다. 모로코에서 태어나 열두 살까지 살다가 미국으로 건너가 MBA까지 마치고, 이후 샌프란시스코와 리우데자네이루, 바르셀로나 등에서 일하다 이탈리아 변호사를 만나 결혼해 지금은 밀라노에서 산다.

  이탈리아 생활에서 받는 스트레스에 대해 이야기할 때는 같은 외국인 친구라도 유럽 쪽 친구들보다 미국 쪽 친구들과 훨씬 더 통하는 면이 있다. 유럽 지역은 느려터진 일처리나 우리와는 너무나 다른 서비스 개념 등이 비슷하다 보니(물론 이탈리아나 프랑스처럼 심한 나라와 북유럽처럼 조금 나은 나라로 나뉠 수는 있지만) 아무래도 날쌔고 정확한 일처리나 고객 감동의 서비스에 길들여져 있는 미국이나 일본, 한국 사람들이 그런 쪽으로는 더 이야기가 통하기 마련이다.

일하다가 친해진 그녀와 만나면 19년을 살아도 적응이 안 되는 이 사람들의 은행과 우체국 시스템, 관공서 등에서 쌓인 스트레스를 이탈리아 욕까지 곁들이면서 신나게 풀곤 한다.

어느 날은 여느 때처럼 수다를 떨다가 헬스클럽에 대한 이야기가 나왔다. 사르데냐에서의 여름휴가 때 늘어난 4킬로그램이 아무리 노력해도 빠지지 않아서 헬스클럽을 끊었단다.

헬스클럽 이야기를 하다 보니 잘 아는 한국 분이 한국에서의 습관처럼 출근하기 전에 수영이나 좀 하려고 알아보다가, 그렇게 일찍 (아침 7시) 문을 여는 곳이 없어 포기하고 말았다며 한숨을 내쉬던 모습이 떠올랐다. 한국은 새벽 5시면 문을 열어서 새벽부터 부지런한 사람들로 넘쳐나는데, 어떻게 이 나라는 아침 7시에도 문을 여는 곳이 없냐고 하면서.

그러고 보니 몇 년 전, 내가 다니던 헬스클럽에서 다음 주부터 화요일과 목요일에는 아침 7시부터 문을 연다고 게시판에 대대적으로 광고를 했던 기억이 난다. 나는 남편이랑 저녁 시간을 이용해 헬스클럽에 다녀서 아침에 몇 시에 문을 여는지 관심도 없었다. 그 게시 글을 보고 "아니, 헬스클럽이 그럼 몇 시에 열었던 거야? 원래 새벽에 여는 거 아니야?" 했더니, 남편이 "새벽에 문 열면 이탈리아 애들이 새벽부터 몇 명이나 운동하러 오겠냐? 전기세도 안 나오지." 한다. 그러고 보니 남편의 말이 100퍼센트 맞아서 "하긴 그렇네."라고 대답했던 적이 있었다. 아니나 다를까, 그 헬스클럽의 전략은 실패로 돌아가서, 언제부터인지 그냥 일주일 내내 9시에 문을 여는 보통 헬스클럽으로 돌아와 있었다.

물론 요즘은 하루에 20시간을 여는 20아워Hours를 비롯해(뭐 그것도 월요일 하루이지만) 밀라노에서 가장 물이 좋기로 유명한 다운타운Down Town이 일주일 중 이틀을 7시에 오픈하는 등 몇 년 사이 많은 변화가 있는 것이 사실이다. 하지만 이런 바람도 밀라노에만 해당되는 이야기이고 다른 도시들은 아직 어림도 없다.

그런 이야기를 한참 하고 있는데 갑자기 그녀가 이런 이야기를 했다.

"나도 샌프란시스코에서 일할 때는 새벽 5시면 헬스클럽에 가고 조깅도 했어. 미국 사람들 알지? 운동 중독……. 나 그때, 워커홀릭처럼 밤 11시까지 야근하며 일하고 또 새벽 5시부터 일어나 운동하고, 안 그러면 자꾸 뭔가 나만 뒤떨어지는 것 같아 정말 열심히 살았어. 새벽부터 밤까지 잠시도 쉬지 않고. 그런데 이제는 가끔 그런 생각을 해. 내가 왜 그렇게 살았을까? 도대체 무엇을 위해서?"

잠시 생각하던 그녀는 다시 말을 이어나갔다.

"여기 이탈리아에 처음 왔을 때 내가 제일 경악했던 게 뭔지 알아? 스타벅스가 없었다는 거야. 넌 이해 못할지도 모르지만, '아니, 세상에 스타벅스가 없는 나라에서 어떻게 살지? 여기는 그래도 명색이 세계 최고의 패션과 디자인의 도시라면서 어떻게 스타벅스가 없을 수가 있지? 파리도 런던도 다 있는 스타벅스가 도대체 왜 여긴 없는 거냐고?' 그러면서 남편한테 이런 뒤떨어진 나라일지 몰랐다고 징징거리며 난리를 쳤지. 그리고 여기서 산 지 이제 10년이 됐잖아? 나는 이제 우리 집 바로 밑의 바에서 마시는 에스프레소가 없으면 못살아. 아침에 출근하기 전 들어가서 "부온 조르노!" 하고 외치면 "여기 카페 마키아토!" 하면서 내가 주문할 걸 미리 알아서 내놓는 바리스타와 그 바가 나한텐 최고야. 미나, 난 이탈리아에 와서 사람이 사람답게 산다는 것에 대한 생각이 많이 바뀌었어."

그날 우리는 여유롭게 산다는 것, 즐기면서 인간적으로 산다는 것에 대해 참 많은 이야기를 나눴다.

어떻게 살 것인가?

"난 아름답게 살 거야. 내가 하고 싶은 일만 하면서……."

이렇게 말하며 스무 살의 나는 웃곤 했다. 그런데 마흔 살이 넘어선 내가 아직도 '어떻게 살 것인가'를 고민하고 있으리라고 스무 살의 나는 상상이나 했을까.

모든 조바심을 버리고, 빨리빨리 하는 일처리나 고객 감동 서비스도 깨끗이 포기하고, '오늘 안 되는 일은 내일도 있다'라는 마음가짐으로 보기 시작하면 한없이 살기 좋은 곳이 이탈리아인지도 모른다.

하지만 인간적으로 여유롭게 살기 위해서는 먼저 도를 닦는 마음가짐과 단단한 내공이 필요한 곳이기도 하다. 슈퍼마켓 계산대에 줄이 늘어서 있는데도 캐셔가 계산은 하지 않고 손님이나 동료와 수다를 떨고 있고, 관공서에서 필요한 서류를 신청하고 창구에서 기다리고 있는데 내 서류를 프린트해야 하는 직원이 옆의 직원이랑 아침에 바에서 먹은 브리오슈^Brioche 달걀과 버터를 넣어 구운 프랑스 빵 이야기를 곁들여 수다를 떨어도 그저 어깨 한 번 으쓱하고 말 정도로 쿨해져야 한다.

결국 서비스를 하는 쪽이나 받는 쪽 모두 같은 인간이고, 그렇기 때문에 상대방의 여유(?)도 인정해주어야 하는데, 그건 아무리 여기서 오래 살아도 참 쉽지 않은 일이다.

물론 인간적인 서비스의 좋은 점을 제대로 느끼는 경우도 많다. 예를 들어 레스토랑에서 식사를 할 때 서빙하는 웨이터는 단지 주문만 받고 음식을 가져다주는 사람이 아니다. 그는 오늘의 신선한 재료들에 대해 설명해주고 주문을 도와주며, 내 예산에 맞게 비싸지 않으면서도 내가 주문한 요리와 어울리는 와인을 골라준다. 그리고 한 코스가 끝나 접시를 가져갈 때면 음식 맛이 어땠는지 물으며 신경 써주고, 식사가 끝나면 즐거운 웃음으로 인사하며 옷걸이에 걸어둔 내 코트를 입혀주면서 인사를 건네는, 그날의 내 저녁 시간을 책임지는 사람이다.

이들은 보통 한 레스토랑에서 오래 일하는데, 그 덕분에 단골손님들과는 주인만큼이나 친분이 있고 레스토랑의 메뉴에 대해서도 모르는 것이 없다. 그래서 이탈리아 사람들은 그들의 어드바이스를 들으며 수다도 떨고 주문에 많은 시간을 할애하기 때문에, 우리나라 사람들의 눈으로는 몇 분씩 메뉴 판을 들고 서서 손님과 웨이터가 고심하고 의논하며 음식을 고르는 모습이 무척 생소할 것이다.

한국에서는 주인이 아닌 경우 일단 전문성이 많이 떨어지고, 손님들과 수다를 떨며 한참 동안 주문을 받다가는 주인과 다른 손님들의 눈총을 받기 십상이다.

언젠가 어떤 한국 분이 이런 말씀을 했다.

"내가 한국·미국·독일·스위스·이탈리아 이렇게 살아봤는데, 그래도 이탈리아가 그 중 제일 사람이 살 만한 곳입니다. 스위스 여행 가면 너무 예쁘고 깨끗하고 좋지요? 그런데 그 사람들이 그 깨끗함과 질서를 유지하려고 얼마나 피곤하게 사는지 아세요? 독일도 그 원리원칙이 어떨 때는 편할 때도 있지만 어떨 땐 얼마나 정내미가 떨어지는지. 그래도 이탈리아 애들이 제일 만만하죠. 애들이 좀 수다스럽고 엉망이긴 하지만 정이 많잖아요. 그래도 내 나라 떠나서 제일 정 붙이고 살 만한 데가 여기예요."

또 언젠가 잘 알고 지내던 한국 유학생 부부 친구들이(그들도 부부) 파리에서 놀러온 적이 있는데, 옆집 할머니가 자주 자신의 손자와 함께 그 부부의 아기를 돌봐주는 모습을 보며 파리에서는 어림도 없는 일이라며 놀라고 부러워했던 적도 있었다.

나는 많은 나라에서 살아보지는 못했지만 참 많은 곳을 돌아다녔다. 하지만 여행을 다니면서 느끼는 단편적인 감정으로 그 나라를 정의하는 것이 얼마나 위험한 건지 알기 때문에 잘 모르면서 섣불리 말하기도 싫고 또 그렇게 말하는 사람도 싫어한다.

내가 살아본 한국과 이탈리아 두 나라 모두 좋은 점과 나쁜 점이 있다. 또한 여행으로 다녀본 수많은 나라와 도시들도 좋은 점만 있거나 나쁜 점만 있는 곳을 보지 못했다.

이탈리아는 이래서 좋고, 한국은 저래서 좋고, 뉴욕은 이런 점이 좋고, 런던은 또 그런 점이 좋은 것이다. 파리는 이런 점이 나쁘고, 도쿄는 저런 점이 나쁘고, 이스탄불은 이래서 나쁘고, 스위스는 저래서 나쁜 것처럼.

이탈리아에 살면서 불만과 편견에만 사로잡혀 늘 이들의 나쁜 점만 이야기하고 불평만 하는 사람들을 가끔 보아왔다. 느려터진 서비스, 길게 늘어선 응급실의 환자들……. 하지만 이들은 느려터진 서비스 이면의 인간적인 서비스라든가, 자국민뿐 아니라 외국인 여행자, 불법 체류자까지도 차별 없이 의료 혜택을 받을 수 있는 이곳의 장점은 보지 못한다.

그리고 그들은 한국에서 살아도 또 불평불만에 여념이 없을 것이다. 그들에게는 징글징글한 교통 체증이나 심각한 대기 오염, 늘어나는 강력 범죄 같은 나쁜 점만 보일 뿐, 신속하고 정확한 서비스, 맛있고 푸짐하고 값싼 음식들, 24시간 장 볼 수 있는 마트, 이런 좋은 점은 보이지 않을 테니까.

이탈리아처럼 아름다운 자연과 유적, 맛있는 음식이 넘쳐나고, 한국처럼 신속·정확·친절한 서비스에, 독일처럼 정직하고 믿음직스러우며, 프랑스처럼 낭만적이고, 스페인처럼 매력도 있는 그런 나라는 아마 지상에는 존재하지 않을 것이다.

　허접하고 느려터진 일처리 때문에 열받게 하는 것만 빼면 이탈리아가 그래도 살 만한 나라인 것이 맞는 듯하다. 적어도 이곳에서 19년을 살아온 내게는 말이다.

　그러고 보면 누구나 자신이 현재 살고 있는 곳이 가장 소중하고 또한 가장 살 만한 곳은 아닐까.

Mentor Story

4.

끝없는 자극을 주는 나의 멘토들

Mentor Story _ 001

잘할 수 있는 일에 모든 것을 걸다

감성 마케팅의 대가, 암펠리오 부치 Ampelio Bucci

암펠리오 부치는 일흔여섯 살의 디자인과 패션 관련 마케팅 전문가이다. 그리고 밀라노의 도무스 아카데미 설립 초기부터 학생들을 가르치고 있는 교수이자 '부치Bucci'라는 브랜드의 맛있는 포도주를 생산하고 있는 경영주이기도 하다.

  세 명의 손자와 많은 시간을 가지려고 노력하는 할아버지이기도 한 그는 패션과 디자인 마케팅 컨설팅 일도 하고, 대학에서 디자인 전공 학생들을 가르치며, 틈틈이 마르케Marche 주에 있는 자신의 포도밭에 가서 그 해 와인 농사를 살피고, 또 미국과 일본 등을 방문하며 와인을 영업한다.

  언제나 에너지가 넘치고 함께 있으면 화제가 끊이지 않고 재미있으며 또 나이와 도저히 걸맞지 않는 천진난만함이 너무너무 귀여운 이 할아버지는 내가 도무스 아카데미를 졸업할 때 논문 교수이기도 했고, 이듬해에는 자신이 맡고 있는 그룹 학생들의 논문 조교로 나를 초빙하기도 했다.

보통 와인업체를 경영하는 사람들은 대대로 내려오는 가업을 이어받는 경우가 많고, 해마다 올해는 최고의 빈티지Vintage 양질의 포도로 만든 고급 포도주가 나오길 애타게 기도하며 1년 내내 포도 농사에 매달리고 절대로 그들의 땅을 떠나지 않는 등, 삶과 포도밭이 함께 어우러진 경우가 대부분이다. 부치 교수는 본업이 밀라노에 있기에 어찌 보면 취미삼아 와인 농장을 경영하는 것 같아 보인다. 하지만 1985년에 시작한 '부치'는 2005년 이탈리아 최고의 백포도주에 선정되는 등, 특별한 화이트 와인으로 자리매김하고 있다.

그가 뒤늦게 설립한 와인 사업을 어떻게 성공시킬 수 있었는지, 패션 및 디자인 마케팅 전문가인 그가 어떻게 와인 사업에 본업을 접목시켰는지를 들여다보면 그 과정이 참 흥미롭다.

1936년생인 암펠리오는 이탈리아의 동해안인 아드리아 해 근처 오스트라 베테레Ostra Vetere에서 태어났다. 그의 아버지는 1885년생으로, 대대로 가족이 살아오던 오스트라 베테레의 저택에서 태어났는데, 넓은 고향 땅의 농사일은 관리만 하고 일찍부터 밀라노로 올라와서 사업을 했다.

마흔다섯 살까지 장가도 가지 않고 일만 하던 아버지는 고향으로 내려가 그 동네에서 가장 나이 많은 스물일곱 살 노처녀를 아내로 맞은 뒤, 다시 밀라노로 올라왔다.

아버지는 세 명의 딸에 이어 막내아들로 암펠리오를 낳아, 그는 위로 누나만 세 명인 집안의 막내이자 외동아들이다. 아들이 집안의 대를 잇는다는 생각이 강할 때이므로 그는 어려서부터 아버지의 일을 돕기 시작했다. 그의 말대로라면 열세 살 때부터 '일을 시작'한 것이다.

늦은 나이에 낳은 아들에 대한 기대가 컸던 아버지는 암펠리오가 열세 살 때 이미 60대 중반의 나이였으므로, 가업인 고향 땅의 농사일을 둘러보러 내려갈 때면 늘 그를 대동했고, 이후 건강이 점점 나빠지기 시작하자 밀라노 사업의 중요한 결정도 그에게 의논하는 등 어린 아들에게 많이 의지했다.

"그것은 어린 나에게 참으로 큰 부담이었다."는 암펠리오는, 때때로 밤이면 아버지의 방에 들어가 혹시 돌아가시지는 않았는지, 잘 주무시고 계시는지 확인했다고 한다.

열다섯 살 무렵, 그는 아버지의 부탁으로 혼자 농기구 전시가 열리는 전시장에 가서 농기구들을 둘러보다가 "음, 이걸 구입해야겠어요." 했단다. 그러자 그 전시 부스의 영업 매니저들이 "이걸 구입하겠다고? 너 누구랑 같이 왔냐? 아버지는 어디 계시니?" 하면서 야단을 쳤다고(고가의 농기구였던 듯).

밀라노 비아 모스코바$^{Via\ Moscova모스크바\ 거리}$에 있는 그의 사무실 벽에는 개성 있는 작은 소묘들이 오래된 액자에 걸려 있다. 누가 그린 거냐고 물었더니, 본인이 열다섯 살 무렵 그린 그림이라고 했다.

첫눈에도 좋은 그림들이라 "아, 미술에 소질이 있었네요?" 했더니, 그 무렵 자기는 화가가 되고 싶었노라고 대답했다. 그러나 늙은 아버지의 기대를 한 몸에 받고 있고 가업 또한 이어야 했기에 화가가 되는 건 그야말로 이룰 수 없는 꿈이었다고. 아직 어린 열다섯 살의 나이였음에도 그는 자신의 꿈은 포기해야 한다는 걸 알고 있었다고 말했다.

화가가 아니면 건축가라도 되고 싶었지만, 그것마저 한 번 이야기해보지 못한 채 포기한 그는, 아버지의 기대대로 밀라노 최고의 경제학부가 있는 보코니^{Bocconi}대학에서 경제학을 전공했다. 그리고 졸업 후 꽤 큰 회사의 마케팅 부서에서 첫 업무를 시작했다.

그 회사에서 생산하는 티슈 담당이었던 그는 처음에는 열정에 넘쳐 열심히 일을 했다. 하지만 어느 순간 "평생 티슈만 연구하면서 사는 삶이란 얼마나 지루할까?" 하는 생각을 하기 시작했다.

마케팅 업무는 마음에 들었지만 아침부터 밤까지 티슈 마케팅만 생각하며 사는 삶이 지겨웠던 암펠리오는 회사를 그만두고 프리랜서 마케팅 컨설턴트로 일하기로 결정한다. 프리랜서 컨설턴트라면 적어도 매번 새로운 분야의 프로젝트를 할 거고, 그렇다면 해볼 만하다고 생각했던 것이다.

그렇게 컨설팅 스튜디오를 연 그에게 찾아온 첫 번째 일이 그의 인생을 디자인과 패션 쪽으로 끌어들이는 결정적 역할을 하게 된다. 프랑스의 트렌드 리서치 회사로부터 '향후 10년간 이탈리아 소비자들의 성향이 어떻게 바뀔까'에 대한 리서치 의뢰를 받아든 그는 식품에서부터 패션, 주거, 제품 등 다양한 영역에서 조사를 시작했고, 그러던 중 패션 및 디자인(가구, 제품 등) 분야에 큰 매력을 느끼게 된다. 디자이너가 되고 싶다는 꿈까지 꿀 정도로 빠져들었지만 현실적으로는 여전히 불가능했다.

그 이후 그는 당시 패션계의 핫한 인물이던 엘리오 피오루치Elio Fiorucci, 이탈리아 건축계의 거장 중 한 명인 안드레아 브란치Andrea Branzi 등과 작업을 하며 패션과 디자인 분야의 마케팅 컨설턴트로서 경력을 쌓기 시작했다. 1983년 도무스 아카데미가 설립될 때는 지안프랑코 페레, 다니엘라 푸파Daniela Puppa와 함께 패션 디자인 학과를 설립하는 데도 힘썼다.

그러면서도 그는 가업인 농사(곡물, 과일, 올리브 등)도 계속 관리했는데, 1985년 다른 모든 업종을 정리하고 와인 사업을 시작하기로 결정했다.

"농사일이란 게 때로는 얼마나 지루하고 때로는 애간장을 타게 만들고, 또 때로는 골치 아픈 일인지, 안 해본 사람들은 몰라."

노교수는 한숨을 내쉬며 말을 이었다.

"나는 화가가 되고 싶었지만 되지 못했고, 건축가가 되고 싶었지만 되지 못했어. 그리고 디자이너가 되고 싶었는데 디자이너도 되지 못했지. 그러면 최소한 가업인 농업만이라도 내가 하고 싶은 대로, 내가 즐겁고, 잘할 수 있고, 행복해질 수 있는 일을 해보자, 그런 생각을 하게 됐지."

이탈리아의 피에몬테 주와 토스카나 주는 원래 레드 와인 품종이 강한 곳이고, 그가 속한 마르케 주는 화이트 와인 품종이 강한 곳이다. 통상 화이트 와인은 고급 포도 품종인 샤도네이$^{Chadonnay\ 샤르도네}$가 대부분을 차지한다. 그는 마케팅 전문가답게, 프랑스와 이탈리아에서 화이트 와인 품종으로 가장 많이 쓰이는 샤도네이로는 경쟁력이 없다고 판단했다.

그렇다면 개발의 여지가 충분한데 아직 제대로 알려지지 않은 화이트 와인 품종이 무엇일까를 고민하다 베르디키오^{Verdicchio}라는 그 지방 고유의 품종을 찾아냈다. 베르디키오는 화이트 와인으로 만들어지고는 있었지만 별다른 맛을 내지 못해 크게 인기가 없는 품종이었는데, 그는 '정말 그런지' 확인하는 절차에 들어갔다.

자신이 와인 애호가이기는 하나 그렇다고 전문가는 아니라고 냉정하게 판단한 그는 자신의 와인을 위한 '스틸리스타$^{Stilista\ 디자이너}$'를 찾아나섰고, 또 다른 화이트 와인이 많이 생산되는 알토 아디제 주에서 적당한 사람을 찾아냈다.

그때부터 지금까지 암펠리오와 함께 부치의 와인을 만들어내고 있는 사람은, 그의 말을 빌리자면 그야말로 '파초$^{Pazzo\ 광인}$'인데, 와인의 맛이나 품종에 대해서는 최고의 안목을 지녔지만 변덕이 죽 끓듯 하고, 경영이나 이재에는 그야말로 무심하며 성격도 나빠서 영업을 제대로 못하다 보니, 정말 좋은 와인을 생산해놓고도 제대로 팔지 못하는 사람이었다.

그를 데리고 와서 베르디키오로 만든 와인을 감정하게 했더니, "지금까지 만들어진 것들은 별 볼일 없지만 잘만 개발하면 싹수가 아주 많다."라는 대답이 돌아왔다. 그의 능력을 믿은 암펠리오는 가업으로 짓던 다른 모든 농사를 정리하고 베르디키오 포도를 심기 시작했다. 한순간에 망할 수 있는 큰 모험이기도 했지만 자기가 찾아낸 와인 디자이너(?)의 능력을 믿었고, 사람을 볼 줄 아는 자신의 안목도 믿었기에 암펠리오는 성공을 의심하지 않았다.

그리고 암펠리오는 와인 사업에 자신이 패션과 디자인 마케팅을 할 때 항상 1차적으로 생각하는 벨로와 부오노Bello & Buono 콘셉트를 그대로 적용했다. '아름다운, 보기 좋은'이라는 뜻의 '벨로'와 '맛있는, 좋은, 착한'이란 뜻의 '부오노'는 그가 생각하는 모든 마케팅의 기본이었다.

데플리앙 하나를 만들어도 전공을 살려서 쿨하게, 예를 들어 남들은 큼지막한 책자나 카탈로그처럼 제작할 때 암펠리오는 아주 작은 사이즈의 고급스러운 크림색 종이로 가로 5센티미터, 세로 15센티미터로 제작했다.

고급 에노테카Enoteca 와이너리의 고객들을 위한 사은품도 여름휴가 시

별장에서 야외 저녁 식사 때 쓰면 안성맞춤일 고급스러우면서도 캐주얼한 자주색 앞치마와 테이블보를 직접 디자인했고, 독특하게 갸름한 와인 병을 디자인해서 새로운 와인에 실험해보는 등 마케팅에도 심혈을 기울였다. 그렇게 시작한 부치 와인은 프리미엄 레벨인 빌라 부치 Villa bucci 로 이탈리아 최고의 화이트 와인에 선정되는 등 전성기를 누리고 있다.

그가 성공한 가장 큰 요인은, 화이트 와인 업체들이 습관처럼 선택하는 샤도네이 품종이 경쟁하는 시장에 와인에 대한 노하우가 없는 자신이 뛰어드는 건 오만한 선택임을 냉정히 인정했다는 것이다. 그리하여 다른 사람들이 크게 눈길을 주지 않아 큰 경쟁 상대가 없으나 가능성은 큰 베르디키오를 선택한 후, 마케팅 전문가인 자신의 강점을 최대한 살려 자신은 마케팅에, 그리고 자신이 직관으로 선택한 파트너를 끝까지 믿어주고 와인 제조에 혼신을 다할 수 있도록 배려했다.

일흔여섯 살의 나이면 이제 슬슬 은퇴도 생각해야 할 때이다. 실제로 그는 학교 수업과 컨설팅 일은 많이 줄이고 있지만 말년에 시작한 와인 사업에 대한 애정은 날이 갈수록 커지는 듯, 부인과 함께 홍보차 열흘 동안 미국을 방문할 계획이란다.

와인을 마실 때 가장 중요한 것은 빈티지나 브랜드가 아니라 "좋아하는 사람들과 맛있는 음식과 함께 즐겁게 마시는 것"이라고 말하는 그를 보며 이탈리아의 감성 마케팅이 어떤 것인지, 그 힘이 무엇인지 느낄 수 있었다.

Mentor Story _ 002

나의 꿈은 내가 이룬다

당찬 의지가 매력적인 그녀, 알리체 젠틸루치 Alice Gentilucci

매력적인 직업, 스타일리스트.
디자이너로 일하며 많은 스타일리스트와 일을 했고, 몇몇은 지금까지도 친한 친구로 지내고 있다. 그 중의 한 명이 알리체 젠틸루치다.

프랑카 소차니 군단의 초기 멤버라고 할 수 있는 그녀는 1965년생이니 만으로 마흔일곱 살로, 25년이 넘는 커리어를 가진 심플한 성격의 소유자다.

밀라노에서 태어난 그녀는 아주 어릴 때부터 옷과 구두, 화장에 관심이 많았다. 엄마의 목걸이를 걸어보고 옷을 입어보며, 종이에다 자신이 입고 싶은 옷을 디자인해보기도 했다.

그녀의 옷과 장신구에 대한 지대한 관심은 절대적으로 엄마의 영향이었는데, 그녀의 어머니는 마치 1950년대 할리우드 배우처럼 매우 아름다웠다고 한다.

언제나 고상하면서도 섹시하고 여성적인 옷차림과 메이크업을 하고 있던 그녀의 어머니는, 아버지와 외출이라도 하는 날이면 긴 속눈썹을 우아하게 달고 시뇽Chignon 쪽진 머리 스타일의 헤어에 섹시한 드레스를 입었다.

"엄마는 미인에 대한 나의 기준이었어. 반할 것 같은 엄마의 모습을 보며 모든 걸 따라하고 싶어 했지. 엄마가 걸치는 건 무조건 다 아름다워 보였어. 그래서 옷을 입을 때면 항상 엄마에게 스타일링에 대한 조언을 구하곤 했지."

앤티크 관련 일을 하던 엄마는 예술적 감성도 풍부해서 어린 알리체와 곧잘 그림도 그리고 인형 옷도 만들곤 했는데, 하나밖에 없는 언니는 변호사인 아버지의 피를 이어받았는지 그림이나 인형 놀이에 함께한 기억이 별로 없다.

그녀는 자연스럽게 예술고등학교를 갔고, 특유의 자유분방한 분위기에서 디자인과 그림 공부를 많이 했다.

고등학교 졸업 후 알리체는 밀라노의 유명한 아틀리에인 '비앙카 에 블루Bianca e Blu'에서 모니카 볼초니Monica Bolzoni의 어시스턴트로 일을 시작했다. 그리고 저녁때는 밀라노의 스포르체스코 성 안에 있는 디자인 학교를 다녔다.

미우치아 프라다의 절친한 친구인 모니카 볼초니의 아틀리에는 당시 밀라노의 멋쟁이들 사이에서 유명한 곳이었다. 그곳에서 알리체는 단추 같은 부자재들 정리도 하고 매장에서 손님도 맞고 피팅 모델도 겸하며 잡다한 일을 했다.

그녀가 고등학교를 졸업하던 해에 아버지가 돌아가셔서 집안이 예전처럼 풍족한 상황은 아니었기에, 낮에는 비앙카 에 블루에서 아르바이트를 하고 저녁때는 아름다운 스포르체스코 성으로 공부를 하러 갔던 것이다.

마담 모니카 볼초니는 참 맞추기 어려운 성격이었지만 그 동안 꿈꾸기만 했던 패션의 세계에 한 발짝 들어섰다는 기쁨에 무슨 일을 하든 즐겁기만 했던 시기였다. 그곳에서 알리체는 그동안 전혀 몰랐던 스타일리스트라는 세계에 대해 알게 된다. 아틀리에로 찾아오는 패션 에디터들을 만나면서 알게 된 그 매력적인 세계에 열아홉 살 소녀는 금방 빠져들었다.

그녀는 곧 패션 잡지들을 뒤지며 여기저기 전화를 걸어서 사람이 필요한지 물어보았다. 키가 크고 늘씬했던 그녀는 거리에서 가끔씩 모델 제의를 받기도 했는데, 그런 제의를 받았던 곳에도 전화를 걸어 이렇게 말했다.

"저는 모델 말고 에디터의 어시스턴트 일을 해보고 싶어요."

이 말을 하며 그녀도 옛날 생각이 새록새록 나는지 쿡쿡 웃음을 터뜨렸다.

그때 방송국 라이^{Rai 이탈리아 국영 방송} 소유의 『모다^{Moda}』라는 패션지에서 인턴사원으로 일해보겠느냐는 제의가 왔다. 그녀의 표현대로 '어시스턴트의 어시스턴트의 어시스턴트의 어시스턴트'가 된 스무 살의 알리체는 신나게 일을 시작했다.

주로 커피를 타고 이런저런 심부름을 했지만, 가끔은 라이의 세트장에 가보기도 했고 알바 파리에티^{Alba Parietti} 등 유명한 배우들을 가까이서 볼 수 있는 기회가 생기기도 해 4개월 동안 불평 없이 열심히 일했다. 물론 월급은 한 푼도 받지 못했다.

그러던 중 알게 된 스타일리스트 미켈라 바르디니^{Michela Bardini}가 알리체를 어시스턴트로 고용했다. 커피 타는 것이 주 업무이던 시절에서 벗어나, 드디어 제대로 된 스타일리스트의 업무를 접하기 시작하며 알리체는 미켈라에게서 아주 많은 것을 배운다.

스타일리스트는 패션 디자인처럼 딱히 학교에서 전공할 수 있는 분야가 아니어서 가장 좋은 길은 자신과 맞는 스타일리스트 밑에서 어시스턴트로 일하며 배우는 것인데, 그런 면에서 미켈라는 알리체의 스승 역할을 톡톡히 했다.

『보그 이탈리아』, 『아미카^{Amica}』 등의 프리랜서 스타일리스트였던 미켈라 덕분에 알리체는 촬영 여행에 따라다녔고, 함께 옷을 고르기도 했으며, 유명한 포토그래퍼들과 일하는 현장을 체험했다. 3년 정도 열심히 미켈라의 어시스턴트로 일하던 알리체에게 일생에 한 번

올까 말까 할 행운이 찾아왔다.

『보그 이탈리아』의 에디터였던 모니카 돌피니Monica Dolfini 등 몇몇 주요 멤버들이 뉴욕으로 거처를 옮기면서 프랑카 소차니의 『보그 이탈리아』 팀에 구멍이 뚫린 것이다.

『보그 이탈리아』 편집장으로 온 지 2년도 채 되지 않은 프랑카 소차니는 기존의 다른 패션지 에디터들을 스카우트하지 않고 완전히 새로운 얼굴을 등용하기로 결정한다. 그때 미켈라의 추천으로 면접을 보게 된 알리체는, 지금은 유명한 스타일리스트인 안나 델로 루소Anna dello Russo와 함께 최종 합격자가 되었다.

그 동안 여러 곳에서 어시스턴트로 일했던 스물네 살의 알리체는 보그에 들어가자마자 바로 에디터 일을 시작했고, 그렇게 꿈꾸던 정식 스타일리스트로서 슈팅(촬영) 여행을 떠나게 되었다.

보그에서 일을 시작한 지 한 달 만에 떠난 그녀의 첫 슈팅 장소는 남프랑스의 생트로페였고, 모델은 클라우디아 쉬퍼였다. 초보 에디터로서는 부담스러울 만큼 중요한 슈팅이었지만 프랑카 소차니는 모험을 감행했다. 최종적으로 합격해 자신의 보그 군단에 합류한 두 명의 재능 있는 에디터들에게 '모든 재량을 줄 테니 프로젝트를 지휘해 보라. 그래서 충분한 성과를 거두면 너희는 내 스태프로 남는 것이고 그렇지 못하면 집으로 돌아간다.'라는 분명한 메시지와 함께 중요한 프로젝트를 과감하게 맡겼던 것이다.

부하 직원의 역량을 빨리 파악하는 방법으로 온전한 하나의 프로젝트를 맡겨서 확실하게 책임지게 하는 것보다 확실한 게 또 있을까.

시험이라면 시험이랄 수 있는 첫 프로젝트에서 만족할 만한 결과가 나오자, 그녀들은 그때부터 소차니 군단의 멤버가 되어 오랜 시간 『보그 이탈리아』에서 함께 일했다.

"프랑카는 내 인생에 다시없는 기회를 준 사람이야. 그녀는 모든 게 명확해. 예를 들어 어떤 프로젝트를 줄 때, 그녀는 자신이 무엇을 원하는지 몇 초 만에 짧지만 분명하게 설명하고, 난 그녀가 원하는 게 무엇인지 캐치해야 해. 또한 결과물에 대해서도 그녀는 만족하면 확실하게 표현을 해. 그렇지 못하면 또 역시 확실하게 이야기해주는 시원한 타입이야. 그래서인지 그렇게 오래 일했지만 그녀에 대해서는 한 번도 불만스러웠던 적이 없었어."

회상하듯 알리체가 이야기한다. 보그의 에디터가 되었던 그때 알리체는 자신의 표현대로 지상에서 가장 행복한 사람이었다. 자신이 꿈꾸고 그리던 모든 세계가 눈앞에 펼쳐져 있었다.

린다 에반젤리스타, 크리스티 털링턴 등 슈퍼 모델들이 활약하고 헬무트 뉴턴Helmut Newton, 스티븐 마이젤Steven Meisel 등의 포토그래퍼와 함께 일하던 그 시기를 그녀는 정말 스페셜한 패션의 황금기였다고 회상했다.

헬무트 뉴턴을 진심으로 존경하는 알리체는 그의 천재성과 재능에 늘 감탄했고, 그가 표현했던 '예상을 벗어나는 여성의 섹시함'은 절대적인 아름다움 그 자체라고 생각했다.

정신없이 일하던 스물넷의 알리체는 그 와중에 한 사람을 사랑하게 되었고, 2년 후 딸 체칠리아를 임신하고 결혼한다. 지금 체칠리아는 스무 살, 그녀의 친구 같은 존재가 되어 있다. 그리고 5년 후에는 아들 피에트로도 태어난다.

행복하게, 때로는 아웅다웅하며 살던 그들 부부는, 하지만 14년 후에 이혼하고 각자의 길을 가기로 한다. 사실 각자의 길을 간다고는 하지만 지금도 골목을 사이에 두고 살고 있는 그들은 '아니, 예전 결혼 생활 때와 뭐가 다르지?' 할 만큼 아들딸도 자유롭게 양쪽 집을 왕래하며 편하게 생활하고 있다. 물론 가끔은 각자 애인이 생기기도 하는데, 알리체는 포토그래퍼 M과 한동안 함께 지내기도 했지만 지금은 자유로운 싱글이다.

나이를 먹을수록 누군가를 사랑하기가 쉽지 않다는 알리체는 지금은 아이들과 일, 멋있는 애견 보위만으로도 행복해한다.

그녀는 4년 전부터 보그와 프리랜서 계약으로 바꾸는 등 좀 더 여유 있게 일하는 한편, 디자이너들과의 작업과 함께 미국 잡지 『인스타일In Style』의 일도 하고 있다.

한 번도 커리어를 쌓기 위해 일해본 적이 없다는 알리체. 어릴 때부터 좋아하고 열광하고 취미로 삼았던 일이 자신의 직업이 되었으니 그보다 더 큰 행운이 어디 있을까 생각하며 자기 일에 만족하고 재미있게 일하며 살아왔단다.

일찌감치 세계에서 가장 중요한 패션 저널인 『보그 이탈리아』의 주요 에디터가 되었던 알리체가 스타일리스트가 되고 싶은 후배들에게 해주는 조언은 무엇일까?

"요즘은 예전 내가 일을 시작하던 때에 비해 모든 것이 많이 어려워졌어. 세계적인 경기 침체는 나아질 줄을 모르고 에디터 지망생도 넘쳐나서 겨우겨우 3개월 인턴사원 일을 하게 된다 해도 크게 배우는 것 없이 잔심부름만 하다가 나오는 경우가 태반이지. 하지만 그래도 일단은 인턴사원으로 출발하는 길이 가장 보편적이야. 커피를 타고 복사를 하며 심부름을 다니지만 그래도 그 세계의 분위기를 몸소 느껴볼 수 있으니까. 직접 몸으로 느껴보는 건 아주 중요하거든.

그리고 모든 것에 호기심을 가질 것. 호기심이 그 어려운 시절을 지탱해줄 거야. 일단 그 세계에 들어서면 그쪽 사람들이 어떻게 일하고 있는가를 눈여겨보면서 내 자신에게 도움이 될 만한 것은 무엇이든 해야 해. 여행을 하고 공연과 영화를 보고 음악도 많이 듣고 벼룩시장도 돌아다니고 길거리의 사람들이 어떻게 옷을 입는지도 살펴보는 게 중요해.

그리고 가장 중요한 건, 그러면서 내가 원하는 하나의 이상적인 이미지를 만들어나가야 해. 예를 들어 에디터 초창기에 내가 추구한 이상적인 이미지는 1950~60년대의 섹시하면서도 매혹적인 여성상이었어. 은막의 스타 같은 여성성과 완벽한 아름다움. 물론 일을 하면서 시대가 바뀌면 자신이 갖고 있는 이상적인 이미지도 바뀌게 돼. 하지만 바뀔 때 바뀌더라도 자신만의 완벽한 이미지를 만들어가기 위해 노력할 것. 수많은 디자이너와 포토그래퍼와 작업하면서도 내가 빼놓을 수 없는 것은 여성스러움과 섹시함이야. 사람들이 화보를 보며 '아, 이건 알리체 젠틸루치의 작업이군!' 할 수 있을 정도로 스타일리스트도 자신만의 색깔을 갖는 게 중요해. 하나의 이미지, 여성상, 스타일, 그걸 가지고 다듬기 위해 노력할 것. 여기서 중요한 건, 그 스타일을 굳이 자신의 분위기나 스타일과 맞출 필요는 없다는 거지.

물론 스타일리스트로서 나 자신을 표현하는 것도 다른 의미로서 중요해. 하지만 꼭 자신이 입고 다니는 스타일에 구애받지 말고, 자신이 꿈꾸는 스타일을 하나 창조하라는 이야기야."

하긴 스타일리스트들은 모두 멋쟁이일 것 같지만 실상은 그렇지도 않다는 걸 나 역시 체험으로 알고 있다. 스타일링 능력은 기가 막힌데 막상 본인은 전혀 그렇지 않은 경우도 많고…….

그녀의 이야기가 이어진다.

"자신의 스타일을 갖는 것이 중요하긴 하지만, 스타일리스트는 어디까지나 스타일리스트라는 것도 잊지 말아야 해. 이것도 중요한 문제야. 함께 일하는 포토그래퍼, 디자이너와 어우러져야 한다는 거지. 사람들은 파올로 로베레지 Paolo Roversi의 사진을 보고 싶어 하지 알리체 젠틸루치의 사진이 보고 싶은 건 아니니까. 마찬가지로 사람들은 알리체 젠틸루치의 옷이 아니라 도나텔라 베르사체의 옷을 보고 싶어 하는 걸 잊어서는 안 돼."

20여 년이 넘게 보그의 에디터로서 바쁘게 살아온 그녀.

슈팅 여행을 위해 자주 집을 비우던 그녀는 하나밖에 없는 딸 체칠리아가 사춘기의 반항기에 들어간 열서너 살 때 아주 힘들었다고. 주위 친구들의 엄마처럼 평범하지 않은 엄마의 생활. 늘 여행 가방을 싸고, 밀라노 컬렉션 기간에는 하얀 깃털이 달린 반짝이는 비딩 조끼에 긴 다리에 달라붙는 블랙 스키니 진을 입고 하루 종일 패션쇼장을 다니며, 밤에는 짧은 블랙 새틴 드레스에 펑키한 화장을 하고 디자이너들이 주최하는 파티에 가느라 집을 비우는 엄마. 서로 싸우고 소리치고 때로는 화해하며 그 시기를 넘기고 나니, 지금의 체칠리아는 비욘세의 레드 카펫 룩을 스타일링하기 위해 뉴욕으로 떠나는 엄마를 아주 자랑스러워한다.

알리체와 전남편은 이번 여름 영어 공부를 위해 체칠리아를 보스턴에 보내기로 했단다. 며칠 전 전남편과 아이들과 함께 저녁 식사를 했는데, 영어 공부를 열심히 하고 오면 엄마가 일하는 세트에도 데리고 가서 가끔 어시스턴트 일도 시키고 통역도 시키겠다고 했더니 "아, 그거 재미있겠는데!" 하며 눈을 빛내더란다.

어쩌면 체칠리아와 함께 일할 수도 있는 날이 오지 않을까 한다는 그녀는 "아, 맞아, 영어 공부! 나는 고등학교 때 영어를 공부하다가 말고 결국은 일하면서 익힌 건데, 그러다 보니 '아, 왜 진작 영어를 열심히 안 했을까' 하는 후회를 많이 했어. 스타일리스트로 일하려면 영어 공부는 이제 필수야!" 하며 후배들에게 마지막 조언을 했다.

보위를 산책시키러 가야 한다며 일어서는 알리체.

아무도 도와주지 않는 곳에서 열정과 호기심만으로 어릴 때부터 꿈꾸던 자신의 꿈을 이루어낸 그녀는, 자신이 주체가 되어 개척해나가는 삶의 성공적인 예로 들 만하다.

알리체의
스타일링
작업들

Mentor Story _ 003

신이 나서 잘할 수 있는 일을 하라

영원한 동심을 간직한 디자이너, 엘리오 피오루치 Elio Fiorucci

피오루치는 특유의 유쾌한 감성과 컬러, 두 명의 천사 로고로 한국에서도 유명한 디자이너이다.

요즘 유행하는 콘셉트 스토어의 개념을 처음 만들었다고 할 수 있는 피오루치는 이미 한국 나이로 일흔일곱 살의 노장이지만, 아직도 귀여운 천사와 컬러풀한 난쟁이, 야광 컬러의 티셔츠 속에 묻혀서 일하고 있다.

트레이드마크인 네이비 블루 니트에 같은 색 바지, 그리고 빨강과 형광 오렌지 컬러가 믹스된 안경을 쓰고 무지개 색깔의 갈로Gallo 양말을 신은 채 눈을 빛내며 베이비 앤젤Baby Angel(그가 진행하는 브랜드)의 여름 컬렉션에 대해 이야기하는 그의 모습은 영락없이 장난꾸러기 소년 같다.

평생을 동화와 동심의 세계에서 일하고, 나이를 먹어도 그 세계에 파묻혀서 지내는 그를 보면 '인생이란 참 즐거운 것이구나.' 하는 생각이 들고, 수많은 스트레스와 경쟁 속에서 우울증과 만성 소화불량에 두통을 겪으며 사는 보통 사람이 그의 이야기를 듣는다면 비타민이 가득 든 음료수를 마신 듯한 기분이 될 것도 같다.

엘리오 피오루치는 1935년 밀라노에서 태어났다. 2남3녀 중 셋째로 화목한 가정에서 태어난 그는, 다섯 살이 되던 해인 1940년 2차 세계대전으로 인해 가족과 함께 어머니의 고향인 밀라노 근교 코모 호수 근처에 있는 아름다운 시골 마을로 피난을 간다. 그리고 전쟁이 끝나는 1945년까지 그곳에서 살다가 밀라노로 돌아왔는데, 유년기의 그 5년은 그의 인생 전체의 콘셉트를 결정짓는 중대한 역할을 하게 된다.

그가 다섯 살부터 열 살까지 시골에서 생활하며 배운 것은, 우리의 진정한 기쁨과 행복은 바로 나투라$^{Natura\ 자연}$와 함께할 때 얻는다는 것이었다. 자연이야말로 우리의 어머니이자 근원이며, 어머니인 자연을 절대 배신해서는 안 된다는 교훈을 얻었던 것이다.

물론 우리는 인터넷으로 연결된 사이버 네트워크와 고층 빌딩으로 대변되는 21세기 첨단 문명 속에서 살고 있고, 아무리 자연이 소중해도 무조건 자연으로 돌아가 살 수만은 없는 것이 현실이다. 하지만 그는 인간이라면 최소한 자연과 공존해야 하며 절대로 자연을 잊지 말아야 한다는 소신을 굽히지 않는다.

그는 이렇게 말한다.

"자연 속에는 수많은 동물이 살고 있고 그들은 우리와 아주 흡사해. 가톨릭 신자로서 나는 영혼이 우리 인간에게만 있는 것이 아니라 그들에게도 있다고 믿어. 모든 동물의 암컷은 어머니가 되면 정성으로 새끼들을 돌보고 사랑하지. 그리고 그들도 열정이 있어서 수컷과 암컷은 서로 사랑해. 인간이 저지른 가장 큰 실수는 동물들에게는 영혼이 없다고 단정했다는 거야. 그래서 그들을 하나의 물건처럼 대하지.

한 마리의 행복한 암탉이 있다고 가정해봐. 그 암탉은 자연에서 태어나 수탉을 만나서 사랑도 했고, 넓은 마당에서 귀여운 병아리들도 낳아 길렀어. 그렇게 나름대로 행복했던 암탉이 죽었을 때 그 고기를 먹는 건 좋아. 어차피 인간은 초식동물이 아니니까. 하지만 움직일 수 없는 공간에 암탉들을 빽빽이 가두고 24시간 환한 조명을 낮처럼 밝혀놓은 채 알만 열심히 낳도록 하는 건 분명 다른 문제지.

맛있는 푸아그라를 얻기 위해 펌프로 거위들의 목에 강제로 꾸역꾸역 먹이를 밀어넣어 간이 몇 배나 부어올라 식도가 파열되면서 결국 질식하게 하는 잔인함도 마찬가지야. 그래서 나는 요즘 생각 있는 사람들과 '잔인하지 않게 먹기'라는 협회를 만들고 있는 중이야.

얼마 전 상하이에서 전 세계 요리사들이 모여 요리 경연을 할 때 초대되어 맨 앞줄에 앉아 있었어. 그때 나를 본 한 이탈리아 셰프가

질문을 던졌지. '미스터 피오루치! 언제나 미래를 한 걸음 앞서 살아온 분으로서 미래의 음식에 대해 한 말씀 해주시죠.'

나는 전 세계의 셰프들 앞에서 이야기했어. 내가 생각하는 미래의 음식은 자연을 거스르지 않는, 잔인하지 않은 음식이라고. 당신들이 최고급 푸아그라를 만들기 위해 거위들을 그토록 잔인하게 죽이는 한 우리 음식의 미래는 암담하다고.

내가 이런 생각을 갖게 된 모든 배경에는 유년 시절의 경험이 자리하고 있어. 우리 부모님은 동물들을 참 사랑했는데, 저녁때면 나를 마당 한 구석으로 데려가 암탉이 병아리들을 따뜻하게 품어주는 모습을 보여주시곤 했지. 그 모습이 바로 사랑이고, 사랑이야말로 우리의 구원이야. 내가 지금 진행하는 브랜드명이 러브 테라피Love Therapy인 것도 그런 맥락이야. 어쨌든 나의 유년기는 전쟁 중이었음에도 행복했고, 그것이 내 기본 성향을 형성했다고 할 수 있지."

그렇게 열 살까지 시골에서 자연과 동물들과 살던 그는 1945년 전쟁이 끝나자 가족과 밀라노로 돌아오게 된다. 전쟁 전 그의 아버지는 밀라노 시내에서 신발 가게를 운영하고 있었는데, 다행히 전쟁 중 피해를 입지 않고 남아 있어 아버지는 가게 운영을 계속하게 되었다.

공부를 아주 잘했던 형제들에 비해 그는 공부에 취미가 없었는데, 그가 열다섯 살이 되자 아버지가 "공부만이 꼭 인생에서 가장 소중한 건 아니란다. 네가 공부에 큰 뜻이 없으니 가게에 나와서 일을 배워

보는 건 어떠냐?" 하는 제안을 했고, 그는 바로 아버지의 가게로 출근하기 시작했다.

그리고 거기서 그는 '모든 것'을 배웠다. "나의 대학은 바로 그 가게였어." 그가 웃으며 말했다. 물건을 들이고, 멋있게 진열하고, 어떻게 하면 더 많은 신발을 팔 수 있을까를 연구하면서 그 일을 너무나 사랑하게 된 그는, 아버지나 그 자신이 상상할 수 없었던 능력을 발휘하며 매장을 운영해나갔다.

그러던 20대의 어느 날, 공부를 잘하던 여동생이 케임브리지에서 공부를 하고 있어 영국 구경도 하고 여동생도 볼 겸 해서 며칠간 영국을 방문하게 되었다.

런던에 도착한 그는 1960년대 런던의 펑키한 유행을 주도했던 카나비 스트리트 Carnaby Street 와 당시 문화 아이콘처럼 떠올랐던 바바라 훌라니키 Barbara Hulanicki 의 매장인 비바 Biba 를 방문한 후 가슴이 터질 듯한 감동과 충격을 받는다. 케임브리지의 여동생에게는 '케임브리지에 갈 시간이 없으니 네가 런던으로 오라.'고 일러놓고 그는 며칠간 런던 구석구석을 쏘다니며 1960년대 런던 문화와 패션을 탐색했다. 며칠 후 밀라노로 돌아온 그의 머릿속은 런던으로 떠나기 전과 180도로 달라져 있었다.

드디어 1967년, 그는 부모님의 도움으로 밀라노 시내 피아차 산 바빌라 Piazza San Babila 산 바빌라 광장 에 2천MQ Metri Quadri 제곱미터 크기의 매장인 피오루치 Fiorucci 를 오픈한다. 시내 매장이라고 하면 눈부신 샹들리에

와 화려한 공간이 전부였던 당시에 그는 요즘의 아트 갤러리처럼 하얀 상자라는 콘셉트로, 건축가가 아닌 조각가들과 함께 매장의 프로젝트를 진행했다. 하얀 상자 같은 매장에 음악과 디자인과 오브제와 액세서리를 소개하고 싶었던 그는 비바에서 오브제와 컬렉션을 들여오고, 오시 클락$^{Ossie\ Clark}$의 의상들과 잔드라 로즈$^{Zandra\ Rhodes}$의 아름다운 원단을 소개했다. 그의 매장은 요즘 말로 대박을 터트렸다.

오프닝 파티 날은 크리스털 조명이 빛나는 하얗고 거대한 상자 같은 매장 안에 런던의 최신 유행을 옮겨놓은 의상 및 오브제들과 역시 런던에서 들여온 미니스커트를 입은 모델들을 보기 위해 몰려온 수많은 사람들로 인산인해를 이루었다.

그 자리에 함께했던 이탈리아 주요 저널 「파노라마^{Panorama}」의 편집장이 이런 멋진 매장은 널리 소개해야 한다면서, 이틀 후 기자를 보내 촬영을 한 후 크게 기사를 내보내면서 피오루치 매장은 순식간에 유명해졌다.

그 후 피오루치는 아름다운 옷과 오브제, 여자들과 남자들 그리고 멋진 음악이 있는 장소로 하루에 5천 명의 사람들이 드나드는 밀라노의 명소가 되었다.

그 와중에 그는 영국뿐 아니라 모로코, 멕시코, 인도 등을 여행하며 들여온 에스닉한 컬렉션들까지 선보이며 자신의 매장을 하나의 거대한 패션 바자르^{Bazzar} 시장로 만들었다. 1970년에는 두 명의 작은 천사가 심벌마크인 피오루치 브랜드를 론칭해 직접 디자인 작업에도 뛰어들어 이때부터 재미있고 톡톡 튀는 피오루치 스타일이 탄생하게 되었다. 이런 소식이 미국으로까지 건너가면서 그는 뉴욕에 피오루치를 오픈하기로 결심한다.

그 당시 이탈리아의 안드레아 브란치와 아킬레 카스틸리오니, 에토레 소트사스 등 포스트모던 건축가들과 막역한 사이였던 그는, 뉴욕의 매장은 아방가르드한 이들과 작업을 하기로 결정한다.

1975년 런던 킹스 로드의 매장 오픈 이후 1976년 뉴욕의 59번가에 장소를 정한 그는 모던한 콘셉트의 피오루치 뉴욕을 오픈했고, 오픈한 지 3개월 후 매장을 방문한 앤디 워홀Andy Warhol은 "피오루치에는 내가 원하는 모든 것이 다 모여 있다. 색색의 컬러들, 재미있는 플라스틱들, 컬트한 분위기까지……." 하며 그가 창간한 잡지 『인터뷰』에 기고를 한다.

그때부터 앤디 워홀과 친분을 갖게 된 피오루치는 그를 통해 낙서 화가로서 그래피티 아트Graffiti Art를 주도했던 장 미셸 바스키아Jean Michel Basquiat, 키스 해링Keith Haring 등을 알게 되어 함께 작업을 했다. 키스 해링은 밀라노로 날아와 피오루치 밀라노 매장의 벽화를 그리기까지 했다.

1977년 피오루치는 아트 디렉터로서 뉴욕의 유명한 스튜디오54Studio54의 오프닝 파티를 기획했고, 연예계와 미술계의 유명 인사들이 대거 참석한 스튜디오54는 하루아침에 뉴욕의 명소가 되었다.

1979년에는 비버리힐스에 매장을 오픈했고, 1981년에는 티셔츠 컬렉션을 론칭해 월트 디즈니의 캐릭터들을 아동복만이 아닌 어른들의 티셔츠에도 응용할 수 있다는 것을 보여주었다. 또한 1982년에는 듀퐁사가 만들어낸 라이크라^{Lycra}를 응용해 처음으로 스트레치 진을 만들어서 엄청난 성공을 거둔다.

1983년에는 영화「플래시 댄스」가 세계적인 흥행을 기록하자, 그는 헬스클럽 전용이던 보디와 레깅스, 워머 등을 최초로 패션에 접목시켜 대박을 터트리는 천재적인 상술을 보여준다.

승승장구하던 피오루치는 1990년 일본의 에드윈^{Edwin}으로부터 매력적인 제안을 받아 회사의 지분을 넘긴다. 하지만 다른 사람의 손으로 경영이 넘어가면서 자신이 만들어냈던 매장의 이미지 등이 제 색깔을 잃어가는 것이 아쉬웠던 그는 2003년 심벌마크였던 밀라노 시내의 매장을 이탈리아 시장 진출을 준비하던 H&M에 팔아버린다. 그리고 얼마 후 그는 이탈리아의 백화점 체인인 코인 그룹의 연락을 받는다.

전문점 형태의 유통이 발달한 이탈리아는 전통적으로 백화점 문화가 매우 취약하다. 최고의 백화점이라는 리나센테^{Rinascente}도 우리가 보기엔 좀 과장해서 괜찮은 마트 수준이었다고 할까. 하지만 2000년대 중반부터 리나센테를 필두로 한 백화점들이 명품 브랜드들을 유치하며 대대적으로 분위기를 바꾸기 시작한다.

코인^{Coin}, 우핌^{Upim}, 오비에세^{Oviesse} 등의 중저가 백화점들을 소유하고 있던 코인 그룹은 2005년 스테파노 베랄도$^{Stefano\ Beraldo}$가 대표이사로 취임하면서 대대적인 리노베이션을 감행한다. 코인을 밀라노의 쿨한 쇼핑 장소로 바꾸어놓은 그는 다음 프로젝트인 오비에세를 위해 피오루치에게 연락을 하고는 이렇게 말했다고 한다.

"디자인, 커뮤니케이션, 매장 운영. 당신이 갖고 있는 이 세 가지 능력이 내겐 꼭 필요합니다."

새로운 프로젝트에 흥미를 느낀 피오루치는 그 즉시 오비에세 아트 디렉터로 일을 하며, 오비에세를 위해 베이비 앤젤과 러브 테라피라는 두 개의 라인을 론칭한다(예전에는 천사 둘이 트레이드마크였지만 지금은 난쟁이 둘로 바뀌었다).

Oviesse 오비에세라는 이름도 OVS 오비에세로 바꾸고, 매장의 아이덴티티도 블랙앤화이트로 모던하게 변화시켜, 현재 오비에세는 중저가 백화점들 중 가장 쿨한 매장으로 자리 잡았다.

일흔일곱 살의 나이에도 지치지 않고 일을 하고 리서치 여행을 떠나는 그는 올여름에도 런던의 페어, 방콕의 리서치 등의 일정이 잡혀 있다고 한다.

그는 이렇게 말한다.

"모든 일에는 알레그리아 Allegria 재미가 우선이야. 월급을 받기 위해 매일매일 해야 하는 일은 물론이고 옷과 구두를 사거나 슈퍼마켓에 가서 장을 보는 일상적인 일부터 영화나 콘서트를 보러 가거나 멋진 곳으로 휴가 여행을 가는 것까지 모든 일이 말이야. 그 어떤 일이라도 재미가 없다면 그게 아무리 남부러운 일이라 해도 내겐 의미가 없어. 반대로 남이 보기에 좀 하찮아 보여도 내가 하면서 재미있고 즐겁다면 그게 최고지."

피오루치를 인터뷰하며 나는 재미와 성공은 결국 한 패키지라는 생각이 들었다. 자신이 가장 신나고 재미나게 할 수 있는 일을 할수록 성공할 확률도 높다는 이야기다.

A라는 여자가 있다.

A는 사람 만나는 것을 좋아하고 누구와도 금방 친구가 되고 파티나 모임에 참석하는 게 즐겁고 브랜드에 관심이 많고 패션 잡지를 즐겨 보면서 엄청난 재미를 느끼는 사람이다. 하지만 여자는 공무원이 되는 게 최고 성공한 삶이라는 부모님의 설득에, 재미는 없지만 안정적인 직업을 가진 여자가 되기 위해 열심히 공부해서 공무원이 된다. 재미는 하나도 없지만 안정적이고 탄탄한 삶을 사는 평범한 공무원의 삶에 그녀는 만족해하고 행복할 수 있을까. 그녀의 성향상 패션 전문 PR이 되었다면 크게 성공할 수도 있었고, 게다가 무지무지 재미있게 살고 있지는 않았을까.

대학을 졸업하고 샐러리맨으로 평범한 삶을 사는 B라는 남자가 있다고 하자.

어렸을 때부터 유독 만화를 좋아하고 만화 그리기도 좋아했지만 현실적으로 그쪽은 꿈도 못 꾸고 열심히 공부를 해서 지금은 평범한 범생이 직장인이 되어 있지만, 사실은 그쪽으로의 재능을 살렸으면 성공한 만화가가 되어 있을지도 모른다. 지금보다 돈도 훨씬 잘 벌

수도 있고, 물론 지금보다 훨씬 자신의 일에 재미를 느끼며 살고 있을지도 모른다.

피오루치 역시 재미없는 학교 공부만 계속했다면 분명 패션의 역사에 이름을 남길 정도의 성공을 자신의 인생에서 결코 거두지 못했을 것이다.

이른 나이에 성공했던 비결을 묻자 그는 씨익 웃으며 장난꾸러기처럼 말한다. "내가 잘할 수 있는 일을 일찍 시작할 수 있었던 것, 즉 학교에서 시간을 허비하지 않았다는 게 일찍 성공한 비결이지."

Mentor Story _ 004

워킹맘의 롤모델로 불리다

지치지 않는 영혼의 소유자, 크리스티나 모로치 Cristina Morozzi

크리스티나 모로치는 저널리스트이자 평론가이고, 아트 디렉터이자 큐레이터이다. 작가이며 교수이고, 또한 네 자녀의 어머니이며, 유명한 건축가이자 디자이너인 마시모 모로치 Massimo Morozzi 의 아내이다.

"크리스티나 모로치가 뭐하는 사람인가?" 하고 물으면 한마디로 대답하기가 몹시 어렵다. 그녀는 아트와 건축, 패션의 세계를 자유자재로 넘나들며 일하는 사람이다. 1943년생이니 만으로 예순아홉 살이지만, 겉모습으로 그녀의 나이를 가늠하기는 쉽지 않다. 170센티미터의 키에 쭉 빠진 몸매, 플래티넘 블론드(은색에 가까운 밝은 금발)의 짧은 헤어, 서양인치고도 유난히 하얀 피부를 더욱더 강조한 화장

(어떻게 하면 매력적인 갈색 피부로 보일까를 연구하는 대부분의 이탈리아 여자들을 생각하면 참 특이한 경우다), 아방가르드한 재킷이나 코트를 입고 턱을 치켜들고 있는 그녀는 어디에 있어도 눈에 띄는 사람인데, 쉰두 살이라고 해도 맞을 것 같고 예순한 살이라고 해도 맞을 것 같아 몇 살이나 되었을지 짐작이 가지 않는다.

결혼을 하고 아기를 낳고 육아와 일을 병행하며 커리어를 쌓는다는 것은 시대가 가도 변하지 않는 일하는 여자들의 딜레마라는 사실을 생각하면, 그 시대에 4명의 자녀를 키우며 그런 커리어를 쌓아온 그녀가 참 대단한 여자라는 생각과 동시에, 도대체 그녀는 어떤 삶을 살아온 건지 들여다보고 싶어졌다.

크리스티나는 1943년 르네상스의 도시로 유명한 피렌체의 귀족 가문에서 외동딸로 태어났다. 그녀는 댄디한 복장을 즐겨 하던 할아버지와 시를 쓰고 그림을 그리며 교양이 풍부했던 할머니, 여행을 많이 하고 영어를 가르치던 모던한 어머니에게서 영향을 받으며 성장했다. 하지만 오늘의 그녀가 있기까지는 그런 환경적인 영향보다는 사물에 대한 관심과 호기심, 열정이 지금의 자신을 만들었다는 것이 그녀의 확고한 생각이다.

고등학교 때 건축을 전공하는 대학생 마시모 모로치를 만났고, 그에게 자극을 받아 건축을 전공하며 대학 생활을 시작했다. 그리고 두 사람은 대학 2학년 때 결혼한다.

어느 날 크리스티나는 이런 생각을 했다고 한다. '내가 아주 크리에이티브한 사람인 건 분명하지만(이 자신감 넘치는 말투!) 좀 더 깊이 있고 내면을 들여다볼 수 있는 무언가 더 심도 있는 것을 해보고 싶다.'

그런 생각이 들자 그녀는 망설이지 않고 전공을 바꾸어 심리학과 철학으로 학위를 받았다. 넘치는 에너지와 호기심을 쏟아부었던 대학 생활을 마칠 무렵, 그녀는 4명의 아이를 가진 엄마가 되어 있었다. 거의 연년생으로 아기가 생기는 바람에 그들은 20대 중반에 6명의 대가족을 이루었고, 졸업 후 4명의 어린 아기들과 함께 밀라노로 오게 된다.

그녀의 커리어는 우연찮게 시작되었는데, 어느 날 밀라노 시내의 바에서 커피를 마시다가 평소 알고 지내던 이탈리아 디자인계의 거장인 알렉산드로 멘디니를 만났다. 그는 그녀에게 디자인 잡지를 창간하는 일을 하고 있다며, 디자인을 볼 줄 아는 감성으로 글을 쓸 사람이 필요하다는 이야기를 했다. 그리고 "그런 일이라면 재미있겠네요." 하는 크리스티나에게 그는 "그래, 너라면 적당할 듯하다."며 당장 다음 주 화요일이 첫 미팅이니 참석해달라고 했다.

그때 태어난 잡지 『모도MODO』의 론칭 멤버로 시작해 건축과 디자인, 패션에 대한 글을 쓰던 그녀는 1987년에 편집장이 되어 1997년까지 일을 한다. 동시에 원단 회사의 컨설팅 일을 하면서 소재에 대한 공부도 깊이 있게 하고, 한편으로는 패션 잡지 『갭Gap』에서 일을 하고, 또 다른 디자인 컨설팅 일이며 아트 디렉터 일도 하다 보니 하고 싶은 말이 많아 책도 내기 시작했다. 그러면서 스위스 로잔에서 학생들도 가르치기 시작한다.

그동안 나는 주위에서 치열하게 사는 사람들을 많이 보아왔다. 하지만 20대 초반에 네 아이의 엄마가 된 그녀가 현재의 위치에 이르기까지 얼마나 치열하다 못해 독하게 살아왔을까 하는 생각이 들지 않을 수 없었다. 엄마로서, 아내로서, 전문직 여성으로서 슈퍼우먼처럼 살아왔을 그녀의 인생 역정을 더 듣고 싶었다. '자, 이번엔 또 어떤 슈퍼우먼 스토리가 나올까' 하고 흥미진진하게 기다리는 내게, 그녀는 모든 게 그저 자연스럽게 흘러갔고 뭐 그리 힘들지도 않았다는 싱거운 대답으로 나를 어리둥절하게 했다.

'어린 나이에 사랑을 했고, 자연스럽게 결혼을 했고, 그리고 아기도 태어났다. 하고 싶어서 공부를 했고, 열심히 하다 보니 자연스럽게 일거리가 생겼고, 맡게 된 일들을 열정적으로 했을 뿐이다. 나는 이러이러한 커리어를 꼭 쌓아야지, 하는 구체적인 생각도 크게 해본 적이 없고 오직 주어진 현실에 충실했을 뿐이다.'라는 게 그녀가 대답한 요지였다.

하지만 정말? 정말 그것뿐이었을까? 어떻게 그럴 수가 있지? 하는 생각에 다시 한 번 밀어붙였다.

"나는 지금 세 살짜리 아기 하나가 있을 뿐인데도 내 일을 하면서 아내로서, 엄마로서의 역할을 잘해내기 위해 숨이 차도록 헉헉대고 있어요. 그런데 어떻게 4명의 아이를 키우며 공부하고 일하는 게 물

흐르듯 쉬웠다고 할 수가 있나요? 특별한 노하우가 분명히 있었을 법한데…….”

나의 말에 잠시 생각하던 크리스티나는 이렇게 대답을 해주었다.

"글쎄, 항상 철저하게 준비하고 시간을 쪼개서 모든 일을 하긴 했지. 예를 들어 셋째와 넷째를 베이비시터한테 맡기며 그날 무엇을 먹일지, 언제 공원에 나갈지를 정해주고, 첫째가 학교에서 하는 연극 공연에 입고 나갈 의상을 구입하고, 둘째의 감기 기운이 나아지지 않아 의사한테 가봐야 하고, 그런데 다음 주 월요일까지 원단 전시회를 둘러본 레포트를 써야 하고, 이번 호 특집으로 나가는 카스틸리오니 인터뷰를 주말에 해야 한다면, 시간을 쪼개고 쪼개서 최대한 모든 것을 잘 총괄해야만 한다는 거지. 그럴 수밖에 없잖아? 대단한 프로젝트나 회사에만 경영이란 말을 쓰는 게 아니지. 한 집안, 한 가족을 경영하는 것도 얼마나 많은 경영자적 자질을 요구하는 건데. 대개 그 경영자는 주부들이고. 전업 주부이건 워킹맘이건 최대한 효율적으로 집안 관리와 경영을 하는 것이 가장 중요한 포인트야."

어쨌든 수많은 일을 하면서 4명의 자식까지 키웠으니 참 대단하다는 나의 말에 그녀는 "뭐, 워킹맘이면 누구나 하는 일이지." 하며 어깨를 으쓱한다. 그러고는 "내가 잘한 것들도 분명히 있었을 거고 운도 틀림없이 많이 따라주었겠지." 이렇게 또 한 마디를 덧붙인다.

물론 많은 운도 따라주었겠지만, 그녀의 삶은 보통의 워킹맘과는 확연하게 다르다. 남편이 집안일을 전혀 도와주지 않아서 베이비시터 등의 힘을 빌리긴 했지만, 어떤 방식이든 가족을 그녀 자신의 표현대로 잘 '경영했던' 그녀는, 요리하는 것도 아주 좋아해서 자주 많은 사람을 초대해 테이블 세팅을 아름답게 하고 즐겁게 식사를 했단다. 특별한 노하우를 물었던 나의 질문에 대한 답은 이렇게 이어졌다.

"가장 중요한 팁은 내가 건강해야 한다는 거야. 워킹맘의 일상이 아침부터 밤까지 잠시도 쉴 시간이 없이 돌아가는데, 무엇보다 중요한 건 나의 건강이란 말이지. 내가 건강하지 않으면 아무것도 안 돼. 남편과 자식들 건강을 챙기는 만큼 내 자신의 건강도 챙겨야 하는 게 아주 중요해."

일하랴 가족 챙기랴 정신없이 돌아가는 일상에 휘둘려서 막상 자신에 관한 건 하나도 챙기지 못하는 한국의 워킹맘들을 생각하면 이 부분은 무엇보다 중요한 지적이라는 생각이 든다.

이렇게 바쁘고 유명한 엄마를 갖고 있는 자식들은 엄마에 대해 어떻게 생각할까 궁금했다.

"글쎄, 뭐 저마다의 생각이 있겠지. 하지만 나는 살면서 자식들에게 최선을 다했고, 그들은 나라는 존재를 있는 그대로 받아들여야 한다고 생각해. 내가 다른 엄마들에 비해 부족한 부분도 넘치는 부분도 있었겠지만, 그 부족하고 넘치는 모습이 나라는 사람이니 자식들도 그냥 있는 그대로의 엄마의 모습을 받아들여야 한다는 거지. 자식들에게만 올인하는 다른 엄마들에 비해 아쉬운 점도 있었겠지만, 결국 내가 일을 하며 행복했기 때문에 우리 가족 모두 함께 행복했다고 나는 믿어."

그녀는 다섯 명의 손자들을 둔 할머니이기도 하다.

언젠가 한번 그녀를 만났을 때, 그녀는 두툼한 면 소재에 목 부분에 커다란 러플이 여러 겹 달린 재킷을 입고 있었다. "와, 멋진 재킷이네! 어디 거예요?" 하고 물었더니 "이거 갭Gap이야. 당신 말고도 오늘 아침에 세 명이나 물어보던데." 하면서 유쾌하게 웃는다. 명색이 디자이너라는 나도 이건 요지 야마모토나 콤 데 가르송이겠거니 했는데 갭이라니…….

갭도 럭셔리하게 입어내는 크리스티나에게 럭셔리란 무엇인지, 럭셔리한 옷차림이란 어떤 건지 물어보았다. 그녀의 대답은 이번에도 단호하다.

럭셔리는 일단 돈이나 명품과는 전혀 상관이 없다. 럭셔리한 여성이란 샤넬 백을 들고 프라다 구두를 신고 랑방 코트를 걸친다는 것이 아니다. 여성의 럭셔리함이란 결국 그 사람에게서 느껴지는 품위와 고급스러움을 말하는 것이고, 그러기 위해서는 루이비통을 사야 하는 것이 아니라 책을 사야 하며, 구찌를 걸쳐야 하는 것이 아니라 공연을 보고 갤러리와 전시를 보러 다녀야 한다. 그 사람에게서 느껴지는 교양, 그 사람의 행동, 말투, 지식, 영민함, 부드러움과 강함, 그 모든 것이 그 사람을 빛나게 하고, 그것이 바로 럭셔리함이다.

지당한 말이라고 나 역시 생각한다. 오랫동안 패션 일을 해오면서

값비싼 브랜드로 온몸을 휘감았음에도 조금도 럭셔리하지 않은 여자들을 얼마나 많이 보아왔던가.

사실 크리스티나야말로 무엇을 걸쳐도 모던하고 럭셔리해 보이는 여인이다. 게다가 그녀는 자신을 돋보이게 하기 위한 노력까지 아끼지 않는다. 세심하게 신경 쓴 눈 화장과 완벽한 입술 화장(사실 완벽한 입술 화장을 유지하기는 정말 어렵다. 말을 하다가 또는 무언가를 먹거나 마시다 보면 금세 지워지거나 뭉개져버리는 게 입술 화장이 아닌가 말이다) 등 언제 보아도 흐트러짐 없는 외모와 개성 있는 의상들을 자신만의 방식으로 스타일링한다. 그리고 또 하나, 자신감 있게 걷는다.

예순아홉 살이라는 나이가 무색하게 언제나 완벽한 룩과 화장을 하는 그 부지런함에 경의를 표하자 그녀는 특유의 거침없는 목소리로 이렇게 대답한다.

"내 직업이 뭐지? 나는 아트 디렉터고, 디자인과 패션 저널리스트이자 디자인을 가르치는 사람이며, 또한 디자인을 평론하는 사람이야. 에스테틱Aesthetic 미을 다루는 직업을 갖고 있는 내가 '미'와는 전혀 거리가 멀게 추레하게 다닌다면 뭔가 좀 이상하지 않아? 아름다운 건축과 디자인, 패션을 가르치고 아트 디렉터를 하는 나인데, 그런 내가 에스테틱에는 전혀 신경 쓰지 않는 모습이라면 그건 뭔가 아귀가 안 맞는단 말이지. 에스테틱은 내 생활이야. 내가 내 마음에 드는 옷을 고르고 내 눈에 아름다워 보이는 화장을 하는 건 내 직업을 생각하면 아주 당연한 거야."

듣고 보니 이번에도 지당한 말씀이다.

이제 한국 나이로는 일흔. 물론 아직도 왕성하게 활동을 하고 있지만, 수많은 일들 중 가장 오래도록 하고 싶은 일은 무엇인가 물어보았다. 그녀의 평소 성향으로 봐서 아트 디렉터가 아닐까 생각했는데 대답은 그게 아니었다. 질문을 하기가 무섭게 거침없이 대답하던 그녀는 이 질문에서 처음으로 잠시 호흡을 가다듬었다.

"음…… 나는 글을 쓰고 싶어."

글이라면 지금까지 계속 써왔고 책도 많이 내지 않았나?

"나는 죽을 때까지 무언가를 하고 싶어. 무언가 내게 의미 있는 일을 하고 싶다는 말이야. 나는 많은 일을 해봤고 지금도 하고 있지만 글 쓰는 일은 뭐랄까, 내가 아주 늙고 기력이 없어져도 할 수 있잖아. 에너지와 체력이 필요하다기보다는 명료한 의식이 더 필요한 일이니까. 나는 죽을 때까지 총명한 의식을 갖고 살고 싶어. 글을 쓰는 일은 인생이 끝날 때까지 나의 콤파니아$^{Compagnia\ 동반자}$가 되어줄 수 있는 일이지. 글을 쓴다는 건 끊임없이 나의 뇌를 자극하는 일이니까 아마도 죽을 때까지 영민한 의식을 갖게 되지 않을까?"

그녀의 말을 들으니 문득 얼마 전 작고하신 박완서 선생님이 생각났다. 인생의 마지막까지 글을 쓸 수 있는 삶이란 건 정말 얼마나 행복하고 가치 있는 일일까.

물론 그녀는 아직 인생의 마지막을 생각하기는커녕, 10센티미터짜리 힐을 신고 얼마 전 밀라노 가구전시회에서 스키치^{Skitsch}의 아트 디렉터로서 전시를 총괄했으며, 지금도 어려서 할머니께 배워 능숙한 프랑스어로 일주일에 한 번씩 스위스 로잔에 강의를 하러 다닌다. 영어와 스페인어까지 4개 국어를 하는 멋지고 쿨한 할머니 크리스티나. 2000년대를 살아가는 워킹맘들의 롤모델로도 손색이 없을 듯하다.

Mentor Story _ 005

자유로운 영혼이 아름답다

영원한 보헤미안, 알레시아 글라비아노 Alessia Glaviano

알레시아 글라비아노. 1970년생이니 만으로 마흔두 살이다. 아버지는 유명한 포토그래퍼 마르코 글라비아노 Marco Glaviano이다. 그녀는 현재 『보그 이탈리아』의 포토 에디터로 일하고 있다.

작고 마른 그녀는 아침부터 밤까지 쉬지 않고 일한다. 『보그 이탈리아』는 전 세계 보그 중에 최고의 비주얼로 유명하다. 그야말로 한 편의 영화를 보는 듯한 화보가 잡지의 절반을 차지할 만큼 많은데, 이것은 전적으로 편집장인 프랑카 소차니의 취향과 감성이라고 할 수 있다. 또한 그만큼 포토그래퍼와 스타일리스트들의 솜씨가 뛰어나다. 그리고 그 중 이미지 셀렉트에 까다롭기로 유명한 프랑카 소차니가 13년 동안 옆에 두고 일하는 포토 에디터가 바로 알레시아다.

알레시아의 부모님은 둘 다 시칠리아 출신이었으나 어머니는 밀라노에서 살고, 아버지는 뉴욕에서 포토그래퍼로 일했다. 어느 해 여름 그들은 시칠리아로 휴가를 떠났고, 거기서 운명적으로 만난 후 결혼한다. 하지만 알레시아의 언니와 알레시아를 낳은 후 그들은 곧 이혼했고, 그로 인해 알레시아는 어릴 때부터 뉴욕과 밀라노를 오가는 생활을 하게 된다.

최고의 슈퍼 모델들과 일하던 포토그래퍼 아버지의 영향으로 그녀는 어릴 때부터 "세트와 함께 자랐다."고 말한다. 자연히 사진에 관심을 갖게 되어 사진의 역사도 공부하고 사진도 부지런히 찍곤 했다. 하지만 고등학교를 졸업할 무렵 그녀는 밀라노 최고의 경제학부가 있는 보코니대학에 진학하기로 결정한다.

온갖 방면에 호기심이 많았고 수업 시간에도 그녀의 표현대로 '부끄러움 없이 천 가지 질문을 해대던' 그녀는, 어릴 때부터 함께해온 사진을 대학 전공으로 이어나가기에는 호기심도 너무 많고 알고 싶은 것도 많았다. 정치와 경제에도 남다른 관심이 있던 그녀가 대학 진학 후 접한 경제학의 세계는 흠뻑 빠져들 만큼 매력적이어서 공부도 매우 열심히 했다.

하지만 졸업 후 그녀는 잠시 진로를 고민한다. 경제학 교수가 될까 하는 생각도 했지만, 사진과 세트에 대한 향수가 새록새록 솟아 결국 뉴욕의 아버지에게 돌아가게 된다. 아버지의 스튜디오에서 말단 어시스턴트로 시작하여 다른 대형 스튜디오의 포토 매니저까지 되었는데, 서른 살이 될 무렵 다시 유럽이 슬슬 그리워지기 시작했다. 5~6년을 뉴욕에서 일하다가 다시 밀라노의 엄마에게 돌아온 그녀는, 일자리를 알아보다가 지인의 소개로 『보그 이탈리아』에 면접을 보러 갔다.

현재 『보그 이탈리아』의 부편집장으로 일하는 아리엘라 고치$^{Ariella\ Goggi}$와 면접을 했는데, 면접이 끝난 후 아리엘라가 말했다.

"알레시아, 당신은 참 능력이 있는 사람이긴 한데, 현재 우리가 당신에게 제시할 수 있는 자리가 당신 경력에서 받아들이기엔 좀 많이 모자란 듯합니다."

알레시아는 어떤 자리인가 물어보았다. 그때 『보그 이탈리아』의 빈자리는 비서 업무였다. 개인 비서가 아니라 슈팅 스케줄(촬영 스케줄)을 관리하는, 어찌 보면 에디터들의 공동 비서 같은 것이었다. 게다가 기존의 비서가 출산 휴가를 들어간 몇 달간을 때우는 임시 계약직이었다.

하지만 알레시아는 그 자리에서 시원하게 대답했다.

"무슨 상관이에요? 저는 보그에서 일하고 싶어요. 어떤 일로 시작하든 상관없습니다."

아리엘라는 시원스레 '예스'를 하는 알레시아를 프랑카 소차니에게 소개했고, 그녀는 그 자리에서 채용되었다.

비서 업무를 시작한 알레시아는 열심히 일하는 한편, 퇴근 시간에도 집에 가지 않고 에디터들 사이를 왔다 갔다 하며 "뭐 도와줄 일 있나요?"하고 소리쳤다. 그런 자신이(업무 외의 일까지 찾아서 하는) 모든 스태프들에게 환영을 받았던 건 아니라고 그녀는 살짝 귀띔한다. 그러나 그녀의 행운은 까다로운 프랑카 소차니와 금세 하모니가 이루어졌다는 데 있었다. 몇 달을 일한 후 프랑카 소차니는 그녀를 불러서 "네가 일하는 방식이 아주 마음에 들어. 지금 하는 일이 끝나면 정식 에디터로 계약을 하자."라고 말한다.

그 유명한 『보그 이탈리아』의 편집장인, 비범하고 재능이 넘치는 프랑카 소차니를 그녀는 존경하고 흠모했고, 어릴 때부터 사진과 세트 속에서 자라온 사람답게 비주얼 이미지를 보는 눈과 식견을 갖고 있는 고급 감성의 알레시아를 프랑카 소차니는 아끼고 예뻐했다. 보헤미안 기질이 있는 알레시아가 놀랍게도 13년째 한 자리를 지키는 것도 프랑카 소차니라는 최고의 보스 때문이다.

그녀는 이렇게 말한다.

"프랑카는 놀라운 사람이야. 그녀는 항상 우리의 상상을 초월하지. 나는 종속당하는 것이 싫고 누군가의 밑에서 명령을 받으며 사는 것을 용납하지 못하는 성격이야. 단, 프랑카의 경우는 예외인데, 그건 내가 그녀의 비범함과 천재성을 인정하기 때문이야. 나보다 뛰어나지 않은 상사라면 아무리 최고의 조건이라 해도 그를 상사로 모실 수 없고, 그 자리에서 일할 이유도 매력도 찾을 수 없어. 프랑카는 그런 면에서 나 같은 사람에게는 최고의 보스라고 할 수 있지. 물론 그녀는 세세하게 '수영은 이렇게 하는 거란다.' 하며 가르쳐주는 타입이 아니야. 물속에 넣어놓고 '자, 어디 한번 네 마음대로 헤엄쳐보렴.' 하는 스타일이지. 늘 영감을 주고, 번번이 나의 예상을 뛰어넘어 놀라게 하는 보스. 그것이 바로 최고의 보스가 아니고 무엇이겠어? 보그에서 일한 13년 동안 여러 곳에서 프러포즈가 있었지만 프랑카처럼 항상 나를 자극하고, 그녀처럼 내가 마음으로부터 인정하는 보스를 만날 수 없다는 걸 잘 알기 때문에 다른 곳은 생각한 적도 없어. 나의 기질상 마음으로부터 보스를 인정하지 못한다면 1년도 버티지 못할 테니까."

알레시아 이전에 『보그 이탈리아』에는 딱히 포토 에디터라는 직함이 없이 프랑카 소차니가 거의 겸하고 있는 상황이었다. 알레시아는 현재 『보그 이탈리아』와 『우오모 보그Uomo Vogue』의 포토 에디터이고, 보그닷컴의 뉴스와 스타, 포토 보그를 책임지고 있다. 그녀는 "내가 프랑카를 만난 건 일생의 행운이었지만 프랑카에게도 아마 나라는 존재가 행운일 것"이라며 유쾌하게 웃는다.

포토 에디터란 단순히 이미지 리서치만 하는 경우도 있지만, 사실 패션 에디터의 자질을 겸하면서도 사진에 대한 박학다식함을 갖추어야 하는데, 그런 사람이 흔치 않은 것이 사실이다.

아침 8시에 집에서 나가 밤 10시에 들어오는 생활을 반복하는 알레시아는 아직까지 소울 메이트를 만나지 못했다. 그녀는 "글쎄, 진부한 말이긴 한데 아침부터 밤까지 일에 묻혀 사니 연애를 할 시간도 없네. 일과 약혼했다는 게 나의 비극이지." 하며 웃는다.

좋은 사람은 잘못된 시기에 만나고 적당한 시기에는 좋은 사람이 안 만나지니, 그저 모든 게 운명이려니 한단다. 결혼을 한다거나 가족을 만든다는 건 자기랑 조금 멀리 있는 듯 느껴진다는데, 그녀의 다음 말이 재미있다.

"다른 사람들은 결혼을 하고 아기를 낳아 가족을 만들잖아. 그런데 내게는 이상하게 가족은 원래 내 가족밖에 없는 것 같아. 아빠와 엄마, 언니와 여동생(배다른 여동생과 세 자매가 친하게 지낸다), 그렇게 이미 가족을 다 만들어놓은 느낌이랄까. 사실 어떻게 보면 엄마, 아빠는 보통 부모님과는 많이 달랐으니까. 심심하면 결혼하고 헤어지는 아빠에, 하루에도 수백 번 생각을 바꾸고 말을 바꾸는 엄마. 생각해보면 엄마, 아빠라기보다 말 안 듣는 자식들 같다니까. 내 인생에 결정적인 영향을 준 멋진 아빠, 부잣집에서 태어났지만 평범한 양갓집 규수가 아닌 히피 마인드의 자유분방하고 귀여운 엄마. 그리고 그들이 만들어준 언니와 동생을 사랑해. 영원한 나의 가족이지."

그녀는 아버지가 아니었으면 아마도 이 길을 가지 않았을 거라고 말한다. 예술적 감각을 가진 아버지, 자유로운 마인드를 가진 어머니가 자신의 인생에 많은 영향을 끼쳤다고 이야기하는 그녀는 진정 마음으로 그들을 사랑하고 있었다.

선천적으로 가지고 태어나는 기질도 중요하지만, 예술적 감성을 가진 사람으로 성장하는 데는 부모의 영향이 지대하다고 알레시아는 말한다. 아이에게 많이 듣고 보고 느끼게 해주어야 한다고. 물론 어렸을 때는 그런 것들이 지겨울 수 있다. '어휴, 또 쇼핑이야? 지겨워! 또 미술관 가는 거야? 가기 싫어!' 뭐 이럴 수도 있지만, 그것이 자신의 감성에 얼마나 많은 영향을 끼치는가는 자라보면 알게 된다. 지속적으로 부모가 경험하게 해주는 문화적 체험은 한 인간의 정서적 토양을 만드는 작업 같은 것이라고 그녀는 굳게 믿고 있다.

에디터가 되고 싶은 수많은 젊은이들을 만나고 함께 일하기도 하는 그녀는 새로이 시작하는 젊은이들, 특히 패션이나 디자인 쪽의 에디터가 되고 싶은 후배들에게 이렇게 당부했다.

에스테틱에 대한 열정을 가질 것. 에스테틱을 볼 줄 아는 심미안을 기를 것.

패션과 사진, 건축 등에 대한 역사를 많이 공부할 것. 자고로 알지 못하면 아무 말도 못하는 법이니까. 내가 쌓은 지식은 언제나 최고의 재산이자 승리의 길로 이끌어줄 무기니까.

아무리 하찮은 일부터 시작한다 해도 내 일에 대한 자부심을 가질 것. 나의 일에 긍정적일 것. 내가 원하는 곳에서 일을 하게 되었다는 것만으로 감사하게 생각하며, 모든 일에 온몸으로 긍정적으로 부딪힐 것.

간단하고 짧게, 하지만 깊게 생각하며 대답을 마친 그녀가 나를 바라본다. 화장기 없는 얼굴과 자연스럽게 내려오는 금발에 가까운 연한 밤색 머리, 지적인 웃음으로 늘 즐겨 입는 물 빠진 진과 앤티크 귀걸이를 찰랑대는 그녀.

그녀를 보면 무언가 이 자리에 계속 머물지 않고 늘 떠날 준비를 하는 보헤미안 같은 느낌이 든다. 프랑카 소차니라는 걸출한 보스를 만나 13년간 한 자리에 머물고 있기는 하지만, 어느 순간 그녀가 이 모든 걸 훌훌 털고 다시 뉴욕 혹은 파리나 바르셀로나, 리우데자네이루나 샌프란시스코로 떠나버렸다고 해도 나는 그리 놀라지 않을 것 같다.

좋아하는 일을 맘껏 했고 또 현재도 맘껏 하면서 살고 있는 알레시아가 앞으로 더 해보고 싶은 일은 무엇이냐고, 그게 내 마지막 질문이라고 하자 그녀는 쿡 하고 웃더니 목소리를 낮추며 말한다.

"미나, 내 인생에서 정말로 해보고 싶었고 지금도 해보고 싶지만 아마도 결국은 못할 듯싶은 일이 한 가지 있어. 내가 꿈꾸는 일, 그게 뭔지 알아?"

그게 뭘까? 너무 궁금해진 내가 되묻는다.

"뭔데? 혹시 정말 사진작가?"

그녀는 "아니." 하며 고개를 살래살래 흔든다. 그리고 특유의 웃음을 지으며 속삭이듯 말한다.

"미나, 나는 종군기자를 해보고 싶어."

황당한 얼굴로 쳐다보는 내게 알레시아는 꿈꾸는 듯한 눈빛으로 이야기를 한다. 아주 오래 전부터 해보고 싶었노라고. 누군가 보내준다면 자기는 당장 그곳으로 달려가고 싶다고. 하긴 그러고 보니 그녀

특유의 보헤미안적인 이미지와 종군기자가 잘 어울리는 듯한 느낌도 들었다. 나는 웃으며 대답했다.

"그래, 어쩌면 너하고 아주 잘 어울릴 수도 있다는 거 인정해. 그런데 그건 현재로선 정말 꿈인 것 같아. 넌 어찌 보면 그런 세계와는 정반대의 세계에서 일하고 있잖아. 모델, 유행, 패션, 파티, 명품, 뭐 이런 것들의 세계."

"그래. 지금은 그렇지. 하지만 내 정신세계는 또 그렇지 않거든."

그녀도 웃으며 대답한다.

종군기자도 어울릴 듯하고 보그의 포토 에디터도 잘 어울리고 실제 사진작가였어도 어울릴 듯싶은 알레시아를 보며 자유로운 영혼이 왜 아름다운지를 알 것 같았다면 내가 너무 오버하는 걸까.

하지만 사실이다. 자유로운 그녀. 언제나, 어디로든 자신이 원하는 곳으로 떠날 것 같은 그녀의 매력에 난 정말 반했으니까.

For your Dreams

5.

한국의
젊은
그대들에게

For Your Dreams _ 001

후회 없는
유학 생활하기

참 많은 유학생이 이탈리아로 공부를 하러 온다.

유학생이 많기는 한데 영어권이 아닌, 한국에서는 크게 쓸모없는 이탈리아어권이라는 특성상, 흔히 말하는 도피 유학생은 거의 찾아볼 수 없다. 기왕에 도피 유학을 생각한다면 영어라도 배울 수 있는 미국이나 캐나다, 호주를 먼저 떠올리지, 어느 누구도 굳이 이탈리아로 올 일은 없을 것이다.

그러다 보니 비교적 소신 있는 유학생이 대부분이고 나이가 지긋한 유학생도 쉽게 찾아볼 수 있다. 이탈리아 유학생의 전공 중 가장 많은 비중을 차지하는 건 단연코 성악으로, 유학생의 절반이라는 말도 있을 정도이다. 두 번째가 패션이고, 건축과 공업 디자인 등이 뒤를 잇는다.

내가 유학을 왔던 1990년대 초만 해도 패션 유학이라면 이탈리아보다는 파리나 뉴욕을 더 많이 선택하는 분위기였다. 그 이후로도 이탈리아 패션의 화려한 전성기인 1990년대의 영향으로 수많은 한국 학생이 패션을 공부하기 위해 이탈리아에 왔고 지금도 오고 있다.

사람마다 다르겠지만 대개의 경우 짧게는 6개월, 길게는 1년 정도 어학 공부를 한다. 그러고는 전공 공부를 하기 위한 학교에 입학해 열심히 공부하고, 졸업을 하면 현지에서 경력을 쌓기 위해 여러 가지 시도를 한다. 그 중에는 아무 일자리도 못 찾고 다시 한국으로 돌아가는 사람도 있고, 인턴사원이나 정식 디자이너로서 경험을 쌓고 밀라노에서 아예 자리를 잡는 사람도 있다. 아니면 어느 정도 경력이 되었을 때 한국으로 돌아가기도 한다.

유학 생활이란 건 가족이란 울타리 안에서, 내가 태어나고 자란 땅에서 공부하는 것과는 무척 다르다. 갑자기 생긴 완벽한 자유와 새로운 문화에 대한 호기심, 참을 수 없는 외로움과 끊임없이 부딪히는 자신의 한계 등, 한국에서 고만고만한 친구들과 살았던 지난날들에서는 결코 겪어보지 못했던 수많은 감정과 상황들이 한꺼번에 들이닥친다.

나를 제어하는 것은 아무것도 없다. 부모님의 잔소리, 사회의 규범, 이웃의 눈초리 등 신경 쓸 것은 아무것도 없다. 완벽하게 주어진 자유 앞에서 모든 선택은 자신의 몫이며 결과와 책임 또한 자신의 것이다. 물론 누구나 열심을 최선을 다하리라 결심하며 유학을 떠난다. 그렇게 모두 비슷하게 시작하지만 몇 년 후의 결과는 매우 다르다. 그러면 후회 없는 유학 생활을 하려면 어떻게 해야 할까.

유학 생활의 기초, 언어 공부에 올인하라

나는 이탈리아어 잘한다는 말을 한국 사람들뿐 아니라 이탈리아 사람들에게서도 많이 듣는다. 새로운 나라에서 기죽지 않고 당당하게 공부하고 생활하기 위해서는 무엇보다 언어가 가장 중요한 요소라고 할 수 있다. 내가 이탈리아에 첫발을 디딘 지도 19년이나 되니, 그렇게 오래 있으면 당연히 말도 잘하지 않을까 생각하기 쉽지만, 그건 절대 아니다.

10년, 15년이 지나도 이탈리아어를 잘 못하는 사람도 많고, 2~3년 정도밖에 되지 않았는데 아주 잘하는 사람도 있다. 나는 이탈리아어 잘한다는 말을 이탈리아에서 생활한 지 3년이 지날 무렵부터 듣기 시작했다. 돌이켜 생각하면 그때에 비해 지금은 단어의 양이나 전문적인 용어 등은 많이 늘었겠지만, 예전에도 이미 지금 같은 발음과 억양이었고 문법 수준도 비슷했다.

내 생각에는 초기 유학 생활 1~2년에 미래의 언어 실력이 판가름난다. 5년을 살면서 이탈리아어를 못했는데 더 오래 10년을 산다고 해서 그저 세월이 선물하는 것처럼 말이 저절로 늘지는 않는다는 말이다. 바꿔 말하면, 잘할 사람들은 이미 초기부터 잘하기 시작해서 쭈욱 잘한다는 말이다.

지금은 이탈리아 사람보다 이탈리아어를 더 잘한다는 소리도 듣지만, 처음 이곳에 도착했을 때는 그야말로 '차오 Caio 안녕'밖에 몰랐다. 아름다운 중세 도시 페루지아에서 가장 초급인 1단계 강의를 듣는데, 이탈리아 선생의 말을 1퍼센트도 알아듣지 못했다.

그때 나는 한국에서 1년 정도 취미로 일본어를 배워서 어느 정도 말하고 듣는 것이 가능했다. 마침 우리 반에 일본 상사에서 주재원으로 나온 회사원 3명이 있었다. 그들은 준비된 주재원들답게 일본에서 확실하게 기초를 공부하고 온 상태라 그들에게 물어보고(물론 이탈리아어가 아닌 일본어로), 그들의 일본어 사전도 함께 봐가며 공부했다. 그렇게 근근이 초급 석 달을 마쳤지만 이탈리아어는 아직도 그야말로 암흑의 세계였다. 그래도 일단 무조건 열심히 단어를 외웠다.

그렇게 열심히 단어를 외우며 초급 2단계 3개월을 마칠 즈음 어느 날, 갑자기 말이 확 트이는 것이 느껴졌다. 동사 변화와 성별 변화가 많은 이탈리아어가 나도 모르게 입에서 스르륵 흘러나오는 것을 느낀 날의 기쁨은 아직도 생생히 기억할 정도다.

그때부터는 이탈리아어가 쑥쑥 느는 것이 느껴질 정도였는데, 그 첫 관문에 이르는 것이 가장 중요한 듯하다. 언어는 힘이다. 언어만 잘해도 유학 생활의 반은 접고 들어간다. 그러면 어떻게 해야 언어 공부 기간을 후회 없이 보낼 수 있을까?

나는 무조건 단어를 많이 외우는 동시에 한국인들을 멀리하고 네덜란드, 폴란드, 호주 등에서 온 여러 나라 친구들과 어울렸다. 외국 친구들과 소통을 하려면 죽으나 사나 이탈리아어를 할 수밖에 없고,

그러려니 아는 단어는 최대한 써먹을 수밖에 없다. 수업에 이어 여가 시간, 즉 나의 일상을 이탈리아어를 말해야만 사는 상황으로 몰아가는 것이다.

한국인을 멀리하라는 말을 나쁘게 받아들이지 말기 바란다. 한국 사람들과 만나면 익숙한 한국말로 수다를 떨면 되니 너무나 편하고 재미있다. 하지만 그러다 보면 나는 언제 이탈리아어를 사용할 수 있을까. 수업 시간에 듣는 것만으로는 어림도 없으니 실생활에서 계속 이탈리아어를 써야만 말이 는다. 물론 한국 친구들과 놀면서도 외국 친구들과 잘 어울리면 최상이겠지만, 외국 친구들보다 한국 친구들과의 만남이 훨씬 재미있기 때문에 냉정하게 선을 긋기가 쉽지 않다.

그래서 친구끼리 함께 유학을 오거나 부부가 함께 와서 언어 수업을 듣기 시작하면 수업 시간뿐 아니라 쉬는 시간, 그 외의 일상도 늘 함께하기 때문에 말이 좀처럼 쉽게 늘지 않는다. 나의 경우 친구 E는 나보다 먼저 유학을 와서 이미 중급 코스를 듣고 있었기에 학교에서 어울릴 수 있는 시간이 많지 않았다. 또 나보다 몇 달 늦게 이탈리아에 도착한 남편이 초급 코스를 들을 때쯤 나는 이미 중급 코스를 듣고 있었기에 학교에서는 함께 있을 시간이 거의 없어 외국 친구들과 많이 어울릴 수 있었다. 그 후로 나는 부부가 함께 유학을 올 경우 되도록 클래스를 따로 해서 공부하는 방법을 많이 권한다.

기회가 되어 친절한 이탈리아 친구들을 사귈 수 있다면 최상이다. 또래일 수도 있고 나보다 더 어리거나 아니면 마음 좋은 아줌마, 아저씨들일 수도 있다. 단, 할머니·할아버지들은 정정하다면 상관없지만 그렇지 않을 경우 옹알이처럼 발음이 분명치 않거나 사투리가 심한 경우도 있으니 참고할 것. 마지막으로 이탈리아인 애인이 생기는 경우 대부분 이탈리아어가 눈부시게 발전하고 이탈리아 사회에 아주 빨리 적응하게 된다.

우물 밖 개구리가 되기 위해 틀을 깨자

공부를 할 때는 여러 가지 힘든 일이 많지만 지나고 나서 생각하면 그때가 가장 좋았다는 것을 느낄 수 있다. 학생 때가 가장 좋았다는 말은 한국에서건 외국에서건 통용되는 불멸의 진리인 듯하다.

현지에서 공부를 하면서 힘든 것은 언어에 대한 스트레스나 타국에서의 외로움 등 여러 가지가 있겠으나, 가장 비참한 것은 자신의 한계를 느낄 때일 것이다. 패션처럼 창의적인 발상을 요구하는 분야의 공부는 그 한계라는 것이 상상력과 창의력의 한계를 말한다고 생각하면 된다.

한국에서 의상학과에 다닐 때는 그렇게 칭찬받던 스타일화 솜씨도, 미술대학을 우수하게 졸업한 사람의 기가 막힌 드로잉 솜씨도 막상 여기서는 큰 이점이 되지 못한다. 그런 것은 패션 디자이너가 되기 위한 필수 조건이 아니기 때문이다. 디자이너 중에는 미우치아 프라다, 로메오 질리, 알베르타 페레티 등 그림을 전혀 못 그리는 디자이너도 많은데, 일러스트레이터가 되려면 그림을 잘 그려야 하지만 디자이너가 되기 위해서는 그림 솜씨보다 창의적인 발상과 아이디어가 중요하기 때문이다.

그러다 보니 디자인 수업 시간에 교수가 스타일화를 못 그렸다고 잔소리하는 경우도 없다. 이탈리아를 비롯한 각국에서 모인 학생들은 저마다 색깔이 분명한 스타일화를 그린다. 그 중에는 아주 못 그린 듯해도 한 번 보면 절대 잊을 수 없을 만큼 개성이 강하게 표현된 작품도 많아서, 스타일화 교과서의 전형 같은 자신의 그림이 갑자기 너무나 평범해 보이는 경험을 해본 사람들도 있을 것이다.

분명 열심히 수업도 듣고, 작업도 많은 공을 들였으며, 컬러링도 세심하게 하고, 감각적인 리본으로 묶어서 보기에도 아주 예쁜 작업을 해왔건만, 하얀 도화지 몇 장에 괴발새발 그린 것 같은 외국 친구의 작업에서 기가 막힌 크리에이티브를 보는 순간의 절망감. 그건 경험해보지 않은 사람은 알 수 없는 비참한 감정이다.

도무스 아카데미에서 공부할 때 영국인인 필립은 특별해 보이지도 않았고 아주 조용했음에도 특유의 감성과 크리에이티브한 발상으로 기상천외한 작업들을 해와서 모두에게 상대적인 재능의 부족을 느끼게 했다. 특히 우리 한국인들처럼 주입식 교육을 받으며 자란 사람들의 경우 '내 사고는 왜 우물 안 개구리처럼 정해진 틀을 벗어나지 못하나?' 하는 것이 가장 중요한 화두가 된다.

그럼 어떻게 해야 할까? 20년을 넘는 세월 동안 받아온 교육의 힘과 환경적인 요인은 정말 무시할 수 없어서, 이제 훌훌 벗어나야지

한다고 하루아침에 우물 밖 개구리가 될 수 있는 것도 아니다. 그럼 '우리는 어차피 저들보다 창의력이 떨어질 수밖에 없는걸.' 하면서 포기해야 할까?

　나는 일단 자신을 최대한 자연 상태로 돌려놓고 마음의 소리에 귀를 기울이라고 말하고 싶다. 한국에서 배워온 스타일화 솜씨 나 포트폴리오 잘 만드는 방법, 최신 트렌드의 중요성 같은 건 잠시 잊어버리자. 나보다 뛰어나 보이는 그들을 흉내 낼 생각도 하지 말자. 어떤 주제가 떨어지면 마음이 가는 대로, 다른 사람이 어떻게 봐줄지, 다른 친구는 어떻게 하는지, 또는 최신 트렌드가 어떤 것인지에 대해서는 마음 쓰지 말고 내가 가장 하고 싶은 작업, 내 마음에서 시키는 작업을 해보자.

　도무스 아카데미 시절 한국에서 좀 늦은 나이에 유학 온 분이 계셨는데(나는 H언니라고 불렀다), 실력은 있었는데 언어가 잘 안 되어 크게 눈에 띄지 않는 학생이었다. 그도 그럴 것이, 도무스 아카데미는 작업의 중요성만큼 프레젠테이션의 중요성을 강조해서, 한 작업이 끝나면 개인적으로 교수에게 제출하거나 하는 방식이 아닌 클래스 전체 학생과 교수 앞에서 공개 프레젠테이션을 하게 했다.

　현재 클라이언트에게 프레젠테이션을 한다는 가상 시뮬레이션 상황에 학생들이 익숙해지도록 하기 위한 목적으로, 프레젠테이션이 곧 그 수업의 시험이기도 했다.

　같은 작업이라도 클라이언트의 마음을 단박에 잡아끌 수 있도록 자신의 작업을 설명할 수 있는 능력을 키울 수 있게 학교가 지속적으로 훈련을 시켰다고 보면 된다.

도무스 아카데미는 현역에서 활동하는 다양한 직업의 사람들을 교수로 초빙하여 하나의 프로젝트(수업)를 진행하는 방식이 많았다. 디자이너 스테판 존슨Stephan Janson이 수업을 할 때의 일이다. 몇 달간 진행되던 수업의 마지막 날은 어김없이 프레젠테이션이 장식했다.

모두들 최대한 자신의 커뮤니케이션 능력을 발휘하려 애쓰며, 한 사람이 적어도 5~10분 정도의 시간 동안 자신이 작업한 그림 한장 한장을 가리키며 온갖 세세한 설명을 덧붙여서 교수를 비롯한 청중들에게 이해시키려 하고 있었다.

잠시 후 H언니의 차례. 언니는 자신의 작업을(커다란 A3 도화지 4~5장 정도였던 것 같다) 일단 벽에 주욱 옆으로 세웠다. 물고기와 바다 등의 그림들로 기억하는데, 한눈에도 쓸쓸한 분위기가 느껴졌다. H언니는 모두를 한 번 둘러본 다음 조용한 목소리로 "Io sono Coreana. Ho tanta nostalgia.나는 한국 사람입니다. 나는 많은 향수를 느낍니다." 하더니 꾸벅 인사를 하고 프레젠테이션을 끝냈다.

모두가 멍한 얼굴인 채 잠시 침묵이 흘렀다. 얼마 후 침묵을 깬 사람은 스테판 존슨이었다. 그는 박수를 치며 "너의 작업 이미지에 가장 잘 맞아떨어지는 프레젠테이션이었다."라며 칭찬을 아끼지 않았다.

그 강렬했던 프레젠테이션의 기억은 지금까지도 내 머릿속에 남아 있다. 물론 실제로 일을 하는 상황이라면 또 다르겠지만, 공부를 하는 동안에는 다른 학생들의 천 마디 말보다 단 두 마디의 말이 크리에이티브하게 받아들여질 수도 있는 것이다.

나의 내면에 집중하자. 그리고 내가 하고 싶은 것, 나의 마음이 시키는 대로 작업을 해보자. 어느 순간 나를 괴롭히던 우물에서 저 멀리 벗어나 있는 나를 발견하게 될 것이다.

마음 맞는 현지인 친구 만들기는 필수

현지인 친구들이 많다는 건 무엇과도 바꿀 수 없는 재산이다. 내가 태어나고 자란 나라가 아닌 낯선 곳이라는 사실을 기억하자. 아무리 공부만 하는 생활이라 해도 소소한 일상의 문제들이 늘 따라붙는데 (예를 들어 집 계약 등의 문제라든가), 그런 때 믿음직한 현지인 친구의 존재는 그야말로 막대한 영향을 끼친다.

사실 언어를 공부하는 기간에는 이탈리아인 친구를 만들기가 쉽지 않다. 학교 친구들도 모두 외국인들이다 보니 이탈리아 친구와 룸메이트로 엮인다거나 하지 않는 한 기회가 거의 없는 경우가 많다. 하지만 전공 공부를 시작하면 아무래도 이탈리아인 친구들이 훨씬 많으니, 이때 마음에 맞는 친구를 잘 사귀어보자.

물론 한국에서 대학을 졸업하고 여기에서 다시 대학 과정을 듣는 경우 같은 과의 이탈리아 친구들은 한참 어린 나이들이 대부분일 수도 있지만, 나이에 별 상관없이 친구가 될 수 있는 것이 또 외국 생활의 장점 중 하나이니 너무 나이에 연연하지는 말자.

수다스러운 이탈리아인들답게 남 이야기는 물론이고 뒷담화도 많이 하는데, 그런 자리에는 되도록 동참하지 말고 그런 친구들 역시 가까이하지 않는 것이 좋다. 그러다가 마음이 진실해 보이고 코드가 잘 맞는 친구를 만나게 된다면 유학 생활은 훨씬 행복해질 수 있다. 또한 엄마, 아빠와 나이가 같은 아주머니, 아저씨 친구들은 깊이 사귀면 정말 자식처럼 잘해주는 사람들도 많다.

피누치아Pinuccia와 에우제니오Eugenio는 60대의 멋진 부부로 우리 부부와는 10년 이상 가족처럼 지내왔다. 이탈리아 남쪽 풀리아 출신의 피누치아는 집안일도 잘하고 음식은 요리사 수준인데다 정도 많고 아이들을 사랑한다. 밀라노 출신의 에우제니오는 멋있는 은발에 사람 좋은 웃음을 가지고 있다.

아들 하나, 딸 하나를 둔 그들은 우리 부부를 자식처럼 아끼고 사랑해주는데, 유진이 태어나자 자신들의 손자가 태어났을 때처럼 기뻐했다. 물론 이탈리아 엄마, 아빠가 생기는 셈이니 잔소리도 만만치 않게 들을 각오는 해야 하지만, 함께 식사도 하고 크리스마스 파티도 함께하는 등 그야말로 가족처럼 정을 나누며 지낸다. 우리가 원할 때면 언제나 테네리페Tenerife 카나리아 제도의 섬와 코모 호수에 있는 자신들의 별장 열쇠를 내주며 가서 머리도 식히고 며칠 쉬다가 오라고 한다. 물론 우리도 그들을 부모님처럼 생각하며 의지한다.

사회생활을 시작하면 주변에는 경쟁자밖에 없을 것이라고 생각하기 쉽지만, 의외로 마음이 잘 맞는 친구를 사귀게 되는 경우도 많다. 일단 비슷한 일을 하는 사람들이고, 구체적인 취향은 다르더라도 디자인과 패션, 아트를 사랑한다는 공통점이 있기 때문이다. 패션계에서 일하는 사람들이 다분히 사이코적이고 까다롭기 그지없다 하지만, 그렇기 때문에 의외로 필이 기가 막히게 통하는 친구를 만날 수도 있는 것이다.

로레나Lorena는 내가 루이자 베카리아에서 일하던 2000년 무렵에 처음 만났다. 나는 컬렉션 책임자였고 로레나는 프로덕트 매니저로 소프라니Soprani에서 자리를 옮겨왔는데, 우린 처음부터 서로 느낌이 통했다. 로레나는 루이자 베카리아와 크게 부닥친 후 4개월 만에 휴고보스Hugo Boss로 가버렸지만, 우리의 관계는 지속되어 그 후 데렐쿠니 프로젝트를 6년간 함께했고, 지금은 내가 론칭한 'Mina J Lee'의 주주이자 프로덕트 매니저이기도 하다. 또한 비슷한 시기에 둘 다 아기를 낳아서 함께 밀라노에 아동복 매장 'by BE'까지 오픈했다.

10여 년을 함께 일하다 보니 때때로 칼로 물 베기 싸움도 하지만, 따로 말이 필요 없을 만큼 서로에 대해서 너무나 잘 안다. 아무리 이탈리아에 오래 살아도 외국인으로 살다 보면 어려운 일에 부딪칠 때가 있는데, 그럴 때마다 피누치아와 에우제니오, 로레나 같은 친구들의 도움을 참 많이 받는다.

여가 시간 보내기

이탈리아에서 패션 공부를 한다는 건 단순히 패션 강국에서 공부를 한다는 것 외에 수많은 문화를 체험할 수 있다는 굉장한 팁이 따른다는 걸 명심하자. 전공 공부를 열심히 하는 것만큼이나 여행도 열심히 다니고 전시도 열심히 보고 맛있는 것도 많이 먹어보자.

이탈리아는 로마나 피렌체, 베네치아 같은 유명한 도시들은 물론 베로나, 카프리, 시에나 등 우리에게는 생소한 이름들이지만 아름다운 도시들이 수도 없이 많다. 로마 제국과 르네상스의 나라 이탈리아는 어디를 가도 아름다운 건축물들로 눈을 호사시킬 수 있다. 두세 달이 넘는 길고 긴 여름방학을 한국에 가서 몽땅 보내고 오지는 말자. 여행만큼 남는 것이 없다. 또 학생 때가 지나 막상 일을 시작하면 시간이 그렇게 널널하게 주어지지도 않는다.

물론 3주의 여름휴가도 한국의 직장인들에 비하면 엄청난 것이지만 두세 달의 여름방학에 비하겠는가. 학생 때는 호기심과 체력도 왕성해 배낭여행도 불사하며 여러 곳을 돌아다닐 수 있지만, 일을 시작하면 한해 한해 체력도 점점 떨어진다. 그러니 일에 치여 살다가 떠나는 휴가는 느긋하게 즐기며 쉬는 곳으로 가서 3주일이면 3주일, 2주일이면 2주일 내내 한 곳에서 쉬다 오는 식으로 여행 패턴도 변하게 마련이다.

여행을 다니는 것 이상으로 전시도 많이 보러 다니자. 패션을 공부한다고 해서 패션 관계 전시만 보면 된다고 생각해서는 절대 안 된다. 가구나 제품 디자인, 현대미술 등의 전시를 폭넓게 보러 다니고, 음악이나 무용 등의 공연, 앤티크 마켓이나 벼룩시장도 많이 찾아다니자. 그 모든 문화적 체험이 학교에서 공부하는 것 이상으로 나의 눈높이를 키워준다는 사실을 꼭 기억하자.

사정이 허락하는 한 맛있는 음식도 많이 사먹자. 이탈리아는 맛있는 음식들이 넘쳐나는 곳이다. 향토색이 워낙 뚜렷한 탓에 각 지방마다 고유한 음식 문화가 발달해, 그 모든 맛있는 음식을 열거하자면 책 한 권을 다시 써야 할 정도다.

문제는 음식값이 엄청 비싸서 제대로 저녁 한 끼를 먹으려면 50유로는 예상해야 하니 학생에겐 부담스러운 금액일 수 있다. 하지만 시시한 피자집에서 10유로 · 20유로씩 자주 사먹지 말고, 한 달에 한 번을 먹더라도 제대로 된 음식점에서 먹는 걸로 외식 패턴을 바꾸어보자. 평소에는 슈퍼마켓에서 싱싱하고 값싼 재료로 장을 봐서 해 먹고, 그렇게 아낀 돈으로 한 달에 한두 번 제대로 된 외식을 하는 것이 결국에는 훨씬 남는 장사라는 것을 꼭, 꼭 명심할 것.

스물다섯 살이란 나이에 겁 없이 부딪치고 넘어지며 시작했던 나의 유학 시절. 나름대로 열심히는 살았지만, 만약 다시 그 시절로 돌아간다면 더 잘 보낼 수 있을 것도 같고 후회되는 일들도 많다. 그때의 나처럼 커다란 가방을 들고 유학을 떠나는 모든 이를 위해 "부오나 포르투나 Buona fortuna 행운이 함께하기를!"

For Your Dreams _ 002

인턴에서
정식 디자이너 되기

지구촌이라는 말이 진부하게 들릴 만큼 이제 세계는 국경이나 인종의 벽이 점점 없어지고 있다. 코스모폴리탄은 더 이상 새삼스러운 단어가 아니다.

코펜하겐에서 자라고 밀라노에서 패션을 공부한 후 런던에서 일하는 그녀, 로마에서 태어나 미국에서 공부하고 상하이와 밀라노를 오가며 일하는 그, 호주에서 태어나고 자랐으나 이탈리아인과 결혼해 밀라노에서 일하며 여름이면 아프리카로 자원봉사를 떠나는 그녀 등, 다양한 문화와 함께 살아가는 그와 그녀들을 내 주위에서도 쉽게 볼 수 있다.

한국인도 예외는 아니다. 수많은 젊은이가 유학을 떠나고, 또 상당수는 공부가 끝나도 곧바로 한국으로 돌아가기보다는 현지에서 커리어를 쌓고 싶어 한다. 물론 현지에서 커리어를 쌓는다는 것이 쉬운 일은 아니지만 그렇다고 불가능하지도 않다.

그렇다면 어떻게 접근해야 현지에서 일도 하고 돈도 벌며, 진정한 코스모폴리탄처럼 살 수 있을까.

세상에는 수많은 직업이 있지만 패션 분야에 한해 짚어보자.

나는 밀라노에서만 15년 이상 일하며 세계 각국에서 패션을 공부하러 모여든 많은 유학생을 보았다. 그들 중 대다수는 학업을 마친 후 밀라노 패션계에서 경험을 쌓고 싶어 했는데, 이 경우 대개는 무조건 인턴사원으로 시작한다.

보수는 그야말로 보잘것없지만 인턴사원이 되기 위한 경쟁은 말할 수 없이 치열하다. 루이자 베카리아의 컬렉션 책임자로 그리고 데렐쿠니의 크리에이티브 디렉터로 일하면서 나는 많은 인턴사원을 채용했는데, 그들 중에는 정식 직원이 되어 오랜 시간 함께 일한 이도 많다. 그들의 국적도 이탈리아는 물론 독일, 핀란드, 브라질, 덴마크, 일본, 캐나다 등으로 다양했다. 그 중에는 물론 한국인도 있었다.

인턴 기간은 보통 3개월로, 그 기간이 지나면 정식 직원이 될 수도 있지만 그렇지 못한 경우가 훨씬 많다. 그렇다면 인턴 기간에 어떻게 행동하고 어떻게 일을 해야 정식으로 계약서를 쓰고 연봉을 받는 직원이 될 수 있을까. 실질적인 어드바이스를 해보자.

첫째, 복사도 예쁘게 하고 커피도 맛있게 타자.

무슨 농담처럼 들릴지도 모르지만 엄연한 현실이다. 학교를 마치고 인턴으로 처음 일을 시작하면 너무나 자신감이 넘치고 세상이 아름다워 보이며, 출근 첫날부터 하얀 스케치북에 자신의 재능을 유감없이 발휘하며 스케치를 하리라 착각하는 학생들이 참 많다. 하지만 불행히도 현실은 인턴을 위한 어떠한 스케치북도 준비해놓고 있지 않다. 디자이너의 어시스턴트들을 어시스트하며, 복사를 하고 커피를 준비하며, 부자재를 정리하고, 퀵서비스처럼 여기저기 배달을 다니기도 한다.

그런데 정식 직원이 될 수 있는 사람과 인턴 기간이 끝나면 가차 없이 잘릴 사람은 이 부분에서 벌써 판가름이 난다. 비오네Vionnet의 무거운 책에 포스트잇으로 여러 장 표시를 해서 복사를 하라고 시키면 '아니, 내가 복사나 하려고 몇 년간 죽어라 공부하고 인턴으로 들어왔는지 알아.' 하는 표정으로 입이 댓 발은 나와서 책을 들고 가는 경우, 십중팔구 명암 조절을 전혀 하지 않아 흐리게 또는 진하게 복사하거나, 책의 위치를 신경 써서 놓지 않아 삐뚤빼뚤하고 그림이 잘 려나간 복사를 해오게 마련이다.

그러면 되돌아오는 건 다시 해오라는 짜증 섞인 목소리밖에 없다.

커피를 부탁하면 '내가 커피나 뽑으려고 여기 온 줄 아나.' 하는 표정으로 뚱해서 나가는 경우, 대개는 맹탕이나 너무 써서 마시기 힘든 커피를 불친절한 카페 종업원 같은 얼굴로 들고 들어온다. 그러면 되돌아오는 건 "너는 커피도 제대로 못 타니?" 하는 질책이다.

다시 복사를 하건 커피를 타건 모두 본인이 자초한 일이다.

그와는 정반대 타입의 사람이 또 존재하기 마련이다. 복사를 부탁했을 때 씩씩하게 대답하고, 책 위에 붙여놓은 포스트잇이 나오지 않도록 떼어가며 깔끔하게 복사를 해온다.

적어도 패션을 공부했다면 무슨 일을 하든 이왕이면 보기 좋고 아름답게 하는 것은 기본 중의 기본이다. 농도가 너무 진해 옷의 디테일도 못 알아볼 정도거나 삐뚤빼뚤하게 해온 사람과, 세심하게 밝기를 조정하고 똑바로 깔끔하고 예쁘게 복사를 해온 사람 중 디자인실의 어시스턴트 감으로 누가 더 적합하다고 판단하겠는가.

커피를 부탁하면 밝은 목소리로 에스프레소가 좋은지 룽고caffe'lungo 에스프레소보다 물을 더 넣어 연한 커피가 좋은지, 설탕은 어떤 종류로 원하는지 물어본 후 즐겁게 커피를 뽑아온다.

까다로운 패션계에서 자신의 길을 닦아나가려면 곰같이 무던하기보다는 여우같이 눈치도 빨라야 하고, 잔머리를 쓰라는 이야기는 아니지만 똑똑하게 주위 상황을 파악하고 사람들과의 관계도 잘 유지해야 한다.

한강 같은 맹탕의 커피를 성의 없이 들고 오는 사람과 내 취향에 맞는 맛있는 커피를 들고 오는 사람 중 어느 쪽이 더 예쁘게 보일지는 자명하다. 이 경우 그 취향들을 기억해두는 것도 아주 중요하다. 커피를 부탁할 때마다 에스프레소인지 룽고인지를 묻고 설탕의 종류에 대해 묻는다면, 착하고 친절하지만 기억력이 없는 친구로 낙인찍힌다.

둘째, 작은 일에도 최선을 다하자.

이미 말했듯이 처음으로 인턴을 시작하며 접하게 되는 일은 그 동안 공부하며 꿈꾸던 일들과는 얼토당토않을 만큼 힘들고 시시해 보이는 게 대부분이다. 하지만 시시해 보이는 일들은 그야말로 싫증이 가득한 얼굴로, 고되고 힘든 일들은 정말 괴로워 죽겠다는 표정으로 마지못해 툴툴대며 일을 하는 사람은 이미 윗사람의 눈 밖에 나는 것은 물론, 크리에이티브 분야의 어시스트를 맡을 가망도 점점 멀어져 간다는 사실을 기억하자.

인턴에게 맡겨지는 일들은 어차피 너무 소소한 일들이라 원대하게 꿈꾸어오던, 실력 발휘를 할 만한 일들은 숫제 떨어지지도 않는 것이 엄연한 현실이다. 하지만 그 소소한 일도 최선을 다해 나름대로의 성과를 보여준다면, 주위에서 서서히 보는 눈이 달라지기 시작한다.

내가 루이자 베카리아의 인턴사원으로 들어갔을 때, 처음 며칠은 그야말로 허드렛일들만 도맡아 했으나 최대한 즐겁게 하려고 노력했다. 그러던 어느 날 프로덕트 매니저가 부자재실의 스티치용 색실을 정리해달라는 요구를 해왔다.

부자재실의 한 선반을 차지하는 커다란 박스 안에는 100여 가지 색실들이 정신없이 뒤엉켜 있었다. 가끔씩 정리를 하긴 하지만 어느 순간이면 커다란 박스 안에서 다 뒤섞여버린다는 것이다. 그러니 예를 들어 211번 그린 컬러를 찾으려면 머리에서 쥐가 난다는 것이 부자재 담당 어시스턴트들의 설명이다.

매니저는 그 상태에서 박스 안을 좀 덜 심란하게 적당히 정리해놓으라고 했다. 나는 커다란 박스의 내용물을 일단 모두 쏟았다. 그런 뒤 컬러 별로 하나하나 분류한 실들을 작고 하얀 종이 박스 열 개에 나눠 담았는데, 이때 각 상자마다 컬러 톤을 맞추었다. 예를 들면, 첫 상자를 열면 스카이 블루부터 로열 블루까지 블루 톤의 실들이 나오고, 두 번째 상자에는 라벤더 컬러부터 짙은 바이올렛까지 보라 계열로 담는 식이었다.

상자 겉면에는 팬톤 컬러북에서 떼어낸 컬러 칩들을 첫 상자에는 스카이 블루부터 로열 블루까지 붙이고, 두 번째 상자에는 라벤더부터 바이올렛까지 붙이는 식으로 작업해서 그다음 날 열 개의 아름다운 상자를 만들어냈다.

그때 프로덕트 매니저의 감동한 얼굴은 지금도 생생히 기억난다. "와우, 네가 남자였다면 당장 너한테 키스했을 거야!" 이렇게 말하면서.

그때부터 매니저는 내게 제법 중요한 일들도 맡기곤 했는데, 그러면서 루이자 베카리아를 직접 대면하며 처리하는 일들도 조금씩 생겼다.

3개월 동안 인턴 생활을 해도 루이자 베카리아와 말 한 마디 나누어보지 못하고 끝나는 경우가 대부분이었음을 생각하면, 내게 처음 맡겨진 그 지루한 실 정리 작업을 대충대충 하지 않고 나름대로 작은 프로젝트로 만들어서 했던 것이 나의 인턴 생활을 완전히 변화시켰다고 할 수 있다. 인턴 기간이 끝나자마자 곧바로 루이자 베카리아를 어시스트하고, 그 이후에도 기록에 남을 만큼 고속으로 컬렉션 책임자의 자리에 오르기까지의 과정 중 첫 걸음이었던 셈이다.

작은 일을 잘해내는 사람이 큰 프로젝트도 잘한다. 작은 일은 소홀히 하면서 큰 프로젝트에서 실력을 보여주리라고 다짐해도 그 기회는 쉽게 오지 않는다.

물론 어느 정도의 위치에 오르면 결정해야 할 일들, 책임져야 할 일들이 많아진다. 그때가 되면 작고 소소한 일들은 본인의 손에서 자동으로 떠나기 마련이지만, 적어도 인턴 시절이라면 아무리 작은 일이라도 우습게 보지 말 것. 그리고 아무도 예상치 못할 만큼 본인에게 맡겨진 작은 일을 완벽하고 기발하게 해낼 것. 그것이 정식 사원이 되는 가장 중요한 열쇠이다.

셋째, 아무도 시키지는 않지만 그래도 틈틈이 디자인을 해보자.

디자인실 인턴으로 일을 하다 보면 이번 시즌 콘셉트가 무엇이고 어떤 식으로 작업을 하는지, 누가 이야기해주지 않아도 알 수 있다. 일하는 틈틈이 시간이 나면 그 콘셉트에 맞는 디자인을 해본다. 학생 티가 나는 실험적인 디자인은 피해야겠지만 그렇다고 너무 노련한 디자인을 하는 것도 좋지 않다.

신선한 아이디어가 떠오를 때마다 디자인을 해보고, 만족할 만한 작업이 나오면 디자이너나 매니저 등 중요한 사람들의 눈에 띄게(자신의 책상 위에 잡지 혹은 다른 정리해야 하는 서류 등과 함께 놓는다든가) 상황을 만들어볼 수 있다. 확률이 높지는 않지만 우연히 그런 인턴사원의 디자인이 눈에 띄어 신데렐라처럼 디자인 작업에 참여하게 되는 경우도 있다.

내 작업에 충분히 자신이 있는데 우연히 눈에 띄게 할 만한 상황을 연출하는 게 쉽지 않다면, 디자이너나(큰 회사의 경우 수석 디자이너) 컬렉션 매니저 등 적합한 사람에게 직접 디자인을 들고 가서 보여주는 것도 좋다.

일하는 틈틈이 디자인을 해온 성의를 봐서라도 싫은 소리를 할 사람은 없으며, 운이 좋으면 당신을 눈여겨보게 할 수 있는 기회가 될 수도 있다.

하지만 이 경우는 두 가지를 조심할 것.

한 가지는 최소한 한 달 이상 성실한 모습을 보여준 후에 디자인을 보여주는 것이 좋다. 일을 시작한 지 며칠 되지도 않은 인턴이 자신의 디자인을 들고 설치는 듯한 느낌을 주는 것은 바람직하지 않다.

또 한 가지는 최소한 매니저 이상의 높은 직급자에게 직접 들고 갈 것. 디자인실 어시스턴트에게 "내 디자인 좀 수석 디자이너에게 가져다 보여줄래?" 하고 순진하게 부탁한다면, 그 디자인은 질투심 많고 자신보다 나은 크리에이티브를 경계하는 어시스턴트의 서랍에서 영원히 햇빛을 보지 못하게 될 가능성이 농후하다.

넷째, 주기적이고 반복적으로 시키는 일이 있다면 그 일을 기억하고 알아서 처리한다.

명령이 떨어지기 전에 미리 해놓거나 "오늘은 이 일을 해야 하죠?" 하고 먼저 이야기한다. 예를 들어, 샘플 작업 지시서가 나오면 그 작업 지시서를 복사하고 원단을 작게 잘라 붙여 어시스턴트의 샘플 파일에 끼워놓는 일을 한두 번 해보았다면, 다음 작업 지시서가 나올 때 "이거 복사하고 원단 스와치 좀 붙여줄래?" 하는 오더가 떨어지기 전에 척척 알아서 해놓고 "아, 이미 다 정리해서 파일에 끼워놓았습니다." 하고 대답할 수 있어야 한다.

무슨 일이든 한 번 해본 일은 다음에 일일이 다시 묻지 않도록 머릿속에서 완벽하게 자기 것으로 만들어놓는다. 디자인실은 워낙 급박하고 정신없이 돌아가는 곳이라 아무도 친절하게 똑같은 설명을 되풀이해주지 않는다.

다섯째, 패션 빅팀의 요란한 이미지는 주지 않되 쿨하고 프레시하게 차려 입자.

디자인실은 회계사 사무실이나 은행이 아니다. 물론 인턴사원이 프라다 가방이나 펜디 샌들, 마르니 드레스 등 온갖 브랜드를 머리끝에서 발끝까지 뒤집어쓰고 다녀도 좋지 않지만, 그렇다고 너무 초라하고 소박한 옷차림도 분명 플러스 요인은 아니다.

청바지를 입는다 해도 커다란 귀걸이와 화려한 컬러의 샌들을 매치한다거나, 화이트 셔츠와 블랙 팬츠에 붉은 립스틱과 큰 반지로 마무리를 하는 등, 무언가 스타일리시한 감성이 느껴지는 옷차림이 중요하다. 때로는 빨간색 뿔테 안경 하나도 최고의 스타일링 아이템이 될 수 있다.

많은 돈을 투자하지 않더라도 내가 갖고 있는 옷과 구두, 액세서리를 최대한 활용하려는 노력은 꼭 필요하다. 성실히 일만 열심히 하면 되겠지 하는 마음으로 나를 돌보지 않고 늘 진과 스니커에 화장기 없는 얼굴과 질끈 묶은 머리로 나타난다면, 디자이너가 기분이 나쁜 날 눈에 띄어 영영 부자재실이나 원단 창고의 어시스트나 맡는 불행한 일이 일어날 수도 있다.

디자인 업계는 아름답고 예쁜 것, 멋지고 세련된 것을 좋아하는 사람들이 모인 곳이고, 그런 것을 창조해내는 일을 하는 곳이다. 비슷한 능력을 가진 인턴이라면 그 중 가장 스타일리시한 사람을 채용하는 세계라는 사실을 늘 잊지 말자.

여섯째, 언어 공부에 죽자 사자 매달리자.

현지어의 중요성은 아무리 강조해도 지나치지 않는다. 자신을 표현하는 것도 사람들과 어울리는 것도 언어의 장벽이 가로막아버리면 곧 한계에 부딪힌다. 적어도 자신의 의사를 명확히 표현할 수 있어야 하고, 말을 제대로 못 알아들어 엉뚱한 일을 하는 비참한 경우는 피해야 한다.

함께 일하는 스태프들과 가벼운 농담 정도 할 수 있을 만큼은 돼야 도움이 필요할 때 요청하기도 용이하며, 부당한 일을 당했을 땐 당당히 따질 수 있어야 아무도 우습게 보지 못한다.

언어 실력이 부족하다면 최대한 스태프들과 많이 어울리며 듣고 말하는 실전 연습을 생활화한다. 가장 중요한 것은 절대로 못 알아들었는데 다 알아들은 척하지 말아야 한다는 것이다.

모르는 것은 죄가 아니다. 무언가 오더가 떨어졌을 때 그 내용이 긴가 민가 하다면 좀 창피하더라도 다시 묻고, 필요하다면 또다시 물어서 내용을 완벽히 이해해야 한다. 그 순간만을 모면하려고 다 알겠다고 대충 말한 뒤 전혀 다른 엉뚱한 일을 해서 제출한다면 그야말로 최악이다.

말이 안 되면 아무것도 못한다는 생각으로 학교 다닐 때부터 전략적으로 현지 친구들도 많이 사귀고, 필요하다면 파티도 많이 참석하자.

언어가 힘이다!

마지막으로 너무 큰 브랜드보다는 조금 작은 브랜드에서 인턴으로 일하는 것이 여러 가지를 배울 수 있다. 물론 선택의 여지가 없을 때는 어쩔 수 없지만, 그렇지 않다면 여러 가지 일을 많이 접할 수 있고 디자이너도 자주 얼굴을 마주칠 수 있는 작은 업체에서 일을 하는 것이 큰 브랜드에서 한 가지 정해진 일만 하는 것보다 훨씬 낫다. 아르마니에서 인턴을 하며 석 달 내내 재킷 주머니만 디자인하기보다는 코스튬내셔널COSTUME NATIONAL 1986년에 설립한 이탈리아 의류 브랜드에서 디자인실의 전반적인 어시스트나 패션쇼의 어시스트를 해보는 것이 훨씬 재미있고 많은 일을 다양하게 배울 수 있다.

For Your Dreams _ 003

한국의 젊은이들에게
말하고 싶은 몇 가지

앞서 이야기했듯이 각국의 어시스턴트나 인턴사원들과 일을 하다 보니 우리나라 사람들의 장점이나 단점을 대략 파악하게 되었다.

밀라노의 유명한 패션 스쿨인 에우로페오 디자인 대학이나, 마랑고니 Marangoni, 도무스 아카데미 등의 학교에는 많은 한국인 학생들이 공부하고 있다. 그들 중 대다수가 학업이 끝난 후 한국으로 돌아가던 10여 년 전과 달리 밀라노 현지에서 인턴이든 정식 직원이든 실제로 일을 하는 경우를 많이 본다.

한번 한국인을 고용해본 회사들은 전반적으로 평가가 후한데, 일단 성실하고 꼼꼼하며 책임감이 강하다는 평을 많이 한다. 내가 만나고 함께 일했던 한국의 젊은 친구들 역시 대개가 그러했다.

이탈리아 생활이 19년째로 접어들다 보니, 주위의 이탈리아 친구들이 넌 이미 한국인이 아니라는 둥, 절반 이상은 밀라네제라는 둥 말하지만, 그래도 나의 의식과 뿌리는 엄연히 한국인이므로 한국인 인턴이나 어시스턴트들을 더 유심히 보게 된다.

하지만 마음속으로는 애정을 갖고 바라보되 겉으로 티 나게 그들을 챙기지 않는 것이 나의 철칙이다. 아니, 때로는 더 엄하고 깐깐하게 일을 지시하고 체크하는 편이다.

거기에는 분명한 이유가 있다. 보스가 한국인이므로 한국 스태프만 더 챙기고 편애를 하면 다른 스태프들과의 팀워크에 문제가 생긴다는 것이 첫째 이유이다. 나는 다른 스태프들이 함께할 때는 한국인 스태프와도 항상 이탈리아어로 이야기하며 모두 똑같이 대하려고 노력한다.

그리고 한국인 스태프들도 내가 한국인이므로 무언가 혜택을 받을 수 있겠다는 생각은 아예 머릿속에서 지우고, 현지인들과 똑같이 당당하게 경쟁하며 일하는 모습을 보고 싶은 것이 두 번째 이유이다. 현지인들에 비해 당연히 언어 능력 등이 부족한 한국 스태프들이 그들과 똑같이 일하며 인정받기 위해서는 그들보다 몇 배 더 노력해야 하는 것은 너무나 당연하다.

'보스가 같은 한국인이니까 나는 좀 부족해도 봐주겠지.'라고 생각하기 시작하고 실제로 그렇게 된다면, 당장 일하는 건 편하고 빨리 자리를 잡는 듯한 느낌이 들 수도 있다. 하지만 다른 직장으로 옮길 경우 적응력이 크게 떨어지고, 함께 일하는 동료들에게 미움의 대상이 될 수 있다는 점에서 아무것도 득이 될 게 없다. 그런 이유 때문에 나는 한국 스태프들에게 힘든 일도 더 많이 시키고, 똑같이 이탈리아어로 지시하고 칭찬하고 야단도 친다. 그러면 처음 적응할 땐 힘들어하지만 결국엔 현지인 스태프들과 잘 융화되어 지내게 된다.

그렇다면 한국 젊은이들의 경쟁력은 무엇이며, 또 어떤 부분이 취약한지 하나하나 짚어보자.

경쟁력이 되어주는 우리만의 강점 살리기

일단 한국 젊은이들의 강점을 보자.

첫째, 무슨 일이든 지시하면 믿음을 갖게 된다. 특히 자료를 정리하고 챙기는 등의 꼼꼼함과 정확성은 이탈리아 스태프들을 확실히 앞서는 부분이다. 정리가 끝나면 굳이 다시 체크하지 않아도 될 정도로 정확하게 일처리를 하는 편이다.

예전에 프로덕션 어시스턴트를 뽑을 때의 일이다. 프로덕션 어시스턴트는 꼼꼼하게 자료를 준비하고 챙길 일이 많으므로 천방지축인 성격보다는 차분하고 신중한 성격의 사람을 골라야 한다. 그때 몇몇 면접 약속을 잡던 이탈리아인 매니저가 "일단 1차 서류 전형을 코레아나Coreana 한국인와 지아포네제Giapponese 일본인로 확 압축할까봐……." 하길래 너무 우스워서, "네가 인종차별주의자인지 몰랐어. 그럼 이탈리아나 나머지 나라 사람들은 아예 보지도 않겠다는 거야?" 했다.

나는 웃으며 이야기를 했는데 그녀는 한숨을 쉬며 이렇게 대답했다.

"프로덕션 어시스트 일이 얼마나 똘똘한 정확성을 필요로 하는지 알지? 새로 사람 뽑아서 교육시킬 일도 한숨 나오는데 처음엔 얘가 얼마나 꼼꼼하게 일하는지 알 방법이 없으니 틀릴까봐 맨날 노심초사한다구. 그래도 일단 코레아나나 지아포네제는 그 부분에 한해선 내 걱정을 한결 덜어준단 말이지."

 그녀의 대답에서 보듯 한국인의 정확성과 꼼꼼함은 이제 세계적으로도 널리 인정받고 있다. 한편으론 개인적으로 참 다르다고 생각하는 한국인과 일본인이 이런 부분에서는 함께 인정받고 있다는 것도 재미있다.

 둘째.
 "M은 천사야."
 예전에 어시스턴트로 일하던 한국인 M을 가리키며 매니저들이 종종 내게 그렇게 이야기하곤 했다. 어릴 때부터 개인주의 성향으로 자라온 이탈리아인들에 비해 확실히 한국인들은 남을 배려하는 마음이 강하다. 그래서 자신이 조금 번거롭더라도 궂은일도 도맡아 하는 면이 있기에, 일단 자신부터 생각하고 보는 서양인들과 비교해서 큰 장점으로 부각되는 경우를 많이 보았다.
 M에 비해 뺀질뺀질한 이탈리아인 어시스턴트와 함께 일하면서 때로 M이 그가 해야 할 일까지 떠맡아 하는 것도 보았고, 그것이 속상해 저 일을 왜 M이 하느냐며 책임도 없는 매니저에게 싫은 소리를 하

기도 했지만, 여러 가지 일을 떠맡아 한 것이 결국은 M에게도 다양한 경험으로서 도움이 되었으리라 믿는다.

 게다가 위에서 일을 지시하는 매니저들은 모르는 듯해도 다 알고, 안 보는 듯해도 다 보고 있으므로 그들로부터 신뢰를 받게 되어, 심지어 M이 무언가 실수를 해도 내 앞에서 번갈아가며 M의 역성을 들어주기까지 했다.

 결국 이탈리아인에게서 찾기 힘든 이런 배려나 희생정신은 내부의 적을 만들지 않고 윗사람을 자기편으로 만든다는 점에서 큰 경쟁력이라고 하겠다.

 셋째, 같은 일을 시켜도 훨씬 빠른 시간 안에 일을 마치는 한국인 어시스턴트들이 그보다 두 배의 시간을 걸려 일을 하는 이탈리아인보다 예뻐 보이는 건 당연한 일이다.

 나부터도 무슨 일을 하든 손이 빠른데, 내 작업 속도를 못 맞추어 많은 어시스턴트들이 힘들어했지만, 대개의 한국 젊은이들은 역시 '빠른 일처리'라는 큰 강점을 가지고 있었다.

 한국인의 특성으로 첫손을 꼽는 '빨리 빨리' 콘셉트의 영향일까. 한국인 어시스턴트는 일이 떨어지면 거기에 집중해 재빨리 일을 끝내며, 때로는 두세 가지 일도 휘리릭 한꺼번에 잘 처리해내므로 상대적으로 옆에 있는 이탈리아인 어시스턴트가 멍청하게 느껴질 지경이다.

 언제나 호떡집에 불난 듯 모든 일이 정신없이 돌아가는 패션계의 특성상 빠른 일처리는 매우 큰 경쟁력이다. 물론 빠르기만 하고 결과가 허접하다면 아무 소용없는 일. 빠르고 정확하기까지 해야 경쟁력이 있다.

조금은 뻔뻔하게, 자신감과 당당함으로 취약점 극복하기

그러면 이런 여러 가지 경쟁력을 갖고 있는 한국 젊은이들이 가장 취약한 부분은 무엇일까?

첫째, 위기 대처 능력이 떨어진다. 시키는 일마다 잘해내고 칭찬받고 할 때는 거칠 것 없던 그들이, 무언가 일이 잘못되거나 실수가 있을 경우 순식간에 패닉 상태로 빠지는 경우를 많이 보았다.

상대적으로 조금은 뻔뻔한 기질을 가진 이탈리아인 어시스턴트들은 실수를 해도 크게 주눅 들지 않고 곧바로 해결 방안을 모색하는 데 비해, 평상시 별 실수가 없던 한국인 어시스턴트들의 경우 "어떻게 하지, 어떻게 하지." 하며 평정을 잃고 마는 경우가 많다.

일을 하다 보면 누구나 실수를 할 수 있고, 중요한 일의 경우 호되게 혼도 나는 등 대가를 치를 수밖에 없다. 실수를 안 하는 사람은 이 세상에 없다. 이탈리아인들이 흔히 하는 말로 "칼마 에 상구에 프레다 _Calma e sangue fredda_."라는 말이 있다. '진정, 차가운 피'라는 말로, 차갑게 피를 식히며 진정하고 냉정해지라는 뜻이다.

스물세 살짜리 이탈리아인 어시스턴트는 큰 실수를 한 후, 크게 소리 지르며 야단치는 내 앞에서 자신의 실수임을 인정하며, '이렇게 저렇게 하면 최선은 아니지만 차선의 해결책이 될 수 있을 것 같다. 그도 아니라면 또 다른 방법을 연구해보겠다.'고 말해서 내심 그녀의 의젓함에 적잖이 놀랐던 기억이 난다. 그리하여 "그래? 그럼 네 생각대로 그렇게 해보자. 그게 안 되면 이렇게 한번 해보고." 하면서 함께 문제 해결 방법을 모색하기 시작했고, 결국 차선책으로 문제를 해결했다.

비슷한 실수를 했던 한국인 어시스턴트는 화를 내는 내 앞에서 주눅이 들어 "죄송합니다."를 연발하며 눈물까지 그렁그렁해져서 '이런, 이렇게 마음이 약해서야.' 하는 생각과 안쓰러운 마음에 "그래, 그만 가봐라. 내가 매니저랑 의논해 처리할 테니." 하며 돌려보냈다.

결국 그녀는 자신의 실수를 스스로 해결할 수 없었다. 자신이 실수해서 찾아온 위기를 스스로 해결한 이탈리아인 어시스턴트는 문제를 해결하는 과정에서 강해졌지만, 그녀는 위기를 겪으며 약해지고 자신감을 상실했다.

나는 한국인의 위기 해결 능력이 이탈리아인에 비해 부족하다고 보지 않는다. 다만 이탈리아인들처럼 필요에 따라 조금은 뻔뻔해질 필요도 있고, 실수를 창피하게 생각하지 말고 '자, 내 실수로 일이 잘못되었다. 그러면 이 상황에서 가장 좋은 해결 방법은 뭐지?' 하는 마음으로 위기를 대처하길 바란다. 실수는 누구나 하고, 모든 문제에는 해결 방법이 존재한다는 것을 잊지 말자.

둘째, 미리 겁먹고 자신 없어 하지 말자.

모든 일을 미리 계획하는 것은 좋은 습관이지만, 안 될 것을 너무 미리 예측하고 자신 없어 하는 것은 좋지 않다.

아이디어가 채택되지 않거나 네거티브한 답을 들을까 두려운 나머지 아예 아이디어를 내지도 않는다면, 당신은 크리에이티브하지 않은 사람으로 인식되면서 회사 생활도 재미없어진다.

무슨 아이디어든 좋다 싶으면 스스럼없이 제안하는 이탈리아인들에 비해 한국인들은 아예 아이디어 자체를 내지 않는 경우가 많다. 정말 창조적인 아이디어가 부족해서일 수도 있지만, 그 아이디어가 좋은 반응을 보이지 않을 경우를 미리 상상하고 소위 '쪽팔릴 상황'이 올지도 모르는 것을 두려워하는 것이다.

하지만 아이디어를 내서 피드백이 별로라 해도 잃을 것이 무엇이겠는가. 기껏해야 조금 창피하거나 기분이 상하거나 할 뿐이다. 하지만 열 번, 스무 번 아이디어를 내다 보면 모두의 긍정적인 반응과 함께 채택될 수도 있다.

문제는, 채택되기 위해서는 일단 아이디어를 내야 한다는 것이다. 그리고 반응이 별로 신통치 않더라도 기죽거나 실망하지 말자.

다시 한 번 말하지만 이탈리아인들의 뻔뻔함을 본받자. 끊임없이 아이디어를 내고 틈나는 대로 엉뚱한 발상을 하는 당신을 윗사람들은 이미 눈여겨보기 시작할 것이다.

셋째, 당당하게 자신을 표현하고 할 말은 하자.

쓸데없이 불평불만을 일삼는 것도 문제지만 너무 착하고 할 말을 못하는 것도 좋지 않다. 모두가 그런 것은 아니지만 한국 친구들 중엔 분명히 'NO'라고 말해야 할 상황에도 그걸 못한다거나, 할 말이 있음에도 불구하고 수백 번 망설이다 결국 입 안에서 연습만 하다가 그만두기도 한다. 이들은 자신감이 부족하거나 언어가 잘 안 되는 경우가 대부분이다.

일단은 무조건 자신감을 갖자. 너무 자신감이 넘쳐도 문제지만, 그래도 자신감이 없어 주눅 들어 있는 것보다는 백 배 낫다. 나는 훨씬 많은 일을, 그것도 아주 잘해낼 수 있노라고 늘 자신에게 주문을 걸어보자.

긍정의 힘은 정말로 중요하다. 언제나 내 자신을 긍정적이고 자신 있게 바라보기 시작하면 어느 날 실제로 그렇게 되어 있는 나를 발견하게 된다.

그리고 언어가 잘 안 되어 표현하기 어려운 경우 문장을 미리 만들어 연습을 해서라도 또박또박 할 말을 하는 것이 좋다. 특히 이탈리아처럼 누구나 목소리가 큰 나라에서는 한국식 조신함이 자칫 너무 로프로필Low-profile 주목을 거의 못 받는로 만들 우려가 있다는 것을 꼭 명심하자.

어시스턴트였던 S는 이탈리아어도 잘했고, 이탈리아인 스태프들 사이에서도 할 말을 다하고 농담도 잘 받아서 아무도 그를 우습게 보지 못했다. 아니, 오히려 국적과 상관없이 한 사람의 스태프로 당당하게 받아들여졌다.

이탈리아인들이 외국인에 대한 '친절'이나 '무시'를 보이지 않을 때, 즉 별다른 외국인 대우를 받지 않는 것이 가장 바람직하다.

어느 나라에서든 현지인이 외국인인 당신에게 보이는 무시나 배척은 물론 관심이나 배려조차 더 이상 하지 않을 때, 그들이 당신이 외국인임을 인식하지 못하고 현지인을 대하듯 똑같이 대한다면 당신의 외국 생활은 이미 궤도에 올라섰다고 할 수 있다.

For Your Dreams _ 004

밀라노 패션의 세계에서
내게 맞는 일 찾기

많은 사람들이 패션을 공부하기 위해 이탈리아로 유학을 온다.
'공부도 미친 듯이 열심히 하고, 공부를 마친 후엔 이곳에서 일자리도 찾아 열정적으로 일을 해보고 싶다.'

유학 생활을 시작하면 누구나 가슴속은 이런 열정으로 가득 차 있을 것이다. 하지만 막상 일자리를 알아보는 순간부터 하루하루 희망이 사라지고, 이탈리아 밀라노에서 디자이너로 일을 시작한다는 것이 얼마나 어려운지 새삼 실감하게 된다.

두드리면 열린다고 했지만 아무리 두드려도 안 열리면 어떻게 해야 할까. 포기는 빠를수록 좋으니 최선을 다해서 두드려보다가 안 되면 과감히 포기하고 한국으로 돌아가, 한 살이라도 젊을 때 그쪽 문을 두드리는 것이 맞지 않을까.

물론 그럴 수도 있다. 하지만 포기하고 떠나기 전에 스스로에게 질문을 던져보자.

정말 모든 문을 두드려보았나?

오로지 패션 디자이너의 좁은 문만을 두드려본 건 아닐까?

'나는 패션 디자이너가 아니면 절대 아무것도 할 수 없다.'가 아닌 '패션계에서 내게 맞는 일자리를 찾고 싶다.'면 디자이너의 문 말고 다른 문도 있으니 그 문들도 두드려보라고 조언하고 싶다. 물론 그 문들이라고 해서 그다지 넓은 건 아니지만, 그래도 선택할 수 있는 범위가 많은 건 사실이다.

나는 패션 디자인과 매니지먼트를 공부하고 밀라노 패션계에서 패션 디자이너로 일하며 수많은 사람을 만났다. 패션계에는 디자이너 말고도 많은 직업이 존재한다. 그러므로 꼭 디자이너에만 한정시켜 미래의 그림을 그리지 말고 자신에게 맞는 직업을 다양하게 그려보라고 후배들에게 꼭 이야기해주고 싶다.

그러면 디자이너 말고 구체적으로 어떤 직업들이 있으며, 나에게 꼭 맞는 일은 어떤 것일까 다시 한 번 생각해보자.

스타일리스트

패션 잡지의 모든 화보에는 포토그래퍼와 스타일리스트의 이름이 함께 올라가 그들이 합작하여 만든 작품임을 알린다. 『보그 이탈리아』나 『엘르』 등의 잡지에서 기가 막히게 좋은 화보를 만나면 포토그래퍼가 누구인지 혹은 스타일리스트가 누구인지를 먼저 보게 되는데, 유난히 궁합이 잘 맞아 늘 함께 일하는 포토그래퍼와 스타일리스트도 있고, 스타일링의 분위기만 보아도 어떤 스타일리스트의 작업인지가 한눈에 보이는 경우도 있다.

스타일리스트는 앞에서 이야기한 것처럼 정말 멋있는 직업이지만 첫 시작은 무조건 어떤 스타일리스트의 어시스턴트로 시작한다. 스타일리스트들이 대부분 패션지의 에디터들임을 감안하면 패션지에서 인턴사원으로 출발하는 방법이 있고, 그렇지 않으면 스타일리스트의 개인 어시스턴트로 일을 시작하게 되는 것이다.

어시스턴트가 되면 스타일리스트를 따라다니며 모든 소소한 작업을 함께한다. 예를 들어 패션쇼 스타일링을 어시스트하게 되면 옆에서 스타일리스트가 한 룩을 완성할 때마다 폴라로이드를 찍고 각 룩의 액세서리는 물론, 트렌치코트의 소매를 어디까지 걸어올렸는지, 하이힐과 매치시킨 양말을 얼마나 흘러내리게 하는지 등 스타일리스트의 모든 스타일링을 메모하고, 쇼 당일 백스테이지에서 스타일리스트와 디자이너의 작업을 돕는다.

잡지의 화보 작업을 한다면, 수많은 브랜드에서 도착한 옷과 액세서리들을 구분하여 정리하고, 그 중 모델이 입고 사진을 찍은 옷과 액세서리는 브랜드 명, 소재 및 컬러, 가격 등의 디테일을 꼼꼼히 정리해서 잡지에 정확하게 올라갈 수 있게 한다.

스타일리스트들의 온갖 일을 돕고, 패션쇼 기간처럼 체력적으로 힘들게 버텨내야 하는 경우도 많지만, 자신이 함께 일하는 스타일리스트의 레벨에 따라 최고 수준의 디자이너들이 작업하는 모습이나 패션지의 화보 촬영이 어떻게 진행되는지를 가까이서 지켜보며 많은 것을 배울 수 있다.

어시스턴트에서 정식 스타일리스트가 되어 화보에 자신의 이름을 올린다는 것은 쉬운 일이 아니지만 불가능한 일도 아니다. 한국인 L은 밀라노에서 유학을 마치고 스타일리스트의 어시스턴트로 열심히 일한 결과 지금은 당당히 『누메로 Numero』와 『벨벳 Velvet』 등의 잡지에 자신의 이름을 올리는 스타일리스트가 되어 있다.

단, 모델이나 포토그래퍼 등 다양한 국적의 사람들과 커뮤니케이션이 필요한 경우가 많으므로, 스타일리스트로 자리 잡기 위해서는 현지어 이외에 영어가 필수라는 것을 기억하자.

모델리스트(패터너)

스케치북에 그려진 디자이너의 디자인을 현실의 옷으로 만들기 위해서는 그 디자인대로 패턴을 뜨는 모델리스트의 역할이 무척 중요하다. 한국에서는 모델리스트를 그저 디자인대로 패턴만 뜨는 기능직 비슷하게 생각하는 경향이 있는데 절대 그렇지 않다.

좋은 모델리스트는 같은 디자인이라도 최대한 아름다운 프로포션 Proportion 비율으로 옷을 뽑아낼 수 있는 모던한 패션 감각을 갖추어야 한다.

패턴이란 정말 묘해서 엠파이어 드레스(허리선이 가슴 아래로 오는 하이웨이스트 드레스)의 절개선이 1.5센티미터만 내려와도 전체적으로 가슴이 처져 보이는 아줌마 간지가 나고, 원피스의 허리선을 2센티미터 올리느냐 마느냐에 따라 다리나 허리의 길이가 달라 보인다.

디자이너는 어깨가 과장되게 좁고 보디는 둥글게 부푼 코쿤 스타일(계란형)의 아방가르드한 코트를 원하는데 정통 코트만이 진짜 코트라는 소신이 머리에 꽉 차 있는 60대의 고집스러운 모델리스트가 함께 일한다면, 디자이너는 디자이너대로 모델리스트는 모델리스트대로 스트레스를 받기 마련이다.

그래서 디자이너들은 자신이 생각한 디자인과 가장 가깝게, 심지어는 자기가 생각했던 것보다 더 절묘하게 풀어내는 모델리스트를 보물 다루듯 하게 마련이다.

빈투Bintou는 아프리카의 작은 부족 출신으로, 십대 후반에 남편 제리Jerry와 함께 이탈리아로 와서 재봉 일을 배웠다. 제리는 패턴을 공부했는데, 빈투는 재봉 일을 하며 남편에게서 어깨너머로 패턴도 배웠다.

10년 후 제리는 안나 몰리나리가 가장 아끼는 모델리스트가 되었고, 빈투는 루이자 베카리아의 샘플실에서 일하며 코르소 코모의 VIP 고객들 옷 수선을 맡아서 한다.

빈투는 정식으로 패턴을 공부한 모델리스트가 아니지만 나도 종종 그녀에게 새 디자인을 넘기며 샘플을 의뢰했는데, 비율과 볼륨에

굉장한 눈썰미를 지닌 그녀는 언제나 마음에 쏙 드는 샘플을 만들어 내 나를 기쁘게 했다. 정식으로 패턴을 배우지 않았으므로 그녀의 패턴을(캐드도 할 줄 몰라 예전 방식으로 종이에 뜨는 패턴이다) 생산에 이용하려면 정식 모델리스트의 손을 또 한 번 거쳐야 하므로 이중으로 돈이 드는데도 루이자 베카리아는 그녀를 무척 아꼈고, 나 또한 다른 모델리스트들의 불만을 알면서도 그녀를 부르곤 했다.

   이유는 단 하나, 좀 더 모던하면서도 세련된 옷을 뽑아내는 그녀의 감각을 높이 샀기 때문이다.

   M은 베르사체의 오트 쿠튀르 파트에서 일하는 일본인 모델리스트이다. 그녀가 만들어내는 구조적인 재킷들은 베르사체 디자인 팀 멤버들을 항상 경탄하게 만들었는데, 함께 일하던 내 이탈리아인 친구는 종종 "그녀는 마법사라니까."라는 말을 하곤 했다.

   옷의 볼륨과 비율을 절묘하게 그려낼 능력이 있는 모델리스트가 된다면 서로 모셔가려고 할 정도로 일이 넘칠 테니, 관심이 있다면 한번 도전해봐도 좋을 것이다.

메이크업 아티스트 · 헤어 스타일리스트

섬세한 감각과 손맛을 요구하는 헤어와 메이크업 아티스트들은 모델처럼 에이전시에 소속되어 일하는 경우가 많다. 화보나 카탈로그, 광고 촬영이나 패션쇼 등 헤어와 메이크업 아티스트에 대한 수요는 너무나 많기 때문에 초기엔 좀 힘들어도 충분히 도전해볼 만한 직업이다.

잘한다는 소문이 나면 계속 찾는 클라이언트가 생기고, 운이 좋아 궁합이 잘 맞는 스타일리스트를 만나게 되면 헤어와 메이크업 파트너를 중요시하는 스타일리스트의 특성상 계속 함께 일하는 시스템으로 발전하는 경우도 많다.

처음에는 일당 200~300유로 정도지만 경력이 어느 정도 쌓이면 하루에 1천 유로 이상 수입을 올릴 수도 있다(물론 에이전시를 끼고 있다면 20퍼센트의 에이전시 커미션이 나간다).

세이코는 메이크업 아티스트로 밀라노에서 활동하는 일본인이다. 동양인 특유의 섬세함이 돋보이는 그녀는 메이크업을 해야 할 얼굴을 처음 대하면 일단 얼굴에서 가장 강조해야 할 부분을 찾아낸다. 눈이 커다랗고 매력적인 사람, 아름다운 입술을 가진 사람, 높이 솟아오른 요염한 광대뼈를 가진 사람 등 나름의 특징을 파악해서 그 부분을 강조하는 메이크업을 스타일리스트에게 제안하기도 한다.

물론 모든 콘셉트를 총괄하는 스타일리스트의 의견에 따라 헤어와 메이크업 작업에 들어가지만, 반대로 스타일리스트들이 헤어와 메이크업 아티스트들의 의견을 듣고 반영하는 경우도 있다.

프리랜서인만큼 수입이 일정치 않고 일이 한꺼번에 몰리기도 하는 등 단점도 있지만, 자유 시간도 많으므로 다른 아르바이트를 하거나 또 다른 공부를 할 수도 있다.

실제로 밀라노에서 메이크업 아티스트로 활동하는 홍콩 출신의 베로니카는 일이 없는 날 오후엔 베이비시터 일을 한다. 메이크업 아티스트 일에 비하면 훨씬 적은 수입이지만, 아기들을 좋아하는 그녀는 메이크업을 하는 것만큼 베이비시터 일도 재미있다고 한다.

일본인, 홍콩인은 만나보았으나 아직 한국인 헤어·메이크업 아티스트는 만나보지 못했는데, 섬세한 감각을 요구하는 일의 특성상 한국인도 아주 잘해낼 수 있는 분야라고 생각한다.

바이어

런던의 유명한 셀렉트숍 페더즈^{Feathers}의 오너인 수잔은 파리나 밀라노로 바잉^{buying} 출장을 갈 때 일본인 S와 항상 동행한다. 페더즈의 바이어인 S는 세련된 감각을 자랑하며 수잔의 오른팔로서 함께 페더즈의 바잉을 책임지는데, 평소에는 매장에서 숍 매니저의 역할도 한다.

모든 편집숍은 그들이 취급하는 브랜드들의 오더 시기인 컬렉션 기간에 밀라노로 파리로 런던으로 바잉 출장을 다닌다. 매출과 직접 연결되는 바이어의 일은 사실 가장 중요한 일로서 바이어의 실력에 따라 판매 실적이 판가름 나므로 대개의 편집숍들은 오너가 바잉 전체를 관리하기 마련이다. 페더즈의 수잔은 물론 루이자 비아 로마Luisa via Roma의 안드레아 판코네지, 비피Biffi의 로자 비피, 코르소 코모의 카를라 소차니까지 말이다.

이들은 모두 자신의 오른팔과도 같은 바이어를 늘상 끼고 다니며 자신을 대신해 바잉을 맡기기도 한다. 카를라 소차니의 실비아, 안드레아 판코네지의 실바노처럼.

백화점의 바이어가 아닌 편집숍의 바이어라면, 먼저 목표로 정한 매장의 판매 일에 지원해보는 것도 좋은 방법이다.

바잉과 판매는 불가분의 관계로, 숍마스터들이 바잉 출장에 동행하는 일도 흔하다. 그 이유는 결국 '바이어가 좋아하는 옷'이 아닌 '매장에서 팔리는 옷'을 구매하자는 것이므로, 좋은 바이어가 되려면 매장에서도 많은 시간을 보내고 고객의 니즈를 정확히 파악해야만 한다.

편집숍들은 대개 위에서 말한 것처럼 오너가 세심하게 관리한다. 따라서 언제나 판매 스태프들을 눈여겨보는 오너에게 강하게 자신을 인식시킨다면 의외로 좋은 기회가 올 수도 있다. 물론 자신을 강하게 인식시키기 위해서는 클라이언트를 대하는 쿨한 태도와 세련된 판매 능력과 실적을 보여주어야 한다. 그러기 위해서는 유창한 언어는 기본이고 각 브랜드의 특성이나 트렌드 등을 늘 공부하는, 준비된 인재

여야 한다.

만약 정식 바이어가 된다면, 그것도 지명도가 높은 유명 편집숍의 바이어라면 수많은 유명 브랜드로부터 패션쇼 초청은 물론 쇼룸에 들러달라는 전화와 메일 등의 구애를 수도 없이 받는 피곤하고도 즐거운 인생을 살게 될 것이다.

사르타

한국에서 흔히 재봉사라고 부르는 사르타^{Sarta}.

'장인'이라는 말이 한국에서 유행한다는 이야기를 들었는데, 사실 그 장인들이 패션계에서 나날이 줄어들고 있어 이탈리아 패션계의 큰 걱정거리가 되고 있다.

기막힌 패턴을 뽑아내는 모델리스트, 눈이 휘둥그레질 정도로 정교한 자수를 한땀 한땀 작업하는 리카마토레^{Ricamatore}, 마술사처럼 척척 옷을 완성시키는 사르타 등 '메이드 인 이탈리아'를 이루어낸 일등 공신으로 치는 장인 아르티지아노^{Artigiano} 장인들이 사라지고 있는 것이다.

젊은 사람들이 선뜻 하려고 하지 않는 직종이다 보니 나이 많은 장인들만 남아서, 그들의 노하우를 전수받을 신인이 부족한 것이다. 디자이너 지망생은 발에 차일 정도이고 인턴 자리 하나 구하기도 하늘의 별 따기지만 사르타는 그렇지가 않다.

손재주가 좋고 옷 만드는 재미를 느낄 줄 아는 사람이라면 한번 도

전해보자. 취업도 훨씬 쉬울뿐더러, 이탈리아 저명한 일간지 「코리에레 델라 세라Corriere delle sera」의 기사처럼 수입도 훨씬 나은 것이 현실이다. 요즘은 패션을 공부한 이탈리아 젊은이들이 관심을 갖고 사르타로 자리를 잡는 경우도 주위에서 꽤 많은데, 특히 디자인과 패턴, 재봉을 모두 하는 멀티플레이어도 종종 보인다.

Epilogue
디자이너로 산다는 것

"넌 디자이너로서 참 재능도 있고 컬렉션도 좋아. 하지만 동시에 두 가지 극복할 수 없는 약점이 있어."

얼마 전 점심을 함께하는 자리에서 이탈리아 지인이 내게 한 말이다.

"두 가지 약점? 그게 뭔데?"

나의 질문에 그는 망설임 없이 대답했다.

"첫째는 여자라는 것, 둘째는 게이가 아니라는 것."

그 말을 듣자 기운이 쭈욱 빠지는 느낌이었는데, 이는 인정할 수밖에 없는 슬픈 현실이기도 하다.

밀라노에서 패션 디자이너로 일한다는 것. 물론 힘들고 어려운 일이다. 하지만 '남자가 아니라서', 또는 '게이가 아니라서'라는 이유는 내 의지의 한계 밖에 있다는 점에서 참 나를 슬프게 한다.

"그건 엄연한 진실이야."

그는 냉정하게 말을 계속했다.

"게이가 아닌 여자 디자이너라면 몇 배나 어려운 길을 가야 한다고. 내로라하는 메종(패션하우스)에서 여자가 크리에이티브 디렉터인 경우가 몇이나 되지? 미우치아 프라다나 콘수엘로 카스틸리오니, 알베르타 페레티, 안나 몰리나리 등등 디자이너 본인이 오너인 브랜드 말고 메종에서 여자를 크리에이티브 디렉터로 고용하는 경우를 생각해봐. 얼른 떠오르는 인물은 프리다 지아니니밖에 없는데…… 클로에도 있긴 하구나. 뭐 그 정도."

구찌의 프리다 지아니니. 그리고 피비 필로와 해나 맥기번으로 이어지는 클로에, 그 두 브랜드를 제외하니 정말 선뜻 떠오르는 브랜드가 없었다.

랑방의 알버 엘바즈, 발렌시아가의 니콜라스 게스키에르, 샤넬과 펜디의 칼 라거펠트, 지방시의 리카르도 티시, 루이비통의 마크 제이콥스, 버버리의 크리스토퍼 베일리, 토즈의 데렉 램, 질 샌더의 라프 시몬즈 등 알 만한 브랜드들에 여자 크리에이티브 디렉터를 두고 있는 곳은 찾아보기 힘든 것이 가슴 아프지만 현실이다.

새로운 신진 디자이너가 등장해도 게이 디자이너라면(특히 듀오라면 더더욱) 일단 여자 디자이너보다는 흥미를 끌고 작업의 평가도 더 관대하게 받는 듯한 경우를 많이 보아왔다.

그런데 왜 그럴까. 여자 디자이너는 그들보다 재능이 떨어지는 것일까. 모든 여자 디자이너들이?

그럴 리는 없다.

그런데 왜 여자 디자이너는 자신의 브랜드를 론칭하는 경우가 아니면 다른 브랜드의 크리에이티브 디렉터가 되는 것이 힘들까.

나는 왜 그럴까를 곰곰이 생각해보고 주위의 많은 사람에게 의견도 물어보았다. 의견들을 조합해보니 결과는 대체적으로 다음 세 가지 이유로 요약된다.

첫째, 게이가 더 독특하고 창의적일 거라는 모두의(저널리스트와 바이어 등) 선입견.

둘째, 대부분 패션 에디터들은 여자들이 많은데, 그들이 같은 여자보다는 남자나 게이들을 더 좋아한다는 설(사실인 부분도 있지만 내 생각엔 꼭 다 그렇지는 않다).

셋째, 모든 것이 마케팅화되어가는 요즘, 메종의 입장에서도 여자 디자이너보다는 무언가 조금이라도 주의를 끌고 더 화젯거리가 될 수 있는 게이 디자이너를 더 선호한다는 설. 충분히 가능성이 있다.

이유야 어떻든 여자라는 이유만으로 대놓고는 아니지만 이런 식으로 차별하는 패션계이다 보니 여자 디자이너가 큰 메종의 크리에이티브 디자이너가 되기 힘든 게 현실이다. 한편으론 게이가 아니라는 사실이 마치 뚜렷한 개성이 없는 것처럼 보이며, 심지어는 게이들보다 덜 크리에이티브할 거라는 선입견이 알게 모르게 작용하는 것도 사실이다.

물론 실제로 덜 크리에이티브한 경우도 있겠지만 일단 같은 조건이라면 남자 디자이너, 특히 게이 디자이너를 더 선호한다는 건 어찌 받아들여야 할까.

디자이너라는 내 직업에 회의가 찾아오는 순간이다. 다행히 그 순간은 짧고 다시 오기와 열정이 불타오르니 다행이지만 말이다.

나는 종종 "아, 나는 왜 아프지도 않을까. 며칠 끙끙 침대에 앓아눕도록 아픈 거, 왜 그런 것도 없냐고." 하며 투덜거리는데, 언젠가 내 친구가 그 말을 듣더니 "아프면 안 되니까 안 아픈 거지. 몸은 정신의 지시를 따르는 거야." 하고 말했다.

그런데 그건 정말이다. 아플 수가 없다는 것. 다른 디자이너들도 대개 비슷하지만 나 역시 아플래야 아플 수 없는 인생을 살아왔고, 지금도 그렇게 살고 있는 중이다.

얼마 전 한국에 갔다가 지인들과 브런치 자리에서 여자들의 출산 휴가 이야기가 나왔다. 출산으로 자리를 비운 동료가 출산 휴가 이후 육아 휴직을 얼마나 쓸지가 관심사였는데, 결론은 "뭐 당연히 최대한으로 쓰겠지. 안 쓸 이유가 없잖아."였다.

출산 휴가와 육아 휴가, 한국에 비해 월등히 많은 것이 보장되어 있는 이탈리아에서 나는 출산 휴가도 육아 휴가도 갖지 못했다.

나는 비교적 늦은 나이인 마흔 살(한국 나이로는 마흔한 살)에 아기를 낳았다. 출산 예정일은 9월 9일이었고, 내 패션쇼는 9월 24일이었다.

임신 중기부터 전치 태반 판정을 받은 나는 제왕절개를 해야만 했는데, 출혈이 있으면 조산의 위험이 많으므로 조심조심 임신을 유지하다가 딱 37주가 되는 날(37주부터는 정상 분만으로 본다) 수술하기로 날짜를 잡았다. 물론 임신 기간을 조심조심 유지하기는커녕 7개월까지도 런던, 파리를 비롯해 도쿄와 서울, 뉴욕 등으로 출장을 다녔고 언제나처럼 컬렉션 준비를 했다.

그때 한국의 엄마가 내 산후 조리를 해주실 상황이 못 되어 나는 한국의 산후 도우미 서비스를 이용하기로 했다. 경험 많은 산후 도우미가 출산 3일 전 밀라노에 도착했다. 물론 일은 수술 전날인 9월 8일까지 했다.

패션쇼를 하기 2주일 전이니 얼마나 챙겨야 할 일이 많았겠는가. 9월 8일 오후 스태프들에게, "내일 아기 잘 낳고 올게." 하며 손을 흔들고 모두의 배웅을 받으며 집으로 돌아갔다. 그리고 저녁에 출산 가방을 싸고 그다음 날 아침 병원으로 아기를 낳으러 갔다.

수술 후 5일째인 13일에 퇴원했고, 그날 바로 컴퓨터 앞에서 메일로 스태프들에게 하루에 수십 가지씩 지시하고 결정하고 통화했다. 그 와중에도 하루에 몇 벌씩 컨펌해야 하는 옷들이 집으로 도착하곤 했다.

매일매일 그렇게 일하는 나를 보며 산후 도우미로 오신 분이 "보다 보다 이런 산모는 처음 본다."며, 제발 산후 조리 좀 하라고, 나중에 큰일 난다고 성화를 하셨다.

하체를 따뜻하게 해야 한다고 노래를 하는데도 덥다고 다리를 다

내어놓고 있는 것은 둘째치고, 심지어 도착하는 샘플들을 몇 벌씩 입어보며, 때로는 옷이 제대로 안 나와 스태프들에게 고래고래 소리치며 전화를 하고 있는, 배에 아직 실밥도 안 뽑은 늙은 산모가 얼마나 기가 막혔겠는가.

하지만 패션쇼가 코앞인데, 내가 컨펌할 일이 눈앞에 쌓였는데 어쩌란 말인가. 속속 도착하는 샘플들을 컨펌하고, 초대장의 컬러와 패션쇼 음악, 모델 캐스팅, 헤어와 메이크업, 조명과 케이터링 등 하나같이 시급하게 결정을 해줘야 하는 일들이었다.

22일은 스타일리스트와 패션쇼 룩을 만드는 날이었다. 물론 아침부터 그다음 날 새벽까지 계속되는 그 작업에 참여할 수는 없었지만 1시간가량 들르기로 했다.

콜콜 자는 아기를 유모차에 태우고 도착하니 스타일리스와 스태프들이 반갑게 맞아준다. 거기서 중요한 결정은 하고 나머지는 집에서 보고받기로 하고 돌아오니 쇼가 이틀 앞으로 성큼 다가왔음이 실감이 났다.

쇼 당일인 24일, 다른 스태프들은 오전 중 쇼룸으로 이동했고, 나는 오후 3시쯤 쇼룸으로 갔다.

쇼는 저녁 9시에 시작된다. 수술한 지 2주 정도 지난 뒤여서 아직 붓기도 완전히 빠지지 않았고 배도 불편했지만, 누군가 대신해줄 사람이 있는 것도 아니니 내가 갈 수밖에.

그 전날 밤새 모유를 유축해서 아기의 양식을 마련해놓은 뒤 도우미 아주머니께 아기를 당부하자 아주머니도 이젠 포기를 하신 표정이다. 아기한테도 미안했지만 어쩌겠는가. 오늘은 내 패션쇼이니 패션쇼를 찾아준 모든 사람에게 피날레 인사를 해야 한다.

백스테이지에서 도착한 옷들을 살피고, 모델들의 헤어와 메이크업을 점검하고, 무대감독과 DJ와 음악도 다시 들어보고, 스타일리스트와 PR과 이런저런 일들을 하다 보니 어느새 쇼 1시간 전.

나는 그날 거울 조각 비딩이 들어간 무릎길이의 하얀 면 드레스를 입고 있었는데, 쇼 1시간 전에는 10센티미터 정도의 높은 구두로 갈아 신고 백스테이지로 찾아오는 손님들과 인사를 나누었다.

모두들 왜 아기는 안 데리고 왔냐고 난리였다. 하지만 내가 아무리 아기한테만 올인하지 못하는 나쁜 엄마라도 생후 2주 된 아기를 그 공기 안 좋고 사람 많은 백스테이지로 데려와 일곱 시간 이상씩 놔둘 수는 없지 않은가.

어쨌든 쇼는 무사히 끝났고, 피날레 인사를 하고 무대 뒤로 돌아오자 스타일리스트와 PR, 다른 스태프들이 번갈아가며 꼭 껴안아주었다.

모든 스태프에게 감사의 인사를 하고 기다리던 남편의 차에 올라타고 시간을 보니 10시 15분이었다.

수술해서 아이를 낳은 지 2주 되는 노산 산모의 하루치고는 참 특이하다고 생각할 수도 있으나, 디자이너로 살아가는 나에게 다른 선택의 여지가 있는 것도 아니었다.

6개월의 출산 휴가가 보장되는 이탈리아지만, 6개월에 한 번씩 컬렉션을 발표하는 디자이너들이 6개월씩이나 출산 휴가를 쓴다는 건 지나가는 개도 웃을 일이다.

'출산 전에는 최대한 할 수 있을 때까지(나처럼 하루 전날까지 일하는 경우가 드문 게 아니다), 출산 후에는 컬렉션 스케줄이 허락할 때까지'가 휴가 기간이라고 할 수 있겠다. 그러니 그게 일주일이 될 수도 있고 2주일이 될 수 있고, 운이 좋으면 3~4주가 될 수도 있겠지만, 평범한 이탈리아 직장 여성들처럼 6개월의 출산 휴가나 1~2년의 육아 휴직, 뭐 이런 건 아예 우리의 인생에는 없다고 생각해야 한다.

이 글을 마치며 곰곰이 생각해본다.
디자이너로 산다는 것은 무엇일까.
세상의 어느 직업도 즐겁고 재미있기만 한 일은 없을 테고, 모든 직업은 그에 따르는 스트레스가 있을 것이다. 특히 무엇인가를 창조해야 하는 직업은 자주 자신의 한계와 부딪쳐야 하고, 끊임없이 새로운 영감을 받기 위해 노력해야 한다는 점에서 정신적인 고통이 심한 직업이라고 할 수 있겠다.

패션 디자이너!
컬렉션을 중심으로 한 6개월간의 주기로 쉴 틈 없이 돌아가는 인생.
컬렉션 준비는 두 시즌씩 앞서서 모든 것이 진행되다 보니 시간에 대한 감이 보통 사람들과는 좀 다르다. 누군가가 "아, 오늘이 며칠이지?" 하면 갑자기 머릿속이 하얗게 되면서 지금이 2월인지 9월인지, 아니면 3월인지 10월인지 하는 식으로 마구 헷갈리기 시작할 때가 많다.

언젠가 저녁 식사 자리에서 누군가 "그럼 다음 번 패션쇼는 언제죠?" 하고 질문을 했는데, 그때가 10월이었으니 다음 패션쇼는 돌아오는 2월일 텐데, 갑자기 머릿속이 멍해져서 머뭇거리며 대답을 못했다. 순간적으로 그때가 10월인지 3월인지가 헷갈려서, 2월이 답인지 9월이 답인지가 선뜻 떠오르지 않았던 것이다. 참 이해가 안 가는 증상인데, 아마도 일종의 직업병이지 싶다.

컬렉션 마무리와 패션쇼 등으로 바쁜 2월과 9월은 여기서의 표현대로라면 '내 이름이 무엇인지도 까먹고 사는' 기간이다. 그때는 하루가 48시간이 아니고 24시간이라는 것이 원망스럽고, 손이 넷이 아니고 둘인 것에 절망하며, 사람이 왜 하루에 30분만 자면서 살아갈 수 없는가를 미친 듯이 한탄한다.

패션쇼의 피날레 때 수많은 사람들의 갈채를 받으며 인사하는 모습만 보고 이 직업을 가늠하지는 말기를. 화려해 보이는 피날레의 인사는 10초도 안 되지만, 그 시간을 위해 디자이너는 6개월 동안 전쟁 같은 하루하루를 치러낸다.

리서치, 디자인, 피팅, 패션쇼, 프레젠테이션, 프레스 데이 등 하루하루 촘촘히 엮인 시간과의 싸움, 새로운 것을 만들어내고 보여주어야 한다는 강박관념과의 싸움, 컬렉션이 끝날 때마다 바이어와 프레스에게 냉정하게 평가당하면서 쌓이는 스트레스와의 싸움. 그런 생활이 반복되다 보면 성격까지 '사이코'처럼 이상해지기 일쑤다.

그럼 나는 왜 디자이너로 살고 있을까. 스트레스로 점철된 그 6개월짜리 삶들이 반복되는 인생을 말이다.

예전에 이탈리아 패션 잡지의 편집장 실비아가 내게 그런 말을 했다. "미나, 너의 옷은 무언가 특별한 느낌이 있어. 너의 옷을 입으면 왠지 이 옷이 나만을 위해 만들어졌다는 생각이 들거든. 분명 맞춤옷이 아닌데도 말이야. 너의 옷은 여자를 참 행복하게 하는 것 같아."

나는 그 말을 잊지 못한다. 지금까지 내가 들었던 어떤 찬사보다 나를 기쁘게 했던 그 말. 내가 만든 드레스가 누군가를 잠시 행복하게 할 수도 있다는 것. 내가 만든 한 벌의 코트가 누군가를 기쁘게 할 수도 있다는 것.

내가 고심해서 만든 옷을 입고 특별한 느낌을 갖게 되는 누군가와 그 옷을 만든 내가 교감한다는 것. 그것이 나를 디자이너로 살아가게 하는 힘이고 이유라고, 디자이너인 나의 보람이고 자존심이라고 나는 생각한다.

디자이너가 되고 싶은 후배들에게

겁내지 말 것.

오직 나 자신을 믿을 것.

열정과 에너지와 호기심이 나를 지탱해준다는 것.

실행해본 후에 안 되면 그때 깨달아도 늦지 않으니, 미리 안 될 것이라는 절망부터 하지 않기.

이 세상의 모든 아름다운 것, 예쁜 것, 재미있는 것, 맛있는 것 사랑하기.

사진과 건축, 디자인, 현대미술과 관련한 책 많이 볼 것.

무조건 여행을 많이 할 것.

국립중앙도서관 출판시도서목록(CIP)

밀라노, 이곳에서 나는 영원히 시작이다: Fashion & Milano story / 이정민 지음. -- 고양 : 위즈덤하우스, 2012
p. ;   cm

ISBN 978-89-5913-694-0 03810 : ₩15000

패션 디자이너(fashion designer)
자전적 수필(自傳的隨筆)

592.004-KDC5
646.302-DDC21   CIP2012003363

밀라노, 이곳에서 나는 영원히 시작이다

초판 1쇄 인쇄 2012년 8월 6일 초판 1쇄 발행 2012년 8월 13일

지은이 이정민
펴낸이 연준혁

출판 7분사 편집장 김은주
편집 최유연 **제작** 이재승

펴낸곳 (주)위즈덤하우스 출판등록 2000년 5월 23일 제13-1071호
주소 (410-380) 경기도 고양시 일산동구 장항동 846번지 센트럴프라자 6층
전화 031)936-4000 **팩스** 031)903-3891
홈페이지 www.wisdomhouse.co.kr
종이 월드페이퍼 **인쇄·제본** (주)현문 **후가공** 이지앤비

ⓒ 이정민, 2012 ISBN 978-89-5913-694-0 03810
값 15,000원

*잘못된 책은 바꿔드립니다.
*이 책의 전부 또는 일부 내용을 재사용하려면 반드시
 사전에 저작권자와 (주)위즈덤하우스의 동의를 받아야 합니다.